Herbert Schäfer wuchs am Dreiländereck Deutschland–Luxemburg–Frankreich auf. Sein Studium der Naturwissenschaften und der Medizin verdiente er größtenteils mit dem Schreiben von Reportagen. Schließlich sattelte er ganz um und machte eine Journalistenausbildung bei Tageszeitungen. Als Berichterstatter hielt er sich oft in Kriegs- und Krisengebieten der Dritten Welt auf: Nigeria-Biafra, Ostpakistan, Bangladesch, Südsudan, Äthiopien. Wegen Recherchen über karitative Hilfsmöglichkeiten hat er mit Aufständischen und der Bevölkerung in Krisengebieten zusammengelebt. In den letzten Jahren hat sich Herbert Schäfer auf soziale, wirtschafts- und gesundheitspolitische Themen mit den Schwerpunkten Wirtschafts- und Lebensmittelkriminalität und Umwelt spezialisiert. Er ist freier Mitarbeiter mehrerer überregionaler Zeitungen sowie von einigen ARD-Hörfunksendern.

K. B. 89

D1857095

Originalausgabe
© Droemersche Verlagsanstalt Th. Knaur Nachf., München 1986
Umschlaggestaltung Norbert Dallinger
Umschlagfoto Peter Meyer, Bremen
Gesamtherstellung Ebner Ulm
Printed in Germany 5 4 3 2 1
ISBN 3-426-03814-5

# Herbert Schäfer: Gepanscht, verbraten und verkauft

## Lebensmittel-Report

Mit zahlreichen Abbildungen

Knaur

ISBN 3-426-03814-5 980

# Inhalt

## Gesunder Magen – dickes Fell

Lebensmittelfälschung bedeutet oft schwere Wirtschaftskriminalität. Wenn sich schon Behörden und Vollzugsorgane an der Aufdeckung solcher Fälle die Zähne ausbeißen, so sind sie für kritisch berichtende Journalisten erst recht ein hartes Brot. Die meisten Ämter und Regierungsstellen sehen es nicht gern, wenn Presse, Hörfunk und Fernsehen in ihren Zuständigkeiten herumstochern. Warum haben sie bloß so eine Heidenangst vor der Öffentlichkeit? Was gibt es zu verbergen?

Gar nicht so selten wollen sie – den Wünschen einer einflußreichen Lobby folgend – schlimme Mißstände unter den Teppich fegen. Es gibt da auffällig enge Verzahnungen zwischen beiden Seiten. Es kommt vor, daß ominöse Kräfte bei Handel und Industrie unbequeme Presseleute mundtot machen wollen. Mit juristischen und materiellen Einschüchterungsversuchen, Drohungen gegen Person und berufliche Existenz geht man nicht gerade zimperlich um. Auch bei den fast zweijährigen Recherchen zu diesem Buch gab es solche Erscheinungen. Nicht alle verdienen, ernst genommen zu werden.

Eines Tages, während der bundesweiten Nachforschungen zu einem gigantischen Fleischskandal, ruft der Chef einer namhaften Firma im Redaktionsbüro des damit beschäftigten (freien) Journalisten an: »Wir beobachten Sie und Ihr Haus schon seit langem. Ihre Rundfunkbeiträge gefallen uns nicht.« Wenige Stunden später fahren vier vornehm gekleidete Männer im Pkw vor und geben eine recht ausgefallene Visitenkarte ab. Sie pinkeln dem Radioberichter vor die Tür . . . Man braucht bei der publizistischen Verdauung von Nahrungsbetrug nicht nur – wegen der Küken im Schleuderei und der Salmonellen im Känguruhfleisch – einen stabilen Magen, sondern auch ein dickes Fell.

Der Einsatz hat sich gelohnt. Die vorliegende Arbeit wäre

nicht ohne das großartige Engagement zahlreicher Fahnder bei Polizei, Zoll und Justiz zustande gekommen, auf die sich der Verbraucher verlassen kann. Ein Dankeschön ebenso an die Wochenzeitungen »Die Zeit« und »Sonntag aktuell« sowie an Report Baden-Baden, Radio Bremen, den Westdeutschen, Süddeutschen, Hessischen und Norddeutschen Rundfunk (Studio Kiel). Sie stellten die Plattform für die kritische Berichterstattung über einige der hier geschilderten Fälle und trugen damit ganz wesentlich zur Aufklärung bei.

## Brummi-Razzia um Mitternacht: süßer Zement, Heizöl im Wein

Lebensmittelkrimi erster Teil. Sommer 85. Tatort: Autobahn Karlsruhe–Stuttgart–München. Kurz vor Mitternacht. Ruhiger, flüssiger Verkehr. Kein Stau, keine Panne. Für die Trucker eine Nacht wie jede andere: Stierer Blick nach vorn ins Dunkel, ständig das Dröhnen der Zugmaschine im Ohr. Wettlauf mit der Zeit.

Frischfleisch, Gemüse, Kisten und Kästen – das alles soll im Morgengrauen am Zielort sein. Sonst gibt's Knies mit dem Kunden. Und mit dem Boß. Denn der will Kohle machen. Sein Dreißigtonner muß rollen, damit der Rubel rollt. Deshalb sind alle Trucker Kilometerfresser.

»Mach mal Pause« ist meist nicht drin, obwohl es die Sozialvorschriften anders wollen: Immer mal anhalten, Luft schnappen, Beine vertreten. Nach jeder längeren Fahrt ausgiebige Ruhezeiten. So steht es jedenfalls in der berühmten EG-Verordnung 543/69. Doch die wurde am grünen Tisch ausgeheckt. Auf geduldigem Papier. Die Wirklichkeit ist anders. Knallharter Konkurrenzkampf der Speditionen. Wer zuerst kommt, mahlt zuerst. Marathon am Lenkrad.

Mondschein über dem Neckartal. In fünf Minuten beginnt der neue Tag. Die Fahrer jagen die Tachonadel hoch. Ihre Brummis holen auf. Geschwindigkeitsbegrenzung? Was soll's. Sind ja weit und breit keine weißen Mäuse zu sehen. Die Trucker können nicht ahnen, daß sich jetzt zur Geisterstunde um sie herum einiges zusammenbraut. Landauf, landab. Heimlich, still und leise.

Generalstabsmäßig, aus einem zentralen Hauptquartier dirigiert, schleichen aus allen Teilen des Landes Baden-Württemberg Polizeiwagen heran. Ein Heer von Ordnungshütern in Uniform und Zivil. Unauffällig besetzt es die wichtigen Punkte an den Fernstraßen, richtet Kontrollstellen ein. Unterstützt von Wirtschaftsprüfern, Zollfahndern,

staatlichen Chemikern und Veterinären, nehmen die Gesetzeshüter in einem Blitzeinsatz sämtliche Parkplätze und Raststätten entlang den Fernstraßen in Beschlag. Sperren werden aufgestellt. Jupiterlampen auf hohen Masten tauchen das Gelände in grelles Licht. Eine gespenstische Szenerie. Es nützt den Truckern nichts, daß sie sich gegenseitig noch rasch per CB-Funk (Citizen-Band) vor den »Schneemännern mit Fliegenpatsche« warnen. So nennen sie die Polizisten in Weiß mit leuchtender Kelle, von denen sie jetzt gestoppt und in die nächste Parknische gelotst werden. »Jungs, haut ab, die Bullen sind los!« Zu spät. Die Mausefalle ist zugeschnappt. Da kommt keiner mehr durch.
Wer es dennoch versucht, wird unerbittlich gejagt. Einer zum Beispiel, der das Haltesignal mißachtet und mit Karacho vorüberdonnert, wird ein paar Kilometer weiter gestellt: Der Ausreißer, der vor Erschöpfung fast aus den Latschen kippt, hockt seit mehr als 20 Stunden am Lenkrad. Zwischendurch hielt er höchstens mal für zwingende menschliche Bedürfnisse an. »Als ich die Polente sah, hat mich plötzlich panischer Schrecken gepackt«, will er seinen Fluchtversuch entschuldigen. An das enorme Unfallrisiko habe er nicht gedacht. Obwohl sein Tanklastzug mit Benzin proppenvoll ist.
Andere bringen es auf noch schlimmere Rekorde. Ihre Tachoscheiben und Ladepapiere, nicht selten manipuliert, beweisen das eindeutig. »Was sollen wir machen?« schimpfen die Trucker. »Wenn wir aufmucken, feuert uns der Chef.« Ein Mißstand, den auch die Gewerkschaft ÖTV immer wieder anprangert: »Es gibt Transportunternehmer, die verstoßen gegen Geist und Buchstaben der Tarifverträge, weil sie ihre Angestellten zu überlangen Lenkzeiten zwingen.« Die beschuldigten Firmen bestreiten dies energisch und waschen ihre Hände in Unschuld. Soll ihnen doch mal einer das Gegenteil beweisen.
Haarsträubende Zustände fallen den Kontrolleuren bei Tier- und Lebensmittelfrachten auf. Als sie die Klappe eines Lasters öffnen, flattert ihnen ein Schwarm gackerndes Fe-

dervieh entgegen. Auf dem Weg zur Hähnchenschlachterei hatten es die Auftraggeber kurzerhand zwischen die Paletten mit angeblich richtig landechten Back- und Wurstwaren gepfercht, die eigentlich zum Supermarkt sollten. Jetzt dürfen nur die Flattermänner weiterfahren, die auf den Fressalien deutliche Spuren hinterließen: Für Knackwurst und Knusperkram ist deshalb die Reise auf der nächsten Müllkippe zu Ende. Eine Polizeieskorte überwacht die kostspielige Vernichtungsaktion.

Genauso ergeht es noch einem »Frischtransport« mit Naturalien: Unter seiner schmutzigen Plane sind nicht nur Speisen für süddeutsche Hausfrauen gestapelt, sondern aus dem gleichen Erzeugerbetrieb auch ein Haufen stinkiger Abfall, der unterwegs noch flott und diskret beseitigt werden sollte. Motto: Eine Fuhre, ein Aufwasch. Mehr Profit. Jetzt fressen beides die Raben.

Überhaupt werden Schlampereien mit Nahrungsgütern gleich serienweise entdeckt. Daß im Kühlraum für Schnitzel und Schinken statt der gerade noch zulässigen Temperatur von sieben Grad Celsius eher Saunaklima herrscht, weil altersschwache Aggregate halt nichts mehr bringen, daß an verschmutzten, rostigen Ladeflächen klebt, was Metzgereien verbraten und verhackstücken sollten – all dies sind keine Einzelfälle. Was diese Nacht an den Tag bringt, schlägt selbst hartgesottenen Polizisten auf den Magen.

Dennoch werden sie sich ihren offiziellen Pressebericht später erst gründlich überlegen, um dann diplomatisch zu formulieren: »Nicht wenige Lieferanten legen die Hygieneverordnungen und Bestimmungen des Lebensmittel- und Bedarfsgegenständegesetzes (LMBG) recht eigenwillig aus.« Sie haben aus leidvoller Erfahrung gelernt, bei der Wahl ihrer Worte vorsichtig zu sein, wenn es darum geht, den wegen solcher Anlässe klagefreudigen Anwälten der Wirtschaftslobby jeden Wind aus den Segeln zu nehmen.

Erschütternd, mit welch kaum zu überbietender Grausamkeit und Skrupellosigkeit die Tierschutzparagraphen mißachtet werden. So erwischen die Beamten in dieser Nacht unter anderem einen Lkw mit auf engstem Raum verladenen Schweinen, denen – laut Protokoll – »die Ohren angeschlitzt wurden, quasi als Muntermacher«. Dies sei, so registrieren die Kontrolleure mit Entsetzen, ein gar nicht so selten angewendeter Trick, um Transportverluste zu vermeiden: Tiere, die vor Schmerz pausenlos brüllen, die schlafen auf dem Weg zum Schlachthof nicht ein und können von ihren Artgenossen deshalb nicht totgetrampelt werden.

Und noch etwas bringt Augenzeugen in ohnmächtige Wut: Auf ihrer letzten, der Todesfahrt, wird bei den geschundenen Kreaturen selbst am Futter und Wasser gespart. Vor Hunger und Durst verschlingen sie ihren eigenen Kot.

Die Bilanz dieser ersten nächtlichen Großrazzia auf Süddeutschlands Fernstraßen spricht Bände: Von 1350 überprüften Lastkraftwagen und Großtransportern werden 405 – also fast jeder dritte – beanstandet. Es hagelt Strafanzeigen und gebührenpflichtige Verwarnungen. Hauptursachen: Verstöße gegen die Verkehrs-, Lebensmittel- und Tierschutzgesetze. Ein alarmierendes Resultat. Es rüttelt zwischen Hamburg und München die Öffentlichkeit wach.

Auch dieser Fall trägt sich dann zu: Im Remstal müssen die Behörden einen »Orientexpreß« nach über viermonatiger Irrfahrt vom Bosporus nach Deutschland aus dem Verkehr ziehen, weil an dem Lastzug fast gar nichts mehr stimmt. Zugmaschine ohne Motorbremse, Reifen, die bis aufs Leinen abgenutzt sind, klappriges Fahrgestell – ein chaotisches Monstrum.

Seine Besitzer, zwei Türken, hatten es günstig von ihrem früheren Arbeitgeber in Istanbul erstanden, um sich als Spediteure selbständig zu machen. Erste Fracht: vierzehn Tonnen Lebensmittel für Landsleute in der Bundesrepublik. Unterwegs in Bulgarien wird der 22-Tonner mit Sattelauflieger von Straßenräubern überfallen, die dem Fahrer

Rechts und folgende Doppelseite: *Angst vor dem Boß: Trucker im Streß.*

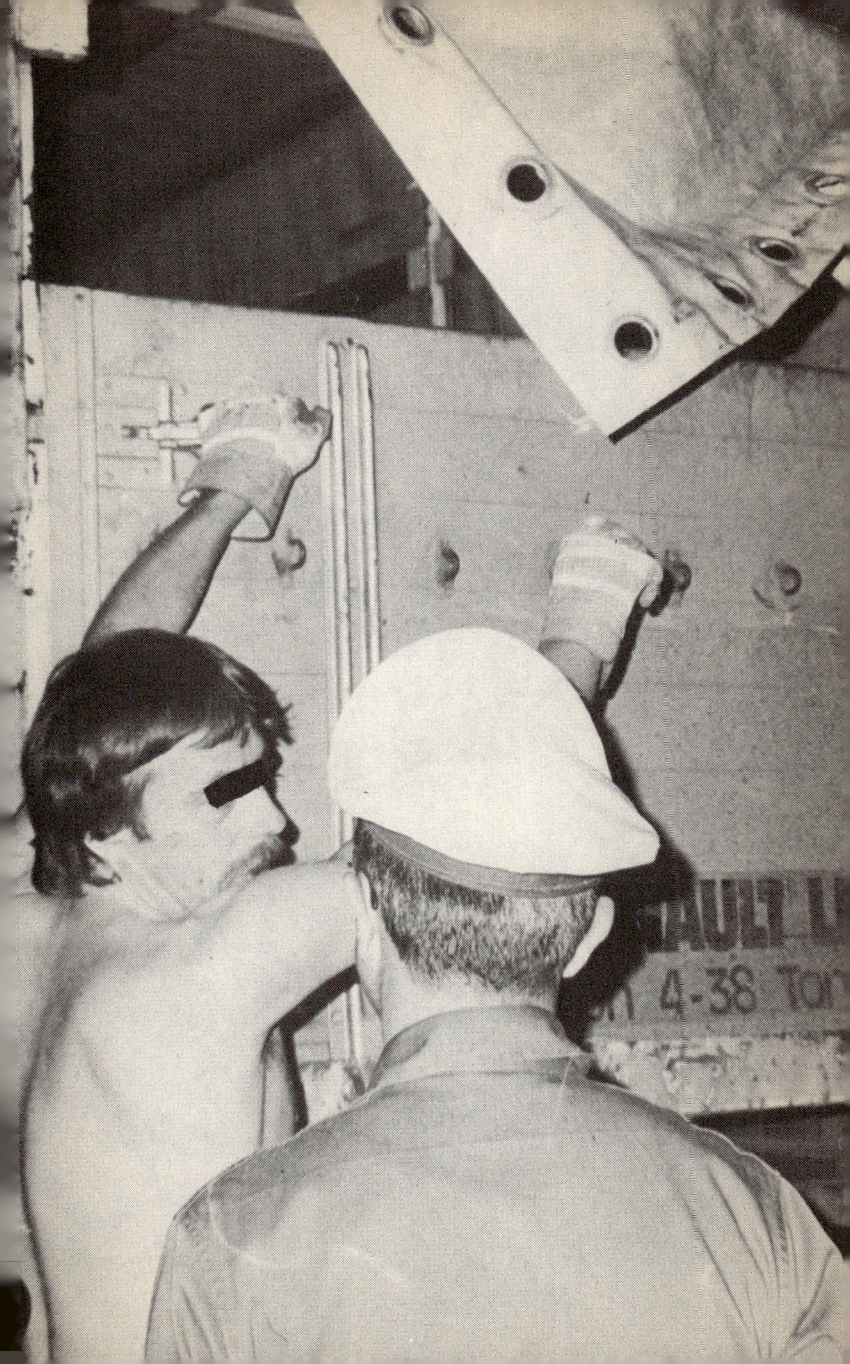
4-38

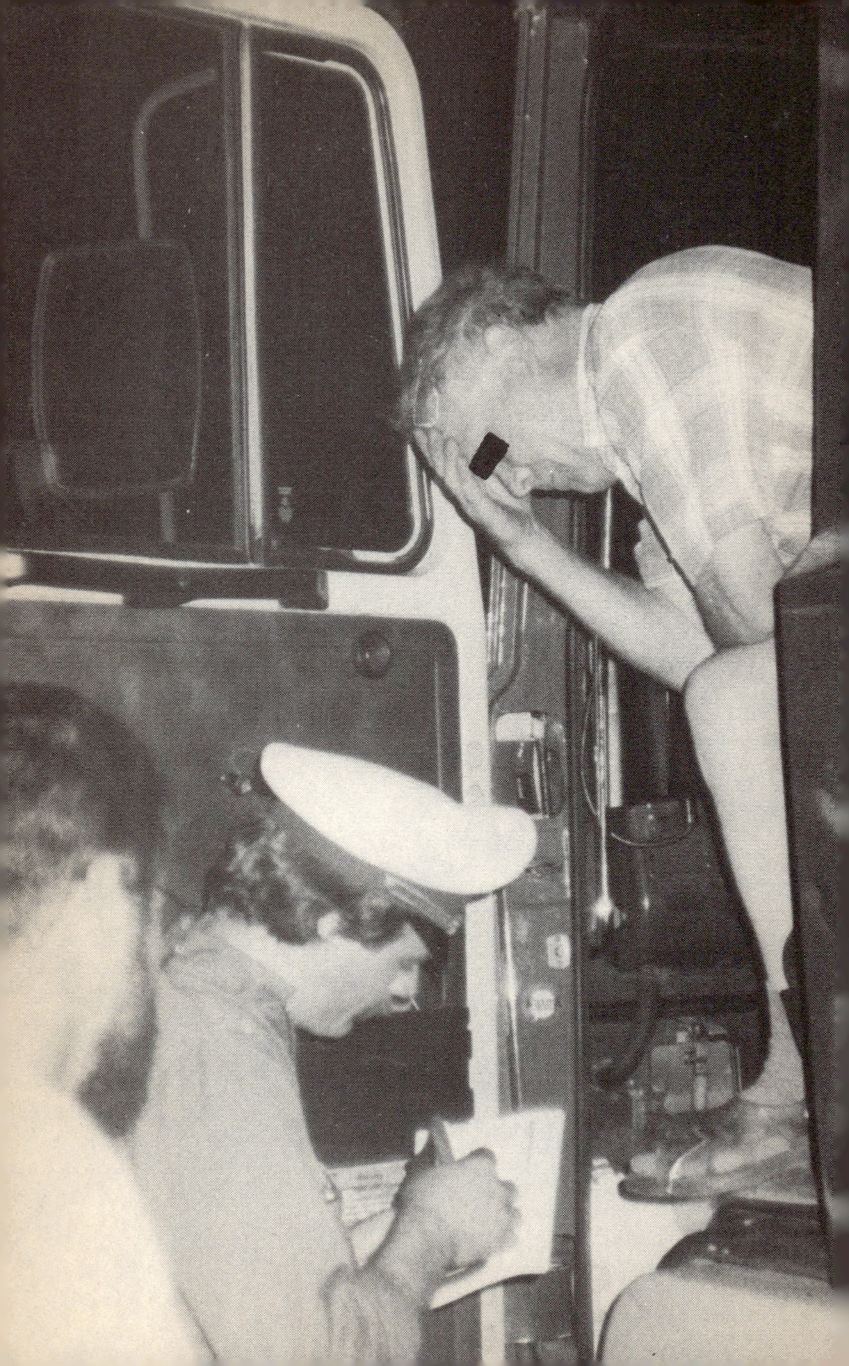

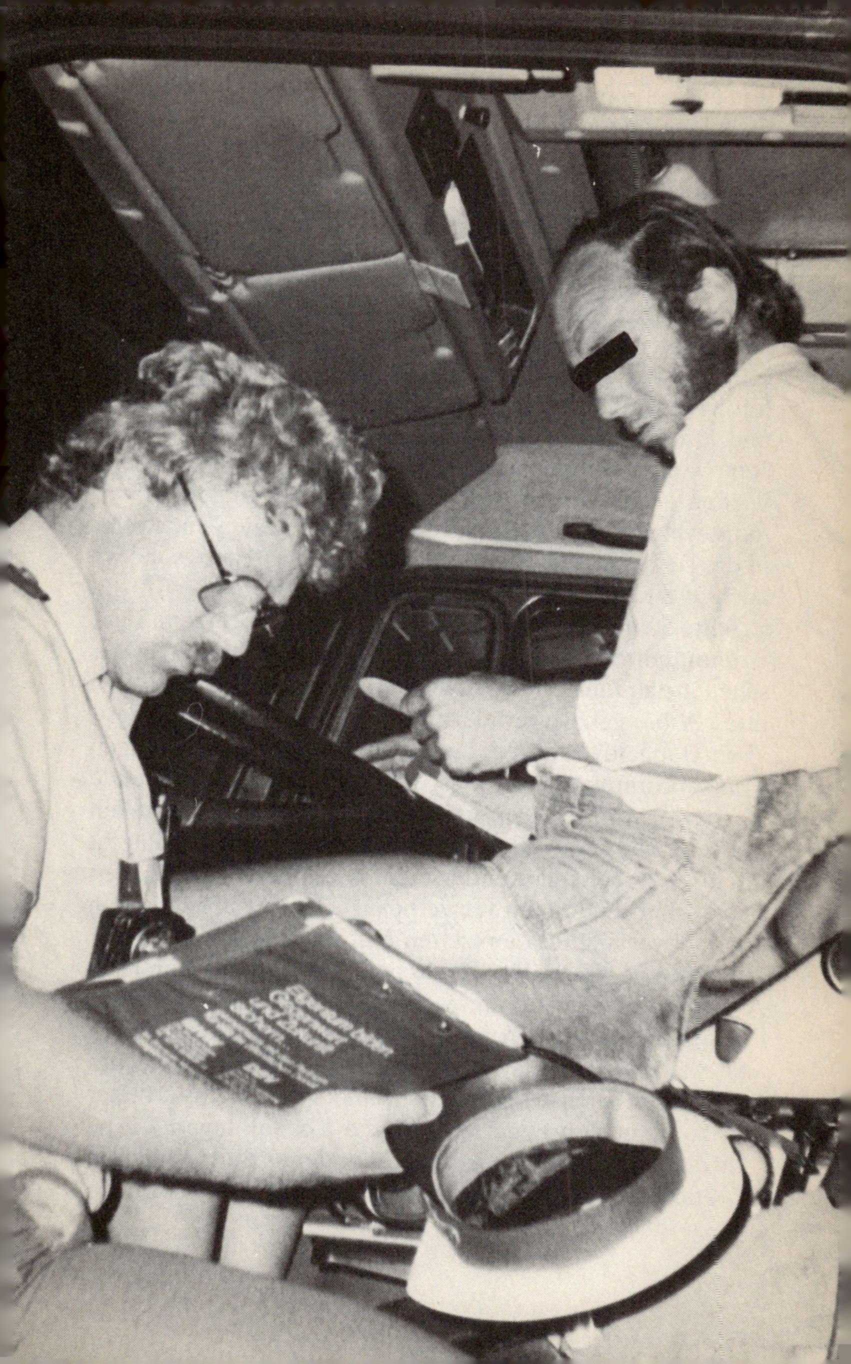

sein ganzes Bargeld und persönliches Eigentum abnehmen. Es folgen anderthalb Monate Zwangsaufenthalt, weil die bulgarische Polizei das Ganze mißversteht und die Türkenstory nicht so recht glauben will.
Dann endlich, neuer Aufbruch über Ungarn und die CSSR gen Westen, wo der deutsche Zoll die Abfertigung der inzwischen total verrotteten Nahrungsgüter verweigert. Der Orientexpreß wird amtlich verplombt und darf erst weiterfahren, wenn er wieder verkehrstüchtig ist. Das kann dauern, weil den bettelarmen Türken das Geld für Reparaturen fehlt. Ausländerschicksal. Hart ist das. Doch gleiche Rechte und Pflichten für alle Brummis auf den Straßen.
Jetzt wollen es regierungsamtliche Stellen und Vollzugsbehörden genau wissen. Die Razzien werden ohne Vorwarnung wiederholt, die Gewerbeaufsichten gehen auch öfter in die Betriebe. Nicht nur im Württembergischen, sondern auch in anderen Bundesländern.
Erschreckend oft werden die Lenk- und Schichtzeiten der Brummifahrer nicht eingehalten. Das nordrhein-westfälische Sozialministerium stellt fest, manche Trucker seien ihren Arbeitgebern geradezu ausgeliefert. Sie haben Angst. »Die Bußgeldverfahren gegen einen international tätigen Transportunternehmer, bei dem wiederholt gravierende Verstöße ermittelt wurden, haben wir häufig einstellen müssen, weil seine Kraftfahrer ihn vor Gericht aus Furcht um ihren Arbeitsplatz entlasteten. Dieselben Fahrer hatten sich vorher noch beim Gewerbeaufsichtsamt über die von ihnen abverlangten Lenkzeiten beschwert.«
Auch das ist skandalös: Zahlreiche Verstöße werden nach Angaben des Ministeriums »von Aushilfsfahrern begangen, die sich unmittelbar nach ihrer Hauptbeschäftigung noch ans Steuer setzen. Nicht selten sind es Beschäftigte des öffentlichen Dienstes, etwa Polizeibeamte und Mitarbeiter von kommunalen Feuerwehren und Verwaltungen.« Eine Umfrage bestätigt: Das ist auch in anderen Bundesländern so. Staatsdiener werden nach Feierabend erst so richtig fleißig.

Sonderaktionen in Niedersachsen, speziell zur Überwachung von Speditionen, die Lebensmittel und Gefahrengüter transportieren. Übermüdete Trucker will man künftig an der Weiterfahrt hindern. Die Zahl der Speditionen, die ihre Sozial- und Sicherheitsvorschriften nicht ernst nehmen, steige leider ständig an. Das hessische Sozialministerium spricht in diesem Zusammenhang von »Zeitbomben auf Rädern«.

Doch die Schwaben bleiben derzeit weiter einsame Spitze, was die Aufklärung solcher Fälle betrifft. In erster Linie liegt dies an ihrem Wirtschaftskontrolldienst, dem »WKD«, den es in ähnlicher Form (allerdings in weit kleinerem Maßstab) nur noch im Saarland gibt. In Baden-Württemberg ist diese rund 500 Mann starke Eliteeinheit für Verbraucher- und Umweltschutz bei der Landespolizei über sämtliche größeren Städte und Landkreise verteilt.

Die meist jüngeren Beamten, die sich nach mehrjährigem Streifendienst (der ist Bedingung) freiwillig zu dieser Spezialtruppe melden, haben bei der Bewerbung strenge Aufnahmekriterien zu erfüllen. Anschließend drücken sie noch mal die Schulbank. In zahlreichen Fortbildungskursen eignen sie sich wichtiges Rüstzeug aus Psychologie, Tier- und Humanmedizin, Chemie und Juristerei an, ehe sie sich beim WKD ihre Sporen verdienen dürfen. Fast 50000 DM läßt sich das Stuttgarter Innenministerium die Ausbildung eines jeden Beamten kosten. Eine Investition, die im Staatshaushalt zwar gewaltig zu Buch schlägt, die sich jedoch lohnt. Immer wieder stöbern ihre gefürchteten Spürnasen kriminelle Wechseltransporte auf. So vermasseln sie einem Händler ein fast unglaubliches, doch anscheinend gar nicht so seltenes Geschäft. Als sie verdächtige Fettaugen in einer Ladung mit 19000 Liter Wein erspähen, stellt sich heraus, daß vor der süffigen Spätlese im selben Tankwagen Heizöl verfrachtet worden ist. Eine gründliche Zwischenwäsche hielten die Panscher nicht für nötig. Nun müssen sie ganz auf ihren Rebensaft verzichten und dennoch eine happige Zeche berappen.

## Modell für Verbraucherschutz: »Spätzle-Polizei«

Einen Wirtschaftskontrolldienst (WKD), der zur Schutzpolizei gehört, gibt es nur in Baden-Württemberg und in erheblich kleinerem Maßstab im Saarland. Der rund 500 Mann starke schwäbische WKD gilt bundesweit als Modell für Verbraucher- und Umweltschutz: Schwäbische WKD-Beamte decken immer wieder Lebensmittelskandale mit europaweiter Auswirkung auf: Beim Schleuderei (Verunreinigungen in fabrikmäßig hergestelltem Flüssigei), Glykolwein und Känguruhfleisch haben sie besonders erfolgreich ermittelt. Erst durch ihre Enthüllungen erfuhr die Öffentlichkeit bundesweit davon.

Diese Lebensmitteldetektive haben eine normale Ausbildung als Polizisten in Uniform hinter sich, ehe sie beim WKD eingesetzt werden. Zusätzlich werden sie in Fortbildungskursen durch versierte Lehrkräfte in Rechtsfragen, Psychologie, Lebensmittelhygiene, Veterinärmedizin und Chemie ständig geschult. Auch mit Umweltproblemen müssen sie sich zunehmend befassen. Finanzielle Vorteile gegenüber ihren anderen Kollegen bei der Schutzpolizei haben sie nach eigenen Angaben nicht.

Anfangs von Außenstehenden (vor allem in den übrigen Bundesländern) als eine Art »Spätzle-Kripo« belächelt, profitieren jetzt zwischen Nordsee und Alpen die für Lebensmittelkontrollen zuständigen Behörden häufig von ihrer Erfahrung. Verbrauchernähe ist ihr oberstes Gebot: In allen baden-württembergischen Landkreisen, in jeder größeren Stadt ist der WKD vertreten: Tag und Nacht ist er für jedermann erreichbar. Hausfrauen lassen sich ebenso wie Gewerbetreibende und Herstellerbetriebe vom Wirtschaftskontrolldienst der Landespolizei beraten. Zu Land, zu Wasser und in der Luft — er ist sofort da, wenn man ihn braucht.

Ein Denkzettel vom Staatsanwalt wird ebenso jenem Spediteur verpaßt, der am Wasser spart, nachdem er giftiges Kunststoffgranulat abgeladen hat. Die winzigen Kügelchen finden sich nämlich haufenweise im Milchpulver wieder, das sein Brummi anschließend einer Fabrik für Babynahrung andrehen will. Den Kontrolleuren verschlägt es schier die Sprache.

Gelegentlich dreht das Schicksal den Spieß bei Lebensmittelpanschereien auch schon mal um. So können die WKD-Experten eines Tages mit verständlicher Schadenfreude zur Kenntnis nehmen, was ein Schwertransporter angerichtet hat. Der geht ihnen mit einer Ladung Zement zunächst zwar durch die Lappen, wird aber schließlich doch auf einer Großbaustelle von ihnen ausgemacht. Dort herrscht bereits helle Aufregung, weil die Wände wackeln. Des Rätsels Lösung: Der Laster hatte andernorts vor dem Kalk-Ton-Gemisch eine Ladung Zucker ausgespuckt, die mangels Zwischenwäsche deutliche Spuren hinterließ. Und weil süßer Zementmörtel nun einmal kein Mauerwerk bindet, nützt den geschädigten Handwerkern auch noch so lautes Fluchen nicht. Pfusch bleibt Pfusch.

Der Verbraucher kann sich über die langjährige Duldung solcher Mißstände nur wundern: Warum hat der Gesetzgeber die (wie es der Amtsschimmel ausdrückt:) »wechselweisen Transporte von Nahrungs- und Genußmitteln sowie Chemikalien in denselben Straßentanklastwagen« nicht längst verboten? Warum wird das Thema erst jetzt auf politischer Ebene diskutiert?

Im April 1985 übermittelt das Bundesgesundheitsministerium den Ländern den »Vorentwurf einer Lebensmitteltransportbehälter-Verordnung« mit der Bitte um Stellungnahme. Im Juni erfahren niedersächsische Landtagsabgeordnete auf Anfrage von ihrem Sozialministerium, dieser Entwurf sehe ein »Verbot des Wechseltransportes von Industriechemikalien und Lebensmitteln in großvolumigen Behältern, also auch in Tanklastwagen« vor.

Relativ spät klärt der Berliner Gesundheitssenator auf

3 FRUEH 30.7.
15AUG84W20
2357 jocca
jocca 357
KI/ST 27.7
Emmi

Rückfrage eines Abgeordneten die Öffentlichkeit über den Mißstand auf: Bisher dürften menschliche Nahrung und Chemikalien immer noch im selben Tank befördert werden, wenn durch Reinigung eine Beeinträchtigung der Lebensmittel ausgeschlossen sei. Wer überwacht die Reinigung, und wer bestraft die Schmutzfinken? Ein Arbeitspapier quält sich weiter durch den Instanzenweg.
Die Panscher auf Deutschlands Straßen dürfen sich die Hände reiben: Vom ministerialbürokratischen Vorentwurf bis zur Verabschiedung eines Gesetzes bleibt ihnen reichlich Zeit. Zeit genug für manche Tonne Milchpulver mit Kunststoffgranulat-Verschnitt und Rebensaft, auf dem das Heizöl-Fettauge lacht . . .

Links: *Rund um die Uhr im Einsatz: WKD-Detektive bei Betriebskontrollen.*

Folgende Seite: *WKD-Spezialaufgaben bei Chemieunfällen: Trinkwasser in Not!*

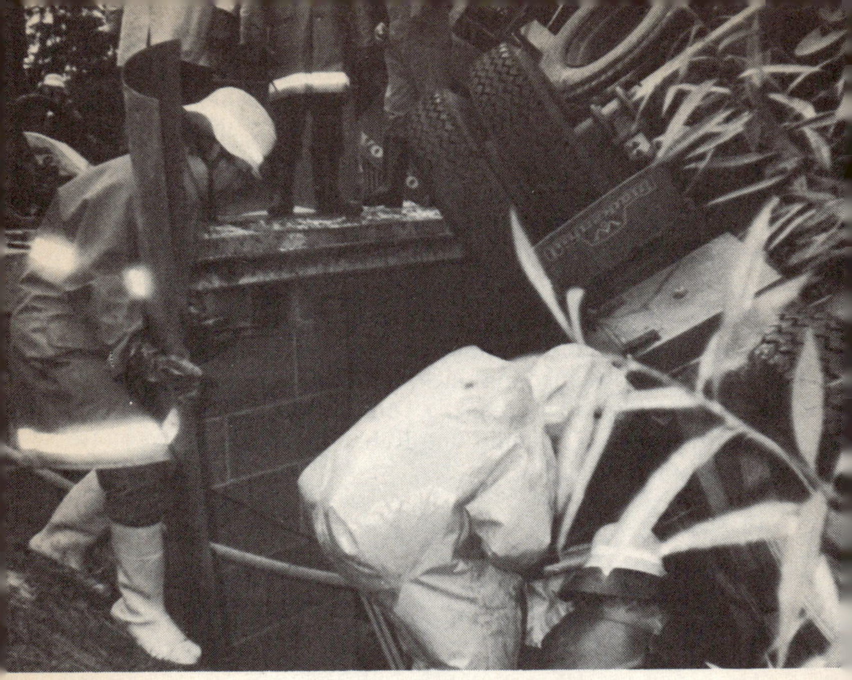

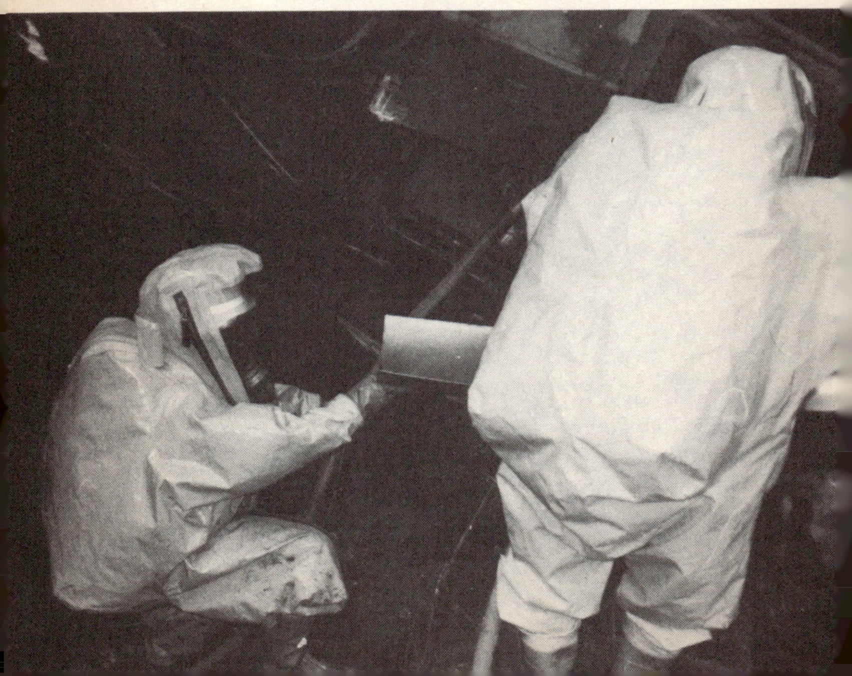

## Eine Schlamperei stinkt zum Himmel: Wie kommt Holzschutz in spanische Tomaten?

Bundesweit nehmen Ordnungsämter, Gewerbeaufsichten, Veterinäre und alle anderen, die unser täglich Brot beschützen sollen, nur von Zeit zu Zeit die Hersteller und Verkäufer genauer unter die Lupe. Verbraucherschützer beklagen immer wieder das Dilemma: »Zwei- bis dreimal im Jahr taucht da vielleicht ein Mensch auf, der Warenproben zieht und Laboranalysen veranlaßt. Reine Zufallstreffer, wenn er dabei fündig wird.« Stimmt.

Wohin man auch blickt: Zwischen Nordsee und Alpen fehlt es den Überwachungs- und Untersuchungsbehörden in der Regel an Mitarbeitern, Geld und Gerät, um alles in den Griff zu kriegen. Die großen Lebensmittelskandale der Vergangenheit haben dies eindrucksvoll bestätigt. Baden-Württemberg zieht als eines der wenigen Länder Konsequenzen: Der dortige Wirtschaftskontrolldienst verlegt ein Schwerpunktprogramm auf die Straße. Er sieht ein, daß sich schon dort so manche krumme Tour mit Nahrungsgütern abbremsen läßt.

Respektlos schnüffeln die WKD-Detektive sogar außerhalb der eigenen Reviergrenzen in der Szene herum. Anfang 1984 stoßen sie auf eine heiße Spur: Bei der Tomatenschwemme aus Spanien ist einiges faul. Prüfer der Stuttgarter Polizeidirektion 1 diagnostizieren in Lieferungen aus dem Raum Valencia – wie sie sagen – »ein verdächtig chemisches Geschmäckle«. Prompt werden rund 500 Geschäfte auf verdorbene Ware gefilzt, über 2000 Tomatenkisten beschlagnahmt und vernichtet. Ihr Inhalt war absolut ungenießbar.

Während die Verbraucher am Neckar praktisch mit dem Schrecken davonkommen, haben sie in anderen Bundesländern das Zeug schon ahnungslos verzehrt. Manch einer

klagt über Übelkeit, Magen- und Darmbeschwerden. Gesundheitsbehörden aber reagieren im Schneckentempo. In vielen Städten wird die Affäre sogar dementiert oder vertuscht. Journalisten decken die amtlichen Schwachstellen auf. Eine Blamage für die Lebensmittelüberwachung.
Wieder mal haben die Einfuhrkontrollen an unseren Grenzen jämmerlich versagt. Grossisten und Einzelhändler haben angeblich nichts bemerkt. Örtliche Aufsichtsstellen haben die Schlamperei regelrecht verschlafen.
Ein Skandal, der im wahrsten Sinn des Wortes zum Himmel stinkt. Spät, doch nicht zu spät, schaltet sich Interpol, die supranationale Kripo-Organisation, mit Ermittlungen ein. Endlich erfährt die Öffentlichkeit: Der Ramsch aus Spanien ist mit dem giftigen Holzschutzmittel PCP (Pentachlorphenol) verseucht.
PCP gehört zur Gruppe der chlorierten Kohlenwasserstoffe, die sämtlich unter Verdacht stehen, für Menschen erheblich gesundheitsschädigend zu sein. Mit PCP-haltigen Holzschutzmitteln befassen sich hierzulande zwar schon Staatsanwaltschaften, mit PCP-haltigen Tomaten aber nicht.
Man weiß andererseits: Diese toxisch hochwirksame Substanz hat schon zu tödlichen Unfällen geführt. In Holzlasuren wurde sie früher recht großzügig gegen Schadinsekten und Schimmelpilz eingesetzt. Heute ist klar: Da wurde mit Kanonen auf Spatzen geschossen. Ebenso ist PCP in der Leder-, Textil-, Papier- und Klebstoffindustrie ein Begriff. Mit den importierten Tomaten ist demnach eine Riesensauerei passiert. Fragt sich bloß, wie. Wieder finden die Schwaben am schnellsten heraus: Die Nachtschattengewächse waren in PCP-getränkten Holzstiegen verpackt und haben dort die Giftchemikalie berührt (»kontaminiert«, wie Fachleute sagen). Hat denn niemand die spanischen Erzeuger aufgeklärt? Die Lobby schweigt.
Irgendwie läßt es sich aber doch nicht verheimlichen, wie der Hase läuft. Es sickert durch, daß eine größere Fuhre spanischer Tomaten an der deutsch-französischen Grenze, am Übergang Kehl, den Kontrolleuren zwar auffällt. Aber

## Datenmillionär Interpol

Immer wieder müssen deutsche Ermittlungsbehörden bei Fällen von Lebensmittelkriminalität Interpol einschalten, die internationale Organisation der Kriminalpolizei. Wenn der dringende Verdacht besteht, daß — wie beim Skandal um importiertes Känguruhfleisch aus Übersee oder Flüssigei aus EG-Nachbarländern — Täter grenzüberschreitend vorgehen, ist solche Fahndungshilfe nötig. Auch als größere Mengen der mit dem giftigen Holzschutzmittel PCP verseuchten Tomaten aus Spanien in der Bundesrepublik auftauchten, bat man Interpol um Hilfe bei den komplizierten Nachforschungen.

Rund 140 Staaten (aus dem Ostblock nur Ungarn und Rumänien) gehören dieser Vereinigung an, die ihren Sitz in St. Cloud bei Paris und ihre deutsche Zentrale beim Bundeskriminalamt in Wiesbaden hat. (Die Bundesrepublik ist erst seit 1952 Mitglied.)

Interpol setzt keine eigenen Detektive ein, hat auch keine Exekutivgewalt und kann niemanden verhaften. Sie verfügt jedoch mit Hilfe der angeschlossenen Ländersektionen über immenses Datenmaterial (rund zwei Millionen Personalakten), auf das in kürzester Zeit zurückgegriffen werden kann.

Beispiel: Deutsche Fahnder vermuten die Urheber des Tomatenskandals in Spanien, wenden sich über Wiesbaden an Paris, von wo das Dossier per Fernschreiben oder Funk nach Madrid geht. Interpol Spanien wird sofort alle weiteren Schritte veranlassen und den deutschen Kollegen die Ergebnisse mitteilen.

Aus politischen, religiösen, rassischen oder militärischen Gründen darf sich Interpol übrigens nicht engagieren. Jährlich wählt die Generalversammlung ihr Exekutivkomitee, alle fünf Jahre den Generalsekretär.

man darf den Lastzug nach den gültigen EG-Bestimmungen dort nicht festhalten, weil seine Frachtbriefe auf Rotterdam und nicht auf Empfänger in der Bundesrepublik ausgestellt sind. Sicherheitshalber werden die Holländer informiert: Sie wundern sich, als der Lkw bei ihnen nicht eintrifft.
»Trick siebzehn«, sagen die Fahnder, sie erleben das nicht zum ersten Mal. Das Giftzeug ist unterwegs heimlich umdirigiert worden: Internationale Lebensmittelhändler verfügen nämlich über ein erstklassiges Informationssystem untereinander. Wenn nötig, warnt man sich blitzschnell. Sie machen's wie die Ölmultis mit ihren Tankern auf hoher See: Jederzeit kann man Order geben, mal in die eine, mal in die andere Richtung.
Die Irrfahrt der Tomaten geht anschließend retour nach Köln. Von dort (mit inzwischen frisierten Papieren) nach Dortmund. Mittlerweile haben Händler aus den stinkenden Früchten ein preiswertes Sonderangebot gemacht. Weiß der Dortmunder Vermarkter von der Vorgeschichte wirklich nichts? Im Nu hat er örtlichen Einzelhandelsgeschäften ein Fünftel der 700 Kisten aufgeschwatzt.
Erst in letzter Minute können die Fahnder zupacken. Die »PCP-Bomben« (Kripo-Jargon) können gerade noch beschlagnahmt werden, ehe die Hausfrauen zugreifen. Irgendwo auf einer Müllkippe im Kohlenpott gibt's anschließend ein Staatsbegräbnis für eine Ladung spanischer Tomaten. Was mit den Schwindlern passiert, darüber schweigt des Amtsschimmels Höflichkeit . . .

Kaum hat sich die Öffentlichkeit vom Schock erholt, kommt schon die nächste Hiobsbotschaft:
Diesmal schlägt die chemische Keule bei Orangen und Clementinen zu. Wieder mit PCP. Wieder in Spanien. Und wieder haben's die Schwaben zuerst gerochen. Pro Kilo Obst haben sie bis zu 3,5 Milligramm Pentachlorphenol gemessen, 350mal mehr, als nach der Pflanzenschutz-Höchstmengenverordnung schlimmstenfalls noch hinzunehmen wäre. Was nun?

Obwohl die imprägnierten Vitaminspender längst weite Teile der Republik unsicher machen, mutmaßt das Bundesgesundheitsamt (BGA) in Berlin, sie seien doch »allem Anschein nach nur nach Baden-Württemberg gelangt«. Das BGA müßte es eigentlich besser wissen:

Denn auch das Lübecker Ordnungsamt hat PCP-Apfelsinen artig eingesammelt: 50 verdächtige Kisten in einem einzigen Geschäft. Aber Lübecks Prüfer tun sich schwer mit ihren Tests. Nur vier Früchte schaffen sie an einem Tag.

Nordrhein-Westfalen, Hessen und Bayern sind gleichfalls auf Orangenjagd. Statt sich gegenseitig unter die Arme zu greifen, hacken die Zitrusverfolger aufeinander herum. Flugs geben sie den Stuttgartern eins aufs Haupt: Die hätten ihre Kollegen in den anderen Ländern zu spät informiert. Bürokratischer Kleinkrieg, der vom Problem ablenkt.

Diesmal möchten die Spanier ihre Kundschaft anscheinend für dumm verkaufen. Ihr in Frankfurt etabliertes Zitrusexport-Komitee für Deutschland teilt Handelsketten und Großmärkten per Fernschreiben mit, die Verwendung von PCP sei »in Spanien nicht üblich«, sondern werde »nur gelegentlich von einzelnen Holzkistenherstellern praktiziert«. Es überrascht nicht, wenn die Funktionäre bluffen. Sie fürchten, daß ihr Absatz schrumpft: Millionen Tonnen Zitrusfrüchte werfen sie alljährlich auf den nordeuropäischen Markt, eine halbe Million Tonnen allein für die Bundesrepublik.

Unter dem Druck der öffentlichen Meinung läßt endlich das BGA die Katze aus dem Sack: Ein BGA-Sprecher räumt ein, daß sogenanntes Weichholz für Obststeigen im Ausland oft mit PCP imprägniert werde, und zwar im Gegensatz zur Bundesrepublik, die solche Verfahren bei Lebensmitteln nicht zuläßt. 500 bis 1000 Milligramm des Giftes pro Kilo Fichtenbrett seien bei unseren Nachbarn in Ost und West durchaus denkbar. Vermutlich komme solches Holz ständig

Folgende Doppelseite: *Orangenschwemme aus Übersee: Vitaminspender garantiert rückstandsfrei?*

TOR
3
F
RAUCHEN VERBOTEN
TOR
2
Jaffa

Jaffa

haufenweise zu uns herein, befürchtet das BGA. Warum verhindert man das nicht?
Der Orangenkrimi ruft zornige Umweltschützer auf den Plan: Im niedersächsischen Landtag wird ein generelles Verbot von Holzschutzmitteln verlangt, die Pentachlorphenol enthalten. Auf einer Mülldeponie bei Lörrach wird Dioxin entdeckt, das nach Stuttgarter Regierungsinformationen aus der PCP-Produktion eines süddeutschen Unternehmens stammen soll.
Gleichzeitig fordern Bürgerinitiativen den totalen Stopp der Herstellung von Holzlasuren, die den krebsverdächtigen Käferkiller enthalten. Und in Wiesbaden sickert durch, daß dort bei der hessischen Landesregierung seit kurzem ein vertrauliches PCP-Papier existiert, das sich speziell auf Holzsteigen für Obst und Gemüse bezieht. Untersucht wurden Kisten und Kästen aus Italien, Holland, Griechenland, Frankreich und Spanien. Diskret, versteht sich ...

## Gegen 32000 Tonnen Wirkstoffe ist kein Kraut gewachsen

Auch der Industrieverband Pflanzenschutz (Frankfurt) bestreitet nicht, daß in einigen seiner Abnehmerländer mit der chemischen Keule äußerst fahrlässig umgegangen wird. Wie ist es aber dann zu erklären, daß man so wenig über Rückstände bei Importen hört? Jedes Kernkraftwerk muß – und das ist vollkommen richtig – über kleinste Pannen öffentlich Rechenschaft ablegen. Warum werden chemische Pannen beim »Milliarden-Kraftwerk« Nahrungseinfuhr vertuscht? An dieser Stelle verlangt die Chronistenpflicht einige Anmerkungen.
Es trifft die Spanier tief, daß ihre Blamage mit den Giftorangen von einigen Konkurrenten ausgenutzt werden soll, um Marktanteile in Deutschland abzustauben. Hat von den anderen denn keiner Dreck am Stecken? O doch. Die Macht der Gewohnheit fegt die Analysen nur unter den Tisch, um beim Verbraucher keinen Staub aufzuwirbeln. Er könnte mit Kaufunlust oder dem Boykott inkriminierter Waren reagieren. Die Geheimniskrämerei von Ämtern und Wirtschaft ist nicht nur unfair, sie ist höchst unverantwortlich. Derart falsche Informationspolitik hat Mißtrauen beim Publikum verdient.
Kurzer Blick auf den deutschen Pflanzenschutzmarkt, den im wesentlichen fünf Großkonzerne beherrschen: Fast 1500 verschiedene Präparate mit über 300 Wirkstoffen sind bei uns im Handel. 32000 Tonnen nehmen heimische Land- und Weinwirtschaft davon ab. Gut 160000 Tonnen Wirkstoffe produzieren deutsche Unternehmen pro Jahr; 80 Prozent gehen in den Export, und zwar hauptsächlich in Länder Westeuropas. Ein Teil dieser Ausfuhren kommt über Obst und Gemüse wieder zu uns zurück . . .
Zum Beweis nur einige der gefährlichen Mittel zur Schädlingsbekämpfung und Oberflächenbehandlung, die Chemi-

ker der Importwirtschaft (!) binnen zwei Jahren (1983/1984) in Obst und Gemüse finden. (Sie sind den Ämtern mit Sicherheit bekannt.) Die wichtigsten dieser – weitgehend auch zum Schutz von Vorräten eingesetzten – Substanzen werden an anderer Stelle noch erklärt:

Rückstände von

Bromid (Giftgas) in Salat aus Belgien und Holland; Captan (Spritz- und Sprühpestizid) in italienischen Äpfeln;
Chlorpyrifos (Vernebelungs- und Verdunstungsmittel): Paprika aus Israel;
DDT (Chlorphenotan): Paprika aus Spanien, Birnen, Petersilie, Pfeffer aus Italien, Gurken, Peperoni aus Spanien, Äpfel aus Chile, Birnen aus Argentinien;
Dieldrin (Nervengift »Endo-Exo«): französische Weintrauben und Salat, spanische Gurken, italienische Zucchinis;
Dimethoat (Phosphorsäureester): Erdbeeren aus Italien;
Dithiocarbamate (Schwefelpestizide): griechische Aprikosen, italienische Äpfel;
Endosulfan (Nervengift): Paprika aus Spanien;
Ethion (Pestizid): Aprikosen aus Griechenland, Pfirsiche aus Frankreich, Pflaumen aus Rumänien;
Fensulfothion (Pestizid): italienische Möhren;
Hexachlorbenzol (Fungizid): Äpfel aus Italien, Bohnen aus Spanien, Pfirsiche aus Griechenland;
Lindan und weitere HCH-Stoffe (Hexachlorcyclohexan): Pfirsiche und Möhren aus Italien, Möhren, Porree und Salat aus Belgien, Aprikosen aus Griechenland, Kresse aus Dänemark;
Malathion (Phosphorsäureester, Kontaktgift): Pfirsiche aus Italien;
Parathion (»E 605«): Zitronen aus Italien; Schwefelverbindungen: Weintrauben aus Spanien;
Diphenyl (Chlornaphtalat): Grapefruits aus Honduras und Argentinien;
Thiazol (Farbstoff): Zitrusfrüchte aus Marokko und Kuba.

## Killer-Steckbrief (I): Phosphorwasserstoff alias Phosphin

Es ist farblos und riecht wie fauliger Fisch, Karbid oder Koblauch: Das Gas Phosphorwasserstoff oder Phosphin (PH3, nicht zu verwechseln mit dem als »Grünkreuz« bekannten Kampfstoff Phosgen) wird als schweres Stoffwechselgift in der Schädlingsbekämpfung eingesetzt und kommt unter verschiedenen Namen in den Handel. Für Menschen kann es bei einer Konzentration von 0,01 Milligramm pro Liter Atemluft schon in wenigen Stunden tödlich sein. Bei akuter Vergiftung zeigen sich Übelkeit, Erbrechen, Schwindelanfälle und Krämpfe, die zum Herz- und Kreislaufversagen und damit zum Tod führen können. Der genaue biochemische Wirkmechanismus ist ungeklärt; wahrscheinlich hemmt Phosphin lebenswichtige Zellenzyme.

Es entsteht unter anderem aus dem technisch unreinen Acetylen und aus Ferrosilicium durch Wassereinwirkung. In vielen tausend Getreidesilos in der Bundesrepublik werden trockenes Zink- oder Aluminiumphosphid (in Tablettenform oder in Beuteln abgepackt) angewendet, aus denen sich mit der Feuchtigkeit im Korn rasch Phosphorwasserstoff bildet. Angeblich bleiben im Getreide keine schädlichen Rückstände zurück.

Zitat aus einer Antwort des niedersächsischen Sozialministeriums in Hannover auf eine Landtagsanfrage zum schweren Giftgasunglück in Rinteln und zu mehreren Fällen erheblicher Geruchsbelästigung in anderen Gemeinden: »Allgemeine Warnungen an die Bevölkerung bei Begasungen und Messungen der Phosphinkonzentration sind im Hinblick auf die geschilderte Anwendung in geschlossenen Anlagen und die vorgeschriebenen Sicherheitsmaßnahmen für unmittelbar angrenzende Räume nicht vorgesehen.«

## Killer-Steckbrief (II): Lindan

Gamma-HCH, das nach seinem Entdecker van der Linden allgemein »Lindan« genannt wird, ist das wichtigste von insgesamt acht möglichen Isomeren des Hexachlorcylohexans und gilt als ausgesprochenes Vielzweckinsektizid. In den Ländern der EG und in Japan werden jährlich schätzungsweise 5000 Tonnen Lindan hergestellt; rund 300 Tonnen werden pro Jahr allein in der Bundesrepublik verbraucht, hauptsächlich in der Landwirtschaft und im Holzschutz. Mehrere akute Vergiftungsfälle sind unter anderem aus Bayern vom Lindaneinsatz gegen Borkenkäfer bekannt. Bei einem Futtermittelskandal in Niedersachsen und Schleswig-Holstein um Importe aus Südostasien fanden sich erhebliche HCH-Spuren in Milch.

Problematisch sind Rückstände von Gamma-HCH, die immer wieder in Nahrungsmitteln auftauchen, aber in ihrer Gefahr für den Menschen von Medizinern, Umweltschützern auf der einen und der Herstellerindustrie auf der anderen Seite unterschiedlich beurteilt werden. (Der amtlichen Einschätzung liegt die Höchstmengenverordnung für Pflanzenschutzmittel zugrunde.)

Lindan gehört zu den sehr umstrittenen Chlorkohlenwasserstoffen und wird (wie DDT) im Fettgewebe gespeichert. Unabhängige Gesundheitsexperten sehen vor allem die schädigende Wirkung auf Nerven und Blutbildung (Knochenmark), aber auch auf Leber und Immunsystem. Im Tierversuch wurde eine Schädigung des Embryos nachgewiesen. Man nimmt an, daß Lindan Allergien auslösen und unter bestimmten Voraussetzungen Leberkrebs erzeugen kann. Lindan-Produzenten sind der Auffassung, daß das Gift bei sachgemäßer Anwendung in der Schädlingsbekämpfung und im Holzschutz für Menschen nicht schädlich sei.

Der Deutsche Verbraucherschutzverband (DVS) in Wiesbaden eckt im Sommer 1985 bei einem Teil der Bevölkerung ziemlich an, als er rät: Wer sich vor intensiv mit Entwesungs- und Begasungsmitteln behandelten Lebensmitteln schützen wolle, der solle einen Verzicht auf Importnahrung – vor allem aus Entwicklungsländern – erwägen. Dem Verband wird daraufhin vorgeworfen, er wolle den Ländern der Dritten Welt ihre Lebensgrundlage entziehen. Die Antwort des DVS:

*»Wir halten diesen Einwand für kurzsichtig, denn zum einen will sich niemand freiwillig mit hochbelasteten Lebensmitteln vergiften. Zum anderen dient der Export von Konsumgütern aus den Entwicklungsländern in die Industriestaaten allermeistens nicht der Sicherung der Lebensgrundlagen des jeweiligen Volkes. Im Gegenteil, die für die Exportartikel genutzten Flächen gehen der einheimischen Bevölkerung für den Eigenanbau lebensnotwendiger Nahrung verloren. Dazu kommen dann auch noch die für den Futtermittelanbau genutzten Flächen; diese Futtermittel werden ebenfalls exportiert, um Vieh für den enormen, ungesunden Fleisch- und Wurstverbrauch in den Industrienationen zu mästen.*
*Bei den exportierten Waren handelt es sich meist um ›Luxusartikel‹ wie Ananas, Kiwi, Banane, Tee, Kaffee oder Tabak, Zucker(rohr), Baumwolle etc., die den Menschen der Dritten Welt nicht zugute kommen.*
*Bedingt durch den Intensivanbau in Monokulturen, werden massiv Pestizide und ähnliches bei der Produktion angewendet. Bei der Lagerung, Verpackung und Verarbeitung kommen ebenfalls zahlreiche Chemikalien zum Einsatz – oftmals auch solche, die in der Bundesrepublik mittlerweile verboten oder nur eingeschränkt freigegeben sind. Dabei gibt es für Umwelt und Menschen entweder gar keine oder nur äußerst unzureichende Schutzmaßnahmen.*
*Durch unmittelbare und mittelbare Pestizideeinwirkung werden jährlich weit über 500000 Menschen in den Entwicklungsländern vergiftet, rund 5000 sterben daran. Unberück-*

*sichtigt bleiben dabei die Krebserkrankungen, die Fehl- und Mißgeburten. Die gesamte Umwelt dieser Menschen wird schleichend verseucht; Boden, Wasser und Luft sind hoch belastet. Von ›Lebensgrundlage‹ kann somit in diesem Zusammenhang kaum die Rede sein.*
*Um diese Grundlage zu schaffen, muß langfristig erreicht werden, daß sich die Bevölkerung der Dritten Welt selbständig mit gesunden Nahrungsmitteln versorgen kann. Zu vermeiden sind dabei großangelegte Entwicklungshilfeprojekte, die an den Bedürfnissen der Bevölkerung vorbeigeplant sind und sie im Endeffekt teilweise erst in menschenunwürdige Situationen bringen.*
*Die Verbraucher in der Bundesrepublik können durch gezieltes Verhalten durchaus auf diese vielschichtigen Probleme aufmerksam machen und zur Verbesserung der Lage der Bevölkerung in den Entwicklungsländern beitragen, zum Beispiel durch Verzicht auf oder eingeschränkten Konsum von Importnahrungsmitteln sowie Fleisch und Wurst.*
*Außerdem kann jeder fordern beziehungsweise die Forderung unterstützen, daß bundesdeutschen Chemiefirmen untersagt wird, in der Bundesrepublik verbotene oder eingeschränkt erlaubte chemische Substanzen für das Ausland oder im Ausland zu produzieren und zu vertreiben. Mit diesen Maßnahmen ist sowohl den Menschen in den Entwicklungsländern als auch in den Industriestaaten gedient.«*

Der Industrieverband Pflanzenschutz hält dagegen die Behauptung für falsch, der Hunger in der Dritten Welt werde durch eine aus den Industrieländern importierte Landwirtschaftstechnologie eher noch verstärkt und zitiert die frühere indische Ministerpräsidentin Indira Gandhi, die gesagt haben soll: »Wenn eine Nation von 683 Millionen Menschen sich selbst zu ernähren vermag wie Indien, dann kann das Problem des Hungers nicht unlösbar sein.«
Nun, die Kritiker meinen nicht die Landwirtschaftstechnologie schlechthin, die den Hungervölkern schaden könnte, sondern die Ausbeutung unter anderem mit Hilfe von

Giftstoffen. Und als Frau Gandhi von der Selbstversorgung ihres Landes sprach, muß sie die Millionen in den Elendsvierteln von Kalkutta und andernorts übersehen haben, von denen immer noch viele am Hunger und seinen Folgen sterben. Auch das fürchterliche Giftgasunglück von Bophal ereignet sich erst später: Im Dezember 1984 kommen in der indischen Stadt durch Methyl-Isocyanat über 2500 Menschen ums Leben, weil in der chemischen Fabrik eines US-Konzerns die Sicherheitsvorkehrungen nicht beachtet werden.

Wie gefährlich Entwesungs- und Begasungsmittel sind, zeigt sich im Mai 1985, als in Rinteln an der Weser drei Menschen durch Phosphorwasserstoff (Phosphin, $PH_3$) sterben. Mit dem hochgiftigen Gas sollen bei einer mehrtägigen Aktion in einem Getreidespeicher Kornkäfer und andere Schädlinge vernichtet werden. Doch was niemand bemerkt:
Eine Zeitlang strömt es durch undichte Wände in die benachbarte Wohnung der Familie B. ein und verseucht die Räume. Eltern und Kinder atmen es ahnungslos ein. Erst sterben die 23jährige Isa B. und ihr vierjähriger Sohn Niko, kurz darauf auch der sechsjährige Mark. Der Vater, Lagerarbeiter bei der Landwaren-Vertriebsgesellschaft, übersteht die schweren Vergiftungen, unter denen mehrere seiner Kollegen ebenfalls leiden. Die Staatsanwaltschaft ermittelt wegen des Verdachts auf fahrlässige Tötung. Was ist das für ein Gift, das man immer noch mitten in Wohngebieten einsetzen darf?
Phosphin wird seit vielen Jahren bundesweit in über 10000 Getreidelagern zur Bekämpfung von Ungeziefer benutzt. Es entwickelt sich erst vor Ort aus seiner chemischen Vorstufe, dem Phosphoniumsalz (Aluminiumphosphid), wenn dies mit feuchtem Korn in Berührung kommt. Bei der Anwendung müssen strenge Sicherheitsvorkehrungen getroffen werden. Die Aufsicht muß stets ein »Begasungsleiter« (amtliche Bezeichnung) führen, den die Herstellerfirmen oder die Deutsche Gesellschaft für Schädlingsbekämp-

fung ausbilden. In Rinteln wurden nach Behördenerkenntnissen Fehler gemacht.
Nicht in allen Kornlagern der Bundesrepublik wird Krabbelzeug mit dem extremen Risikostoff Phosphin vergast. Die Bundesanstalt für landwirtschaftliche Marktordnung in Braunschweig, in deren Silos EG-Agrarüberschüsse und Getreide für mögliche Notstände in Deutschland gespeichert sind, benutzt nach eigenen Angaben Mittel, die nicht ganz so gefährlich sein sollen. Demnach geht es doch auch anders.
Aber Phosphorwasserstoff ist billiger, wie Experten verraten. Die Geschäfte laufen damit bestens. Umweltschützer wollen recherchiert haben, daß der Gesamtjahresumsatz an Aluminiumphosphid in der Bundesrepublik bei 1600 Tonnen liegt. Gegenwert: 110 Millionen Mark. Die beiden wichtigsten Firmen produzieren allein etwa 900 Tonnen für 60 Millionen DM.
In höherer Konzentration kann Phosphorwasserstoff brennen oder explodieren. Als im Sommer 1985 im niedersächsischen Northeim in einer Getreidemühle Feuer ausbricht, gibt es Giftgasalarm. Vorsichtshalber wird die Umgebung evakuiert. Doch das Lager fliegt nicht in die Luft, und es wird auch glücklicherweise niemand verletzt.
Lebensmittel werden aus Sparsamkeitsgründen (wenig Personalaufwand, günstige Kostenkalkulation) immer öfter mit Gasen und Entwesungsmitteln eingenebelt, um auch der letzten Mücke den Garaus zu machen. Zu den flüchtigen Killersubstanzen gehören zum Beispiel Stickstoff und Kohlendioxid sowie ein Gemisch aus beiden.
Das früher häufig gebrauchte *Ethylenoxid* (im Verhältnis eins zu neun mit Kohlendioxid gemischt) ist seit 1984 in der Bundesrepublik verboten, da es als Krebserreger gilt.
Das Verbot kommt relativ spät. Denn bereits 1967 hatte das bayerische Innenministerium »erhebliche Bedenken gegen eine Begasung von Kräutertee und Gewürzen mit Ethylenoxid« geäußert, weil man im Einzelfall das Entstehen gesundheitsgefährdender Substanzen nicht ausschließen könne.

## Killer-Steckbrief (III): DDT alias Chlorphenotan

DDT (Dichlor-diphenyl-trichloräthan, Chlorphenotan) ist eines der bekanntesten Kontakt- und Insektengifte unter den Chlorkohlenwasserstoffen. Millionen Tonnen DDT wurden weltweit verbraucht, trotz behördlicher Einschränkungen. In einigen Ländern (Bundesrepublik, Schweden, USA) ist die Anwendung in den meisten Bereichen der Schädlingsbekämpfung verboten. DDT kann vom Menschen vor allem über Milch und Fleisch aufgenommen werden, wenn Kühe oder Schlachtvieh mit DDT verseuchtes Futter erhalten. Ebenso können Spuren des Gifts in Obst und Gemüse eindringen; DDT-Rückstände werden immer wieder bei Importen entdeckt.

In reinem Zustand ist DDT (Summenformel: $C_{14}H_9Cl_5$) ein farbloses Pulver, das sich leicht in Fett, schwer in Wasser löst. Physikalisch und chemisch ist es außerordentlich stabil. DDT-Beläge auf Pflanzen verschwinden hauptsächlich durch Verdunsten, nur in den ersten Tagen durch eventuellen Regen. DDT-Rückstände im Boden haben eine mehrjährige Halbwertszeit. (Unter HWZ ist die Zeit zu verstehen, in der die Strahlungsintensität, d. h. die Zahl der Zerfälle pro Sekunde, einer radioaktiven Substanz auf die Hälfte abgeklungen ist. Sie wird analog auch auf andere Vorgänge übertragen, zum Beispiel auf den Abbau von Pestiziden.)

DDT wird (wie Lindan) im Fettgewebe gespeichert und kann durch Anreicherung (Kumulation) allmählich zu Vergiftungserscheinungen führen. Die genauen chronischen Auswirkungen bei Aufnahme des Insektizids über längere Zeit sind wissenschaftlich noch nicht geklärt. An Versuchspersonen wurden Krämpfe, Schwindel und Benommenheit beobachtet. Tödlich sollen Mengen ab drei Gramm für den Menschen sein.

## Killer-Steckbrief (IV): Methylbromid, Dieldrin & Co.

□ **Methylbromid** ($CH_3Br$, Brommethan): Extremes Giftgas ohne Warnwirkung. Wird zur Schädlingsbekämpfung (Fadenwürmer, Kornkäfer usw.) und bei der Vorratshaltung von Nahrungsmitteln verwendet. In der Bundesrepublik wegen problematischer Rückstände und Anwendungsrisiken nur begrenzter Einsatz erlaubt. Bei Einatmung Kopfschmerz, Schwindel, Sehstörungen, Übelkeit, Erbrechen. In schweren Fällen Krämpfe, Gehirnblutung, Tobsuchtsanfälle, Tod im Koma.

□ **Ethylendibromid** ($BrCH_2C$-$CH_2Br$; 1,2-Dibromethan; EDB): In der Bundesrepublik als Schädlingsmittel verboten. Knoblauchartiger Geruch. Giftiger als Chloroform. Krebsverdacht. Bei Vergiftung schwere Atmungs- und Herzstörungen, Erbrechen, Nierenversagen.

□ **Dieldrin** (»Endo-Exo«): Nervengift, Chlorkohlenwasserstoff. Wird in manchen Ländern großflächig vom Flugzeug aus zerstäubt. Kann zu Erbrechen, schweren Lähmungen, Krämpfen, im Extremfall zum Tod führen.

□ **Dithiocarbamate** (Schwefel-Kohlenstoff-Verbindungen): Können schwere chronische Vergiftungen sowie Psychosen hervorrufen. Schädigungen des Hautgewebes, des Nerven- und (Koronar-)Gefäßsystems. Starke narkotische Wirkung.

□ **Ethylenoxid** (Oxiran): Angenehm riechendes Gift, das bei Zimmertemperatur gasförmig wird und als Entwesungsmittel dient. In der Bundesrepublik verboten. Gilt als Krebserreger. Bei Einatmung Kopfschmerz, Übelkeit, Erbrechen, Atemnot. Bei höheren Konzentrationen narkotisch mit tödlicher Nachwirkung. Nahrungsmittel werden durch »T-Gas« (9 Teile Ethylenoxid, ein Teil $CO_2$) geschädigt und geschmacklich verändert.

In anderen Ländern der EG und der übrigen Welt scheint das Supergift nach wie vor im Handel zu sein, obwohl immer wieder davor gewarnt wird.
Die zahlreichen in der medizinischen Fachliteratur belegten Unglücksfälle mit Ethylenoxid sowie der Beweis der Krebsgefahr seiner Rückstände müßten eigentlich ausreichen, um es weltweit endgültig zu ächten. Immer noch kommen Ethylenoxid-Rückstände über den Import aber zu uns herein.

Ebenfalls weitverbreitet sind leicht flüchtige Bromverbindungen, wie *Methylbromid (Brommethan),* mit dem nicht nur Obst, Gemüse und andere Nahrungsmittel, sondern auch Böden in Pflanzungen behandelt werden. In der Bundesrepublik sind solche Verfahren offiziell zwar eingeschränkt, doch dürfte eine genaue Überwachung in der Praxis häufig auf technische und personelle Schwierigkeiten stoßen. In Importlebensmitteln (Getreide, Gemüse) werden öfter Rückstände von dem in Deutschland verbotenen *Ethylendibromid* analysiert, das noch giftiger ist als das ebenfalls krebsverdächtige Chloroform.
Nüsse, Kakao, Dörrobst, Rohkaffee, Zitrusfrüchte, Hülsenfrüchte, Soja, Tapioka und Kopra können mit Gas schädlingsfrei gehalten werden. Exotisches Obst läßt sich damit beim Reifungsprozeß zwischen Ernte, Transport und Verkauf gezielt steuern.
Organisationen wie der Deutsche Verbraucherschutzverband (DVS) sprechen sich seit langem für die Abschaffung der Begasung von Lebensmitteln aus. Zumindest wollen diese Kritiker eine erhebliche Einschränkung und deutliche Kennzeichnung aller begasten Produkte erreichen. Sie verlangen außerdem die staatliche Förderung alternativer Mittel beim Schutz von Vorräten, zum Beispiel durch Kältetechnik und biologische Schädlingsbekämpfung. Kompromißlos lehnen sie die vieldiskutierte radioaktive Bestrahlung von Nahrungsgütern als »Ersatz« für Gase ab.
Der DVS weist darauf hin, »daß alle Begasungsmittel auch

für den Menschen äußerst giftig sind«. Die Rückstandsproblematik sei »entweder gar nicht oder nur ungenügend geklärt«. Weitere Schwachpunkte: Mögliche Fehler bei der Anwendung (undichte Räume), Ungereimtheiten bei Dosierungsvorschriften und amtlich festgesetzten Höchstmengen. »Begasungsmittel werden zwar meist eingesetzt, wenn die Ware schon befallen ist, doch ist zunehmend auch die vorbeugende Behandlung zu beobachten. Leider gelten bei bromhaltigen Stoffen von Land zu Land andere Grenzwerte. Im Ausland existieren entweder gar keine oder bei weitem nicht so strenge wie in der Bundesrepublik.«
Ausschlaggebend sind in Deutschland das Lebensmittel- und Bedarfsgegenständegesetz (LMBG) sowie die Lebensmittelkennzeichnungs-, die Zusatzstoffzulassungs- und die Pflanzenschutz-Höchstmengenverordnung. Paragraphen also die Hülle und Fülle, doch anscheinend noch immer nicht genug.

## Gelbe Gefahr im Küchenschrank: Wer weiß schon, was »Tartrazin« ist?

Erfolgserlebnisse spornen an. Das gilt speziell für die Beamten der unteren und mittleren Dienstgrade beim Wirtschaftskontrolldienst der baden-württembergischen Landespolizei, der dem Innenministerium organisatorisch unterstellt ist, jedoch bei der Lebensmittelkontrolle erheblichen Einflüssen des Sozial- und Gesundheitsministeriums unterliegt. Nicht immer wirkt sich diese Aufteilung der Kompetenzen positiv auf die Arbeit der Praktiker aus: Wenn zu viele Köche aus der Ministerialbürokratie reinreden, verderben sie leicht den Brei.

Andererseits sind die WKD-Detektive ja im Privatleben ohne Ausnahme selber Konsumenten, die sich über Panschereien und Etikettenschwindel mit der Nahrung ebenso ärgern wie jeder andere Verbraucher. Vielleicht ist dies das eigentliche Motiv für die freiwillige Wahl ihres Arbeitsplatzes bei der Polizei, für ihren Ehrgeiz, ihren unbestechlichen Eifer bei den Ermittlungen.

Ihr strategisches Konzept gründet sich vor allem auf die Ausnutzung des Überraschungseffektes. Rund um die Uhr schwirren sie aus, tauchen meist auf, wenn man sie am wenigsten erwartet. Unauffällig, in Zivil. Manchmal werden sie von einem Veterinärmediziner und einem Lebensmittelchemiker begleitet.

Urplötzlich stehen diese Expertenteams dann in den Küchen von Gaststätten, sozialen Heimen und Krankenhäusern, oder in Backstuben, Metzgereien und Supermärkten, um die Verarbeitung, Hygiene, Verpackung und Preise der Waren unter die Lupe zu nehmen. Sie machen immerhin jährlich rund 260000 Firmenkontrollen in ganz Baden-Württemberg. Fast 18000 Anzeigen wegen zum Teil grober Gesetzesverstöße werden erstattet, Bußgeldverfahren über den Staatsanwalt veranlaßt oder – wenn es sich um weniger

gravierende Sünden handelt – kleinere Beträge bereits vor Ort abkassiert.
Die Prüfer veranlassen aber auch – wenn alle anderen Maßnahmen nichts fruchten – die Schließung von bis zu 500 Betrieben im Jahr, unter denen das Gaststättengewerbe einen unrühmlichen Rekord hält. Sie greifen kompromißlos durch, diese staatlichen Umwelt- und Verbraucherschützer, sind aber keineswegs päpstlicher als der Papst. So stehen sie jedem Bürger mit Rat und Tat zur Seite, der sie darum bittet: dem Bäcker und Metzger in Fachfragen ebenso wie der Hausfrau mit ihren Alltagsproblemen beim Einkauf im Supermarkt. So hat sich der WKD weit über die Grenzen des Musterländles hinaus Respekt und Anerkennung verschafft.
»Die Burschen hören die Flöhe husten«, raunt man sich in Handel und Industrie zu. In der Tat schlagen diese Vorkämpfer für ein deutsches, ein europäisches »Lebensmittel-FBI« (ein Sprecher des hessischen Sozialministeriums nennt sie neidvoll »fußkranke Kriminalisten«) mit ihren Enthüllungen alle Rekorde. Mag sein, daß sie dabei manchen vertraulichen Tip von Insidern der Branche verwerten, vielleicht auch von diesem und jenem, der seinen mißliebigen Konkurrenten eins auswischen will.
Die Aufdeckung einer brisanten Affäre, jener Geschichte um die »gelbe Gefahr im Wirtshaus« ist möglicherweise auf solche gezielten Hinweise aus der Gastronomie selbst zurückzuführen. Die muß schließlich um ihren guten Ruf fürchten, wenn schwarze Schafe aus der Reihe tanzen, wenn sie verbotene Seitensprünge machen. Da soll sich andernorts nur niemand auf die Brust klopfen: Der Fall könnte sich in Schleswig-Holstein, Niedersachsen oder Bayern ebenso zugetragen haben, weil auch dort nicht alle Wirte Engel sind. Die Geschichte:
»Hier kocht der Chef selbst nach Hausmacherart.« Mit dieser Reklame über dem Eingang kriegt ein bestimmter schwäbischer Kneipier auf einmal weit mehr Zulauf als die Konkurrenz. Alle möchten halt wie bei Muttern speisen.

Was die lieben Kollegen nicht so genau wissen, was sie nicht beweisen können, aber doch vielleicht ahnen: Mit den Zutaten des Superkochs scheint irgendwas nicht in Ordnung zu sein. Klar, daß nun im örtlichen Gastronomieverband die Gerüchteküche dampft.
Und die Rauchzeichen werden bei der Behörde gesichtet. Eines Tages, just zur Mittagszeit, platzen die neugierigen Beamten vom Kontrolldienst in die Hausmacherwerkstatt und ertappen den Meister am Herd in flagranti: Wie er gerade jede Menge künstlicher Farbe in seine Gaumenkitzler kippt, um seinen Gästen appetitliche Frische vorzutäuschen. Mal ein kräftiger Schuß »Trinatriumgelb«, mal ein paar Spritzer »Amaranth-Orange«. Das wird den Feinschmeckern wie ein wunderschöner Regenbogen ins Auge stechen und selbst den müdesten Magen munter machen. Hat sich der Mixer so gedacht.
Pech für ihn und einige andere Schönfärber seiner Zunft im Stuttgarter Raum: Wer seine ahnungslosen Gäste synthetische Farben schlucken läßt, schmiert sich letztlich selbst an. Sind sie nämlich nicht auf der Speisekarte angegeben, so ist das böser Etikettenschwindel. Und darauf stehen empfindliche Strafen.
Haben die WKD-Profis in den Lokalen am Neckar wieder einmal die Spitze eines Eisbergs ausgemacht? Es scheint so. Denn es ist ein offenes Geheimnis: Mit künstlichen Lebensmittelfarben, die für zahlreiche Produkte bei deutlicher Kennzeichnung zugelassen, für andere (zum Beispiel Teigwaren) verboten sind, gehen viele leichtsinnig um.
Speziell beim gelben Tartrazin (amtliche Europachiffre »E 102«) sehen Verbraucherorganisationen und Mediziner rot. Tartrazin ist nämlich eine Chemikalie, die es in sich hat. Seine Verwandtschaft mit Azobenzol, einem Insektengift, ist nicht zu leugnen. Man sieht diesen Stoff, wohin man blickt. Mit Tartrazin wirken nicht nur Medikamente und Kosmetika, sondern hauptsächlich Nahrungsmittel wie angestrichen. Meeresfrüchte wie Garnelen, Fischrogen und Lachsersatz kriegen dieses umstrittene Make-up von der

Industrie verpaßt. Oder Obstkonserven, Konfitüren, Limonaden, Pudding (Vanille), Rote Grütze, kandierte Früchte, Tortenguß, künstliches Speiseeis, Kaugummi und und und ...
Manche Nahrungsmittelhersteller werfen zusätzlich noch andere Azofarbstoffe mit Tartrazin in einen Topf, um den umsatzfördernden Effekt zu erhöhen. Mit Gelborange (E 110) und Azorubin (E 122) kriegt man das leicht hin. Das hessische Sozialministerium hält zumindest den Risikostoff Tartrazin in Lebensmitteln für überflüssig und möchte ihn mit Unterstützung durch andere Bundesländer verbieten lassen. Der Verbraucher werde mit diesen Chemikalien letztlich nur getäuscht und in seiner Gesundheit gefährdet, behaupten die Wiesbadener Kritiker. Im übrigen gebe es für die Azofarben genügend natürlichen Ersatz, der völlig harmlos sei.
Auch prominente Mediziner bestätigen: Fast zehn Prozent der erwachsenen Bundesbürger (Kinder seltener) neigen zu allergieartigen Krankheitserscheinungen durch Tartrazin. Die können sogar unter Umständen lebensbedrohend sein, wenn es dabei nicht nur zu Hautausschlag und Schweißausbrüchen, sondern auch noch zu schwerem Asthma und Kreislaufschocks kommt.
Häufig sind Patienten betroffen, die bestimmte Medikamente gegen Schmerz und Rheuma (Pyrazolon und Azetylsalicylsäure) nicht vertragen. Öfter bekamen Frauen mit tartrazingelben Verhütungspillen erhebliche Probleme: Eine Stunde nach Einnahme des Mittels litten sie plötzlich unter akuter Atemnot. Kaum druckreif, was Apotheker da zu hören bekamen.
Erste Konsequenzen hat die pharmazeutische Industrie gezogen: Sie legt chemisch gefärbten Arzneien schriftliche Warnungen für empfindliche Patienten bei. Teilweise verzichtet sie jetzt sogar auf die verkaufsfördernde Maskerade ihrer Pillen und Tabletten.
Unser EG-Nachbar Dänemark geht konsequenter gegen die Kunstfarben vor, die nach den neuen Bestimmungen über

Zusatzstoffe aus vielen Lebensmitteln ganz verschwinden. Am meisten fällt das den Dänen bei ihren beliebten knallroten Würstchen auf, einer Spezialität des Landes namens »Rode Polser«. Die sehen jetzt so blaß aus wie deutsche Kochwurst oder Wiener, obwohl sie unverändert gut schmecken. Immerhin ein Anfang, synthetische Farben aus der Nahrung zu verbannen.

Noch sind Zweifel angebracht, ob sich die Industrie bald umstellt. Denn immerhin haben Lebensmittelfarben in Deutschland ein jährliches Marktvolumen von 750 bis 800 Tonnen, weil Bundesbürger besonders geduldige Schlucker sind und Hausfrauen meist nicht auf die Packungen achten, auf denen die E-Nummern in Kleindruck stehen. Da aber viele Farben mit zusätzlichen Trägersubstanzen vermengt werden, dürfte der tatsächliche Jahresumsatz in der Bundesrepublik eher bei 3000 Tonnen liegen.
Die Vielfalt dieser drei Gruppen ist enorm: Es gibt wasserlösliche, fettlösliche und unlösliche Lebensmittelfarben. Mindestens drei Viertel der Buntstoffe mixen die Nahrungsfabriken ihren Erzeugnissen bei. Der Rest wandert in die Kosmetik-, Pharma- und übrige Chemieindustrie.
Erstaunlicherweise können Lebensmittelfarben nach der amtlichen Zulassungsverordnung für Zusatzstoffe (vom 10.7. 1984, Anlage 2) durchaus noch gewisse Anteile von Elementen enthalten, die wegen ihrer Risiken keinesfalls haushaltsüblich sind: zum Beispiel Arsen, Blei, Antimon und aromatische Amine.
In unlöslichen Farbstoffen bei der Oberflächenbehandlung können sich überdies noch Spuren von Selen und Quecksilber finden. Unsere Gesetze lassen das zu. Doch durch den Dschungel der Paragraphen auf diesem Gebiet blickt kaum noch jemand richtig durch, und eine radikale Flurbereinigung ist deshalb längst überfällig.
Umfassende neue Richtlinien auf europäischer Ebene fordert denn auch die Bonner Arbeitsgemeinschaft der Verbraucher (AGV). In den wenigen bruchstückhaften EG-

## Was alles schöngefärbt werden darf
## Sardelle mit Chemie

Diese Lebensmittel dürfen nach der amtlichen Zusatzstoff - Zulassungsverordnung mit bestimmten Farbstoffen »angestrichen« werden:

Seelachs (Lachsersatz); Anchovispaste (Paste aus gesalzenen Sardellen); Fischrogenerzeugnisse (ausgenommen geräucherter Rogen); Garnelen (Krabben) und Kaisergranat (Nephrops norvegicus), luftdicht verpackt;

Erdbeer-, Kirsch-, Himbeer- und Pflaumenkonserven, luftdicht verschlossen; sterilisiertes Erdbeer-, Himbeer- und Kirschmark; künstliche Heiß- und Kaltgetränke, Brausen;

Cremespeisen, Pudding, Geleespeisen, rote Grütze, süße Suppen, süße Soßen, ausgenommen mit Kakao, Schokolade, Kaffee, Ei, Karamel hergestellte Erzeugnisse;

Kunstspeiseeis, Invertzuckercreme;

kandierte oder mit Zucker überzogene Früchte und Fruchtteile, außgenommen Zitronat, Orangeat sowie Nuß- und Mandelkerne als solche;

Zuckerüberzüge und Zuckerwaren, außer Lakritzwaren und Waren, aus deren Verkehrsbezeichnung hervorgeht, daß sie mit Milch, Butter, Honig, Ei, Malz, Karamel, Kakao, Schokolade oder Kaffee zubereitet sind;

Marzipan, marzipanähnliche Erzeugnisse aus anderen Ölsamen als Mandeln, fetthaltige Füllungen von feinen Backwaren, außer die mit Ei, Malz, Karamel, Kakao, Schokolade oder Kaffee hergestellten Erzeugnisse;

Fruchtaromaliköre, Kräuter-, Emulsions-Kräuter- und Gewürzliköre und Kräuter- und Gewürzbranntweine;

Margarine, Halbfettmargarine, jedoch nur mit Farbstoff E 160 b und unter Mitverwendung von Beta - Carotin;

Schnittkäse, halbfester Schnittkäse und Chesterkäse, auch als Ausgangsstoffe für die Herstellung von Schmelzkäse und Käsezubereitungen, jedoch nur mit Farbstoff E 160 b (Bixin, Norbixin);

mitverzehrbare Hüllen von Gelbwurst.

Vorschriften sei nicht einmal definiert, was ein Lebensmittel-Zusatzstoff überhaupt sein soll. Somit sei auch kein zuverlässiger Gesundheitsschutz gewährleistet, zumal die Bundesbürger immer öfter durch neue wissenschaftliche Erkenntnisse über mögliche Schäden durch Zusätze in Lebensmitteln beunruhigt würden. Farb- und Geschmacksstoffe hält die AGV überhaupt für technologisch überflüssig.
In Mißkredit sind auch Fingerfarben geraten, die sich in Kindergärten und Schulen großer Beliebtheit erfreuen, aber nach Analysen der Farbstoffkommission in der Deutschen Forschungsgemeinschaft schon bei bestimmungsgemäßem Gebrauch gefährlich sein können: Die Experten haben 75 Produkte daraufhin untersucht. Fingerfarben werden zwar aus pädagogischen Gründen für wertvoll gehalten, weil sie Kindern frühzeitig den Umgang mit Farbe und ein neues Erleben ihrer Umwelt vermitteln. Sie können jedoch auch Gesundheitsstörungen verursachen. Fachleute meinen, daß es der Industrie möglich sein müßte, alternative Stoffe zu produzieren, die ebenso farbenfroh, dafür aber ungefährlich für Kinder sind. Auch hapert es noch sehr an objektiver Beratung in den Geschäften: Hausfrauen und Mütter lassen sich viel zuviel Giftkram aufschwatzen. Ob Tartrazin für die Küche oder Fingerfarben für die Jüngsten: Aus Unkenntnis der tatsächlich vorhandenen Risiken greifen sie ins Regal und kaufen, was attraktiv bunt aussieht. Auch wenn es vielleicht ins Auge geht...
Wird die Hausfrau, werden Mütter also mit raffinierter Schönfärberei regelrecht geblufft? Nun, sie könnten ja dagegen einiges tun. Unbedingt sollten sie sich bei der nächsten Verbraucherzentrale oder deren Beratungsstelle eine Liste der gängigen Lebensmittelfarben mit den E-Nummern besorgen. Faustregel beim Einkauf: Genau hinsehen und die Packung studieren.
Ob Tartrazin, Gelborange S, Azorubin, Amaranth, Patentblau V, Brillantschwarz oder Brillantsäuregrün – garantiert ist von alledem nichts Gold, was glänzt...

## Schnelle Mark mit falschen Bio-Äpfeln

Der Begriff »Bio« ist gesetzlich nicht geschützt. Auch deshalb sind dies goldene Zeiten für Bio & Co. Sämtliche Anbieter auf dem Öko-Trip würden schwören, daß bei ihnen alles astrein ist. Natürlich nur Naturprodukte. Auf der internationalen Messe »Vitalis« (Motto: Gesund leben, fit bleiben) in Hannover zeigen mehrere hundert Aussteller eine solche Vielfalt, daß dem Besucher schwindlig wird. Von der Stutenmilch (für Schönheit) über Zuchtwürmer (fürs Schrebergärtchen), Kürbiskerne gegen Prostataleiden und Heilpflanzen aus der Wüste, bis hin zu Soja und Müsli – es fehlt an nichts. Der Gesundheitstisch bricht fast zusammen, so voll ist er.

Drei Milliarden DM geben Bundesbürger jährlich für solche Zwecke aus. Diese Messen sind ein Spiegelbild des Marktes, der sich kaum noch überblicken läßt. Denn es sind ja nicht nur die Öko-Bauern, von denen es schätzungsweise 1200 (mit insgesamt 25000 Hektar) gibt. Oder die Salat-Bars, Vitamin-Buffets und Grünen Restaurants, die in Stadt und Land wie Pilze aus dem Boden schießen.

Da segeln auch noch andere auf der Bio-Welle mit, die nicht dazu gehören, und denen es nur um die schnelle Mark geht, weil Alternatives sich hervorragend verkaufen läßt. Ob es echt ist, entscheidet sich erst im Labor, wenn Rückstände bei Radieschen und Salatköpfen über den gesetzlichen Toleranzwerten liegen.

Süddeutsche Lebensmittelkontrolleure und Staatsanwälte landen einen seltenen Treffer, als sie einen Riesenbetrug mit falscher Bio-Kost entlarven: Mit dieser Ware machen mehrere Großhändler jahrelang weite Teile von Bayern und Baden-Württemberg unsicher. Obwohl ihr Trick so einfach ist, daß man sich nur darüber wundern kann, warum man ihnen nicht früher das Handwerk legt.

Ihre Öko-Imitationen holen sie sich vom Großmarkt: ganz

gewöhnliches Obst und Gemüse aus konventionellem Anbau, gespritzt, gedüngt wie eh und je. Anschließend die Etiketten vertauscht, ein paar Zwischenhändler eingeschaltet, und schon sind sie fertig, die »rückstandsgeprüften Produkte«. Reformhäuser und Alternativläden lassen sich ganze Lkw-Ladungen davon bringen, und keiner merkt, was eigentlich gespielt wird.
Die Gewinnspannen der Schwindler sind enorm, zum Beispiel bei Lauch 80, Gurken 100, Äpfeln 130, Möhren 120 und bei Blumenkohl 110 Prozent. Da kommen im Nu Millionenumsätze zusammen.
Die Staatsanwaltschaft nach Abschluß ihrer Recherchen: »Hier haben Händler mit dem Bedürfnis der Bevölkerung nach gesunder Ernährung in übelster Weise und gewinnbringend spekuliert.« Und die Lebensmittelpolizei: »Wir werden künftig verstärkt den Handel mit Bio-Waren beobachten, um eine Epidemie beim skrupellosen Umgang mit dem Gesundheitsbewußtsein vieler Mitbürger im Keim zu ersticken.«
Es dürfte schwerfallen, die falschen Gesundheitsapostel rechtzeitig auszumachen.
So weiß die deutsche Reformwirtschaft zu berichten, wie Verbraucher mit Eiern alternativ übers Ohr gehauen werden können: Was da wie legefrisch vom Hof alter Prägung aussehe, werde oft nur auf natürlich getrimmt. Mit einer in verdünnten Hühnerkot getauchten Gänsefeder werde den Eiern ein Öko-Anstrich verpaßt. Für unwissende Käufer sei der Schmutzfleck dann ein untrüglicher Beweis für den richtig landechten Hühnerhof ohne Legefabrik. In Wirklichkeit handle es sich um »Beschiß« im wahrsten Sinn des Wortes.
Wer solchen Machenschaften aus dem Weg gehen will, kann sich aus erster Hand über biologische Nahrungsmittel informieren. Die Hamburger Verbraucherzentrale warnt vor irreführenden Phantasiebezeichnungen und empfiehlt, beim Kauf von Ware aus kontrolliertem Bio-Anbau auf anerkannte Erzeugerverbandszeichen zu achten, die man

im Handel erfragen kann. Beim direkten Einkauf auf einem Bio-Hof solle man sich unbedingt über die Anbaumethoden informieren. Denn auch dort gilt: Vertrauen ist gut, Kontrolle besser.

## Faule Tricks mit Bienenfleiß: Schwarzwaldhonig made in Hongkong

Honig sei Vertrauenssache, sagen Imker. Die müssen es wissen. Wie die Hausfrauen, die sich über Etikettenschwindel mit dem süßen Stoff bitter beklagen. Und ihren Verdruß schmieren sie den Imkern aufs Brot. Oft zu Unrecht.
Typisch, was einer Kundin in Sigmaringen passiert: Da kauft sie einem fliegenden Händler an der Tür »echten deutschen Honig aus dem Schwarzwald« ab. Jedenfalls laut Garantieaufkleber auf dem Eimerchen. Acht Mark fürs Pfund streicht der Klinkenputzer dafür ein.
Doch schon beim ersten Frühstücksbrötchen fällt ihr auf: Das kann kein echter Nektar (respektive echtes Blattlausexkrement) von heimischen Nadelbäumen sein. Auf gar keinen Fall. Und ziemlich grantig, weil man sie reingelegt hat, tut sie das, was alle Schwäbinnen bei solchen Gelegenheiten tun. Sie alarmiert die Wirtschaftspolizei. Deren Mitarbeiter fackeln nicht lange. Bei ihrer Großaktion erkennen sie, hier wird bundesweit mit Bienenfleiß gelogen und betrogen, daß sich die Balken biegen.
Allein im Musterländle ist jede fünfte Probe, die sie Anno 84 beim wandernden Gewerbe kontrollieren, gepanscht. Es wird ihnen klar, manch einer der Haustürverkäufer nutzt Vertrauensseligkeit und mangelnde Sachkenntnis seiner Kundschaft schändlich aus, um sich Profit zu verschaffen. Zumindest ist die Versuchung groß.
Allerdings warnen Behörden vor der Verteufelung des gesamten Berufszweigs, daß nun alle Wandergewerbler mit Honig faulen Zauber machen. Sehr viele von ihnen haben seit Jahren solide Beziehungen zu ihren Abnehmern.
Aber, aber die bösen Außenseiter ... Die kommen zum Beispiel mit folgendem Dreh: Erst kaufen sie bei deutschen Imkern echte Qualitätsware ein, mixen bis zum Gehtnichtmehr Zuckersaft und hitzegeschädigte Billigimporte aus

exotischen Ländern dazu. Dann noch eine Prise künstliche Farbe (Marke Waldeslust), und schon wirkt der Pfusch wie echt.

Andererseits machen es die Panscher den Lebensmittelkontrolleuren verhältnismäßig leicht. Die brauchen bei ihren Analysen nur den Blütenstaub im Honigglas unters Mikroskop zu legen und zu vergleichen: Pollen aus Lateinamerika oder Südostasien können württembergische Bienen nun mal nicht in den Fichtenbeständen der Schwäbischen Alb eingesammelt haben. Kein Importhonig kann seine Herkunft leugnen. (Was freilich nicht heißt, daß er generell viel schlechter ist als deutscher. Er ist normalerweise nur erheblich billiger und darf nicht illegal umgetauft werden.)

Solche Pollenuntersuchungen kosten jeweils zwischen 200 und 600 Mark und gehen auf Rechnung der ertappten Etikettenschwindler. Die natürlich außerdem noch mit Geldbußen rechnen müssen, die ihnen der Fiskus unbarmherzig abknöpft. Die Tarife für Geldstrafen liegen bei 1000 bis 3000 Mark, je nachdem, ob sich's um einen Erst- oder Mehrfachtäter handelt. Gerichte und Ordnungsämter gehen rigoros gegen die Fälscher vor.

Das kann den Imkerverbänden nur recht sein, deren Mitglieder um ihr gutes Image bangen müssen, wenn ihnen graue Konkurrenz das Geschäft vermasselt. Echter deutscher Imkerhonig (durchschnittlicher Pro-Kopf-Verbrauch jährlich 1,2 Kilo) hat eben seinen Preis. Nur muß er dann auch echt sein.

Hinzu kommt, daß der Existenzkampf der rund 90000 deutschen Hobby- und Profi-Bienenzüchter nicht nur wegen der Auslandsimporte immer härter wird, die etwa zwei Drittel des Honigbedarfs von 80000 Tonnen in der Bundesrepublik decken. Auch die Natur spielt ihnen übel mit: verregnete Sommer und ihr Erzfeind, die Varroamilbe.

Der Parasit, dessen ein Millimeter kleine Larven wie Vampire über die Bienenvölkerbrut herfallen und ihnen den Lebenssaft aussaugen – er hat die Bestände gewaltig dezimiert. In manchen Gegenden fünfzig bis achtzig Prozent.

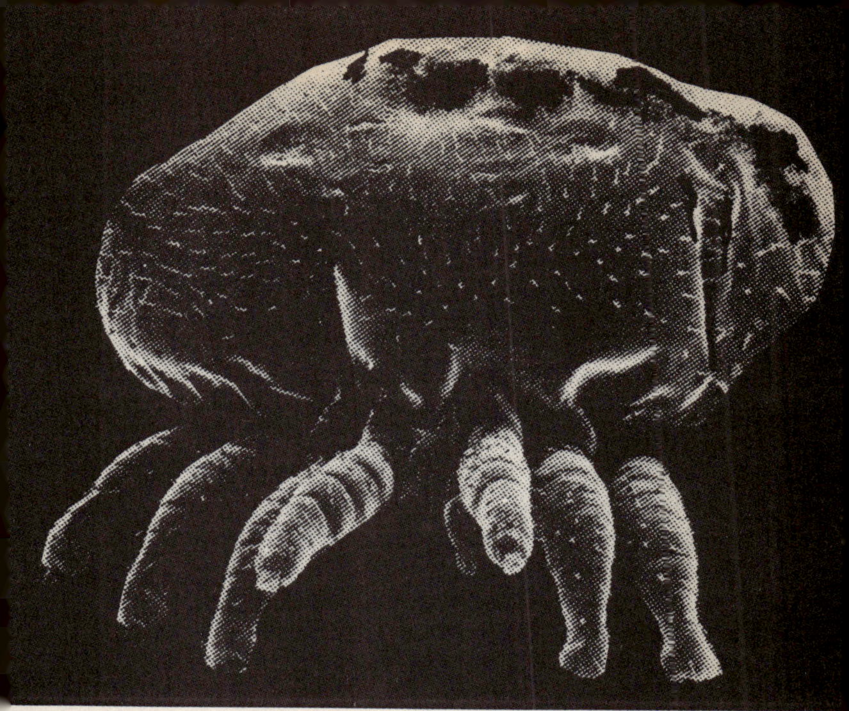

*Vampir im Bienenhaus: Varroamilbe.*

Der Schädling wurde vor Jahren aus dem Osten bei uns eingeschleppt und hat sich seitdem rasant vermehrt. Allein in Hessen sind in der Statistik 1984 rund 62000 von knapp 100000 Bienenvölkern als »varroa-verseucht« registriert. Die Krankheit ist streng meldepflichtig und muß bekämpft werden. Und genau hier liegt das nächste Honigproblem. In der Bundesrepublik ist nämlich ein chemisches Verfahren gegen die Milben zugelassen, das auf weitgehende Skepsis stößt, weil es ein bromhaltiges Mittel enthält, mit dem die Bienenstöcke hauptsächlich in der brut- und honiglosen Zeit ausgeräuchert werden. Nicht ganz ungefährlich auch für die Bienen selbst.
Es ist ein Brompropylat, das spurenweise (bis zu 0,5 Milli-

gramm pro Kilo wurden gemessen) im Honig auftauchen kann. Die Weltgesundheitsorganisation (WHO) gibt als zulässige tägliche Höchstmenge (ADI-Wert) für Menschen 0,08 Milligramm dieses chemischen Stoffs pro Kilo Körpergewicht an. Bei einem Erwachsenen mit 70 Kilo Körpergewicht würde dies – nach Ansicht der WHO-Experten – bedeuten, daß er bis zu 0,56 Milligramm des Brommittels mit Honig aufnehmen kann, ohne sich zu gefährden.
Neuerdings werden auch ein mit Zuckerwasser versetzter Wirkstoff und Ameisensäure (mit problematischer Anwendung) erprobt. Im Ausland werden befallene Stöcke vorzugsweise mit einem Aminpräparat gegen die Varroamilbe besprüht. Dieses Mittel steht allerdings unter Verdacht, Krebs zu erzeugen.
Verbraucher befürchten, daß soviel Gift nicht ohne Auswirkung auf die Honigqualität bleiben wird. Behörden und Imkerorganisationen versichern hingegen, daß deutscher Honig noch immer zu den Lebensmitteln mit den wenigsten Rückständen gehöre. Trotz strenger Kontrolle: Eine Garantie für »Honig ganz ohne«, die gibt es leider nicht.

# Ei – das Milliardending

In Europa sind die Deutschen seit langem unangefochten des Osterhasen beste Kunden. Ihren Eierverzehr von rund 280 Stück pro Kopf und Jahr, den macht ihnen so leicht keiner nach. (Weltweit werden sie nur von Israel übertroffen.) Zusammen sind das fast 18 Milliarden. Die zigtausend Tonnen Flüssig- und Trockenei in Lebensmitteln aus der Industrie nicht mal mitgerechnet. Da wird das rücksichtslose Gerangel um lukrative Marktanteile in der Bundesrepublik nur allzu verständlich: Wer beim Ei das Sagen hat, kann leicht Millionen scheffeln. Und manchem Geschäftemacher ist jedes Mittel recht.

An die 6000 Legehennenbetriebe mit jeweils mehr als 250 Tieren besorgen in Deutschland den Nachschub für Backofen und Frühstückstisch. Gut 60 Millionen Hühner müssen in Batteriekäfigen und Alternativställen im Akkord legen, bevor man ihnen für die Tiefkühlkette den Hals umdreht. Zusätzlich werden um die 4,7 Milliarden Eier aus anderen Ländern in Ost und West importiert und teilweise mit blumigen Markennamen – wie der Fachmann sagt »germanisiert«, damit man die Fremdlinge für deutschstämmig ansieht und desto lieber in die Pfanne haut.

4200 Packstellen zwischen Ostsee und Alpen sortieren die zerbrechliche Ware in Kisten und Kästen. Die Hausfrau besorgt sich, wenn möglich, ihren Frischeivorrat direkt beim Erzeuger (58%). Beim Einzelhandel holt sie sich jedes dritte, auf dem Wochenmarkt nur jedes elfte Ei. Die meisten Eieresser (77 Prozent) glauben nach einer demoskopischen Umfrage felsenfest daran, daß der Landwirt im Dorf sie am besten bedient. Rustikale Optik spielt da wohl eine wichtige Rolle.

Schön und gut. Die Vermarkter streichen selbstgefällig heraus, das Ei sei noch immer des Bundesbürgers liebstes und preiswertestes Lebensmittel. Mag sein. Doch sie ver-

schweigen: Beim Ei wird zuweilen auch gelogen und betrogen, daß die Schale kracht. Und nirgendwo tun sich unsere staatlichen Gesundheitswächter bei der Nahrungskontrolle so schwer wie beim Ei.
Von dem, was ihre Analysen im Labor konkret erbringen, erfahren die Verbraucher herzlich wenig. Wieviel Chemie und Pharmazie ist wirklich im Ei? Wieviel Reinheit, die wir genüßlich schlucken können? Manche Untersuchungsämter ziehen ihre Eierproben nach dem Motto: Wir gucken hinein, doch wie's darinnen aussieht, geht niemanden was an. Die Öffentlichkeit wird weitestgehend im unklaren gelassen. Deshalb ist das Ei für Verbraucherschützer und Journalisten ein gefundenes Fressen.

*Eier – keine runde Sache.*

## Behördenschlaf bei Bund und Ländern: »Geheime Verschlußsache Schleuderei«

Ein vorsichtiges Raunen geht im Frühjahr 1984 durch die deutsche Ernährungsindustrie, diesen weltweit hochangesehenen Wirtschaftszweig, der in seinen rund 4300 Betrieben 420000 Mitarbeiter beschäftigt und satte 140 Milliarden Jahresumsatz macht. Das kann sich sehen lassen. Und da reagiert man verständlicherweise nervös und überaus empfindlich auf geschäftsschädigende Gerüchte.
Über Millionenschiebung und massive Verbrauchertäuschung wird so einiges gemunkelt. In die Geschichte sollen zahlreiche Unternehmen unwissend und unschuldig hineingeschlittert sein. Im Vertrauen auf tadellose Ware ihres Zulieferanten hätten sie sogenanntes Flüssigei verarbeitet, das im Grunde aber nur minderwertiger Rohstoff gewesen sei. Niemand will etwas Genaues wissen, und die es wissen könnten, halten den Mund. Nun, die Sache schweigt sich auch so herum:
Es soll um gewaltige Manipulationen mit diesem begehrten Kraft- und Nährkonzentrat gehen, von dem pro Jahr in der Lebensmittelwirtschaft der Bundesrepublik gut 35000 Tonnen verbraucht werden. In blitzsauberen Tankwagen und Containern wird es angefahren und muß laut Eiprodukten-verordnung stets hygienisch einwandfrei sein. »Aus frisch aufgeschlagenen Eiern«, wie es die Werbung dem Kunden verheißt.
Alle, die man fragt, würden voller Entrüstung über soviel böse Phantasie ihr Wort drauf geben. Ehrlich: Verseuchte Eisuppe, gar noch mit Eiterbazillen und abgestorbenen Hühnerembryos? Nicht auszudenken, wenn das stimmt. Richtig kriminell wäre das. Andererseits aber doch ganz und gar unmöglich in einem Land wie der Bundesrepublik, mit einem der besten Lebensmittelgesetze der Welt. Dann hätten ja nicht nur die hochmodernen Labors der Herstel-

ler, sondern auch die Überwachungsbehörden geschlafen. Es sei denn, da hätte der eine den anderen kräftig geschmiert. Aber so was bei uns? Wer hat sich bloß diese Horrorgeschichte ausgedacht? Also ne...

Die Gerüchte wollen nicht verstummen. Bis zur Presse sind sie bisher nicht vorgedrungen. Mit einer Ausnahme: Im Sommer 84 laufen im hessischen Redaktionsbüro eines freien Journalisten, der sich als Mitarbeiter mehrerer ARD-Hörfunkanstalten und überregionaler Zeitungen mit Fällen von Wirtschaftskriminalität befaßt, die Drähte heiß. Irgendwo in der Szene hat ihm jemand Genaueres zugeflüstert, das er zunächst nicht glauben will. Doch er geht der Sache nach. Bei seinen Nachforschungen im In- und Ausland stößt er zwar immer wieder auf dieselben Schlüsselfiguren bei Wirtschaft, Handel und Politik, erhält aber dort kaum Auskünfte. Vielfach wird er abgewimmelt und angelogen.

Doch seine Recherchen bestätigen sich. Mosaikartig werden unzählige Details zusammengefügt. Wie bei einem Puzzle: Was dabei aufgedeckt wird, ist die »geheime Verschlußsache Schleuderei«, die von den zuständigen Stellen bei Bund und Ländern verschwiegen wird. Eine der umfangreichsten und widerlichsten Lebensmittelaffären der letzten Jahrzehnte. Über Beiträge im Süddeutschen, Westdeutschen und Norddeutschen Rundfunk wird die deutsche Öffentlichkeit Mitte August 1984 durch den Journalisten erstmalig über den Eklat informiert:

Aus Quellen der Polizei und Justiz (die er mit Rücksicht auf die Informanten nicht nennen könne) habe er zuverlässig erfahren, daß es um einen europäischen Eierskandal mit astronomischen Umsätzen gehe. Betroffen seien (wieder mal ahnungslos) weite Teile der Nahrungsbranche. Hersteller von Teig-, Back-, Molkerei-, Fleisch- und Wurstwaren ebenso wie Produzenten von Fertiggerichten, alkoholischen Getränken, Mayonnaise und so weiter. Dort sei ständig ein immenser Bedarf an lebenswichtigen Roheiprodukten.

Mehrere Vollzugs- und Kontrollbehörden hätten nun aber

den Verdacht, daß hauptsächlich bei den Flüssigei-Importen aus benachbarten EG-Ländern, speziell aus Holland, größere Schweinereien passierten. Wiederholt hätten staatliche Chemiker in der Brühe nicht nur Schalenreste und Spuren von Hühnermist, sondern auch Krankheitserreger, ja sogar abgestorbene Bruteier mit Embryos ausgemacht. In Lieferungen aus Belgien seien die Fahnder auf krebsverdächtige Rückstände von Tierarznei gestoßen.
Dieses Produkt, mit dem sich viel Geld verdienen lasse, nenne man in einschlägigen Kreisen »Schleuderei«, weil es aus minderwertigem Material nach dem Wäscheschleuderprinzip mit Maschinen zentrifugiert werde. Sowohl das Verfahren als auch die Pampe selbst seien in der Bundesrepublik für Lebensmittel streng verboten. Der Brei dürfe allenfalls für technische Produkte, Schmierstoffe, Viehfutter, Haarshampoo und Pharmazwecke verwendet werden.
Ein holländischer Unternehmer habe ihn anscheinend längere Zeit illegal in der Bundesrepublik vermarktet. Der Mann sei hier kein unbeschriebenes Blatt und den Behörden schon wiederholt unangenehm aufgefallen. Nach letzten Informationen hätten sich mehrere Staatsanwaltschaften und Landeskriminalämter in die Ermittlungen eingeschaltet. Wieder einmal habe der Verbraucher das Nachsehen ...

Nach diesen Enthüllungen ist der Teufel los. Bei den Sendeanstalten stehen die Telefone nicht still. Hörer, Verbraucherverbände, politische Mandatsträger zeigen sich bestürzt, verlangen noch mehr Aufklärung, die schonungslose Aufdeckung. Die gesamte deutsche Presse greift den Fall auf. Er beherrscht tagelang die Schlagzeilen.
Die Frankfurter Allgemeine Zeitung weiß vom Ermittlungsverfahren gegen eine Firma, die im Verdacht stehe, »mit Eierschalenresten und Hühnerexkrementen durchsetztes Flüssigei« verwendet zu haben. Die Stuttgarter Zeitung meldet, daß ein niederländischer Exporteur monatlich mehrere hundert Tonnen der verunreinigten Rohmasse an Abnehmer in der gesamten Bundesrepublik geliefert habe.

Und der Münchner Merkur berichtet über »faule Eier in den Spätzle«. Eier mit mehr als sechs Tagen Brütezeit seien verwertet worden, liest man in der Westdeutschen Zeitung. Agenturen nennen inzwischen Roß und Reiter: die Namen der ins Gerede gekommenen Firmen, die nun über einschneidende Umsatzeinbußen klagen.
Interessanterweise schweigt das Gros der Lebensmittelwirtschaft zu den schweren Vorwürfen. Ein beredtes Schweigen. Jedem objektiven Betrachter muß klar werden, daß die Geschichte keinesfalls aus der Luft gegriffen sein kann. Es muß noch mehr dahinter stecken. Lediglich der Bundesverband der Deutschen Teigwarenindustrie (eine von insgesamt 1200 Organisationen und Lobbygruppen in Bonn) fühlt sich direkt angesprochen und möchte den Makel nicht auf sich sitzen lassen. Sein Geschäftsführer, Wolfgang Hees, stellt Anfang September 1984 eine »Dokumentation« für die Presse zusammen. Darin beleuchtet er den Skandal aus seiner Sicht.
Er hält das Ganze für einen »Spuk um den Schmutz in Nudeln« und greift den Journalisten, der die publizistische Lawine ins Rollen brachte, scharf an. Der Nudelfunktionär nennt dies einen »Fall besonders fahrlässiger oder auch bewußt verfälschter Berichterstattung«. Gleichzeitig lobt Hees die vorbildliche Solidarität seiner Mitgliedsfirmen in der schwer gebeutelten Teigwarenindustrie. In diesen hektischen Tagen hätten sie alle prima zusammengehalten, und keiner habe versucht, sich auf Kosten anderer zu profilieren.

Soviel Einigkeit in den eigenen Reihen macht stark, erst recht, wenn sie durch handfeste Geschäftsinteressen zustande kommt. Das kriegen Behörden zu spüren, wie die Justiz, die – anfangs mit viel Elan – im Regierungsbezirk Stuttgart gegen drei Teigwarenfirmen ermittelt und in einem Fall eine Durchsuchung veranlaßt. Geschäftsführer Hees beurteilt das in seiner Presseerklärung so:
»Die ermittelnde Staatsanwaltschaft war dem Sturm des

**DER BUNDESMINISTER FÜR JUGEND, FAMILIE UND GESUNDHEIT**

Der Bundesminister für Jugend, Familie und Gesundheit
Postfach 20 04 90, 5300 Bonn 2

Oberste Landesveterinärbehörden

Oberste Landesgesundheitsbehörden

| Ihre Zeichen, Ihre Nachricht vom | Mein Zeichen, meine Nachricht vom | Tel. (0228) 338- oder 338-1 | Bonn |
|---|---|---|---|
| | 423 - 7464 - 31/5 | 327 | 4. Oktober 1984 |

Betr.: Einfuhr von Eiprodukten der Firma van Loon, Beek/Niederlande, in die Bundesrepublik Deutschland

Bezug: Mein Schreiben vom 8. August 1984

Die Niederländische Botschaft hat mit Fernschreiben vom 7. September 1984 folgendes mitgeteilt:

"Der allgemeine Inspektionsdienst (AID) des Landwirtschaftsministeriums hat sich der Sache van Loon angenommen, damit die Vorwürfe gegen die Firma vollständig geklärt werden. Leider hat sich erwiesen, daß die Vorwürfe begründet waren. Herr J. van Loon wurde also am 28. August verhaftet. Die Zertifizierung wurde vorerst eingestellt, später wieder aufgenommen.

Jede Partie wird jetzt untersucht und mit Hilfe einer neuen Methode, nämlich 2-Hydroxy-Buttersäure, wird nachgewiesen, ob keine Bruteier, älter als 6 Tage, verarbeitet wurden."

Von 20 Millionen Eiern, die die Fa. van Loon im Jahre 1983 für die Eiprodukteherstellung eingesetzt hat, waren 18 Millionen Eier länger als 6 Tage bebrütet und entsprachen somit nicht der Eiprodukteverordnung.

In den vorhergegangenen Jahren ist der Anteil länger als 6 Tage bebrüteter Eier ähnlich hoch.

Herr Johannes van Loon ist am 28. August 1984 in den Niederlanden festgenommen worden."

Ich bitte um Kenntnisnahme.

Im Auftrag

Dr. Chaumet

Beglaubigt

Angestellte

DER BUNDESMINISTER FÜR JUGEND, FAMILIE UND GESUNDHEIT

öffentlichen Interesses nicht gewachsen. Sie wurde deshalb von den betroffenen Firmen und vom Bundesverband gedrängt, die Ermittlungen schnell abzuschließen Die Staatsanwaltschaft legte dann in der Tat Überstunden ein und verfügte am Abend des 29. August die Einstellung.« Da die Stuttgarter Justiz dieser Darstellung öffentlich nicht widerspricht, bleiben für aufmerksame Beobachter ein paar Ungereimtheiten:

Was für ein Armutszeugnis, wenn es zutrifft, daß Staatsanwälte zunächst eine höchst zwielichtige Sache energisch angehen, daß sie sich dann aber plötzlich von einflußreichen Unternehmern »drängen«, ja daß sie sich ihr Arbeitstempo diktieren lassen? Was soll der einfache Bürger, der Mann auf der Straße, davon halten?

Mit ungläubigem Staunen registriert die Öffentlichkeit den spektakulären Kurswechsel. Und die allgemeine Skepsis wächst noch mehr, als die Staatsanwaltschaft in höchster Eile jene Unternehmen »umfassend rehabilitiert«, gegen die sie übrigens ein Jahr später wieder ermitteln wird. Vorherrschende Volksmeinung nach soviel Hickhack: Da seien wohl höhere Mächte im Spiel. Ganz falsch ist diese Vermutung nicht ...

Die zeitweilige Windstille im Blätterwald täuscht. Hinter den Kulissen geht der Eierkrimi weiter. Anfang Januar 1985 greift die Wochenzeitung »Die Zeit« das Thema aus einer völlig neuen Perspektive auf. Anhand eines bisher in der Debatte nirgendwo erwähnten Dokuments kann sie belegen, daß das Bundesgesundheitsministerium seit längerem über die Panscherei Bescheid weiß. Den obersten Veterinärbehörden sämtlicher Bundesländer hat Bonn dies übrigens schwarz auf weiß mitgeteilt.

Fast unglaublich, aber wahr: Kein einziger hat jedoch die Öffentlichkeit informiert. Im Gegenteil: Das Bonner Fernschreiben ist unter Aktenzeichen 423-7464-31/5 in den

*Bonner Geheimpapier über den Panscher (Auszug).*

Schubladen der Ministerialbürokratie sanft und diskret entschlafen. Und dies, obwohl sein Inhalt geradezu sensationell wirken muß. Eigentlich sollte er die Lebensmittelkontrolleure überall, von Schleswig-Holstein bis Bayern, aufrütteln, weil nun bewiesen ist, daß vor ihrer Nase jahrelang ekelhafte Dinge zu Lasten der Verbraucher passiert sind. Das kann man doch nicht einfach übersehen haben...

Aus dem Brief des Ministeriums (Unterzeichner: Dr. Chaumet) geht hervor, daß einer der wichtigsten Eiermultis in Europa, der holländische Fabrikant Johannes van Loon aus Beek bei Arnheim, am 28. August 1984 vorübergehend in seiner Heimat festgenommen wurde. (Wahrscheinlich geschah dies auch als Folge der Pressekampagne in Deutschland.) Man beschuldigt ihn, allein 1983 über 18 Millionen Eier in seiner Fabrik verpanscht zu haben, die länger als sechs Tage bebrütet waren. (Kaum eine Hausfrau weiß aber bis dato, daß bis zu sechs Tage bebrütete Eier nach den EG-Richtlinien merkwürdigerweise erlaubt sind.) In den Vorjahren habe van Loon ähnliche Mengen in seine undefinierbare Flüssigware für Deutschland gemixt. Leider seien die Vorwürfe gegen ihn nur allzu begründet.

Der »Zeit«-Artikel mit der Überschrift »Gepanschtes vom Huhn«, in dem erstmals von mehreren hundert deutschen Lebensmittelfirmen die Rede ist, die zu van Loons Stammkundschaft gehören, bringt Unruhe in die Branche. Sie alle, darunter international renommierte Marken, sind auf einer engbeschriebenen, 22 Din-A4-Seiten starken Liste namentlich vermerkt, die bei dem Profi beschlagnahmt wurde. Manch einer, der ihm vor kurzem noch fleißig zu seinem Jahresumsatz von 82 Millionen Gulden verhalf, fühlt sich nun geprellt. Doch keiner erstattet Betrugsanzeige gegen ihn. Das wundert vor allem den niederländischen Staatsanwalt Tideman in Arnheim, der gegen van Loon eine Anklage wegen Urkundenfälschung vorbereitet.

Hätte Tideman nur eine einzige Strafanzeige von einem der vermeintlich geschädigten Unternehmen in Deutschland – er müßte seine Anklage gegen Johannes van Loon und

dessen mitverdächtigten Betriebsleiter Peters wohl erweitern. So aber ist es nicht verwunderlich, wenn der niederländische Veterinärdienst die Bundesregierung in Bonn fernschriftlich wissen läßt: Bei einer amtlichen Überprüfung habe man dort »keine Unregelmäßigkeiten festgestellt, die einen Ausschluß der Firma van Loon vom Export nach der Bundesrepublik Deutschland rechtfertigen würden«.
Man kann sich des Eindrucks nicht erwehren, daß höchste Stellen im engen Zusammenwirken mit der Wirtschaftslobby verzweifelte Verrenkungen machen, um den sich immer stärker ausweitenden Eklat unter den Teppich zu fegen. Beinahe könnte dies gelingen. Wäre da nicht noch eine interessante Vorgeschichte zur aktuellen Story vom Schleuderei ...

## Ab in die Wäscheschleuder: Schalen, Bazillen, Teile vom toten Embryo . . .

Eierpanscher gibt es auf diesem abenteuerlichen Milliardenmarkt nicht nur im Ausland. Sie haben auch in der Bundesrepublik eine unrühmliche Tradition. In Regimentsstärke machen sie seit Mitte der sechziger Jahre den Markt unsicher. Gepanscht wird mit Vorliebe, was sich anderweitig schlecht absetzen läßt: Knickeier (verletzte Schale) und Brucheier (Schale und Eihaut kaputt), die zu etwa zwei Prozent in Packstellen und Legebetrieben anfallen, sowie länger angebrütete Hühner- und Enteneier, bei denen wegen des Brutvorgangs erhöhte Salmonellengefahr (Typhus, Paratyphus, Darmkrankheiten) besteht. Für die Panscher ein zwar kriminelles, ein riskantes, aber doch recht lukratives Geschäft. Das reizt sie. Erwischt werden sie ja nur selten.

Um bei minimalem Zeit- und Geldaufwand möglichst viel Profit herauszuschinden, werden in ekelerregenden Betriebsräumen ausrangierte Wäscheschleudern benutzt. Das Verfahren ist denkbar primitiv, hat jedoch den Vorteil für die Geschäftemacher, daß sie ihr simples Werkzeug in kürzester Zeit wieder wegräumen können, wenn Gefahr im Anzug ist, etwa die Lebensmittelkontrolle, der Veterinär, das Ordnungsamt.

Der routinierte Panscher kippt seinen Mischmasch aus verdreckten, infizierten Bruch- und Bruteiern hinein, wirft die Maschine an, und fängt die herauslaufende Eisuppe (Schleuderei) in Plastikpötten auf. Schalenfetzen, Schnäbel, Kükenbeinchen und sonstige Leichenteile vom Flattermann bleiben in der Blechtrommel zurück.

Abnehmer für den Billigbrei finden sich anscheinend immer leicht. Klar: So einen Zehn-Kilo-Eimer hat der gewerbliche Aufkäufer bald verbraucht. An der nahrhaften Abfallpampe, die man für allerlei Gaumenkitzler heimlich verwurschteln kann, wird schon niemand sterben, mag er sich denken. Sollte es aber irgendwann doch einmal Behördenärger geben, so wird er seine Hände in Unschuld waschen: Keine Ahnung, warum man ihm die Ware so billig überließ. Schleuderei? Er wird mit dem treuesten Blick der Welt versichern, daß er diesen Namen höchstens aus der Zeitung kennt. Außerdem müßte man ihm für eine mögliche Anklage erst einmal schuldhaftes Verhalten nachweisen, was den überlasteten Staatsanwälten nur selten gelingt.

Und was soll's: Wenn die Behörden das Schleuderei-Problem ernsthaft in den Griff kriegen wollten, dann müßten sie von Hamburg bis München noch ein paar tausend Leute einstellen. Soviel Geld aber gibt die öffentliche Hand nicht aus.

Norddeutsche Amtsärzte berichten über makabre Entdekkungen in ausrangierten Hühner- und Schweineställen: Die Schleudern sind total verdreckt und stinken wie die Pest. Teilweise würden sie zwischendurch wieder zum Wäschewaschen umfunktioniert. Galgenhumor der Veterinäre: »Auf diese Weise werden sie dann durch Frau Saubermann wenigstens bakteriologisch gereinigt.« Doch jede Panscherwerkstatt ist in Wirklichkeit ein Seuchenherd. Sie ist mit Keimen (Coli, Staphylokokken, Salmonellen) total überschwemmt.

Im Behördendeutsch hört sich das so an: »Die minderwertige Qualität des auf diese Weise gewonnenen Eiauslaufs ist bei den gezogenen Proben im stark positiven Befund an coliformen Keimen und Proteus-Bakterien (Eiter- und Fäulniserreger) festzustellen.« Prost Mahlzeit.

Die Kleinen hängt man, die Großen läßt man laufen. Volksmund. Hat er recht? – Der Holländer van Loon panscht amtlichen Unterlagen zufolge jahrelang in ganz großem Stil. Seinen Nachschub für die Mixmaschinen läßt er sich für Pfennigbeträge über ein geschickt ausgeklügeltes Organisationssystem besorgen. Deutsche Einkäufer kennen

Der Bundesminister
für
Jugend, Familie und Gesundheit
423 - 7464 - 31/1
Gesch. Z.
Bei allen Antwortschreiben wird um Angabe obiger Geschäftsnummer gebeten.

53 BONN-BAD GODESBERG 1, den 11. 12. 1979
Postfach 490
Fernruf (02221) 834/ 328
(oder über Vermittlung 8341)
Fernschreiber: 8-85517
Dienstsitz: Kennedyallee 105-107

Oberste
Landesveterinärbehörden

Oberste
Landesgesundheitsbehörden

Betr.: Salmonellen in Eiprodukten niederländischer Herkunft

In importiertem gefrorenem Hühnereiweiß der Firma Johann van Loon, Eieren-Eiprodukten B.V., Beek Nr. 6295, Niederlande, sind Salmonellen verschiedener Typen festgestellt worden.

Ich wäre dankbar, wenn Sie die für die amtliche Lebensmittelüberwachung zuständigen Behörden bitten würden, Eiprodukten dieser Firma vermehrte Aufmerksamkeit zu widmen. Weitere Beanstandungen bitte ich mir mitzuteilen.

Ich habe die niederländischen Behörden über diese Salmonellenfunde unterrichtet und darauf hingewiesen, daß ich bei weiteren Beanstandungen von Eiprodukten dieser Firma im Interesse des Gesundheitsschutzes genötigt sein werde, die Einfuhr von einer Untersuchung auf Verkehrsfähigkeit vor der zollamtlichen Abfertigung (§ 8 Abs. 2 der Eiprodukte-Verordnung)abhängig zu machen.

Im Auftrag
Dr. Schulte

Beglaubigt
Angestellte

DER BUNDESMINISTER FÜR JUGEND, FAMILIE UND GESUNDHEIT

Bitte Eingaben - ohne persönliche Anschrift - an Dienststelle richten

die günstigsten Quellen und lassen ihren Geldgeber nicht im Stich. Unbefruchtete, bis zu 18 Tage alte Bruteier, oft mit toten Embryos – sie fallen in den internationalen Nachwuchszuchtanstalten für Hähnchenmästereien und Legebatterien ständig zu 10 bis 15 Prozent an. Pharma-, Kosmetik- und Viehfutterindustrie haben kaum Interesse. Nicht mal die Schweinezüchter.
Früher wurden Bruteier nach sechs Tagen »ausgeschiert«: Die toten, tauben, unbefruchteten Eier wurden mit der Hand aussortiert. Heute lohnt sich das für die modernen Brütereien nicht mehr. Zeit- und Personalaufwand wären zu hoch. Das können sich die ständig unter Konkurrenzdruck stehenden, streng kalkulierenden Betriebe nicht leisten. Deshalb wartet man bis zum 18. oder 21. Tag, wenn die Küken langsam schlüpfen.
Was liegt für schwarze Schafe im Gewerbe näher, als diesen Ausschuß dort zu verhökern, wo er unauffällig im Markt verschwinden kann? Für 1,2 bis 1,7 Pfennig pro Ei. Der Transport über die Grenzen, zu van Loon nach Arnheim beispielsweise, ist fast ein Kinderspiel. Falsche Papiere, getürkte Verpackung – die braven Kontrolleure fallen immer wieder darauf rein.
Bereits im Dezember 1979 warnt das Bundesgesundheitsministerium (Unterschrift: Dr. Schulte) alle zuständigen Länderbehörden schriftlich: »In importiertem gefrorenem Hühnereiweiß der Firma van Loon sind Salmonellen verschiedener Typen festgestellt worden.« Die Herren Kollegen in den Bundesländern mögen doch, bitteschön, »den Eiprodukten dieser Firma vermehrte Aufmerksamkeit widmen«.
Im übrigen habe Bonn den niederländischen Behörden mitgeteilt, daß man bei weiteren Beanstandungen »im Interesse des Gesundheitsschutzes genötigt sein werde, die Einfuhr von einer Untersuchung auf Verkehrsfähigkeit vor der zollamtlichen Abfertigung abhängig zu machen«. Das hört sich mutig und vielversprechend an. Jetzt wird man dem

*»Salmonellen verschiedener Typen«: Bonn warnt.*

Profi das Handwerk legen, denken Optimisten. Doch es passiert so gut wie nichts.
Fünf Jahre danach kann sich bei einer Journalistenumfrage kein Bundesland mehr erinnern, diesen Bonner Schrieb jemals erhalten zu haben. Ernstgenommen hat ihn demnach kaum einer. Für Bonn war der Fall zunächst erledigt, denn für Lebensmittelüberwachung sind die Länder zuständig. Die haben nun den Schwarzen Peter.
Und Mijnheer in Beek bei Arnheim hat gut lachen: Er hat halt so seine eigenen Methoden, wie er sich bei den richtigen Leuten zur rechten Zeit die passenden Papiere besorgt. In den Augen von Zoll- und Gesundheitsfahndern ist er der Größte. Der größte (nicht der einzige) Eier-Zampano Europas. Ein Trickkünstler von Format.
Der Amtsschimmel lahmt und läßt sich Zeit:

## Schöne Bescherung in Oldenburg: Holländische Fahnder packen aus

Genau ein Jahr nach der ersten Warnung aus Bonn, kurz vor Weihnachten 1980, geht es in Oldenburg bei der Bezirksregierung Weser-Ems recht geheimnisvoll zu. Hinter verschlossenen Türen tagt eine interessante Runde: Auf deutscher Seite ein Regierungsdirektor für Ernährung und Wirtschaft, ein Oberstaatsanwalt und ein Kriminalkommissar. Ihnen gegenüber sitzen zwei Beamte vom »Allgemene Inspectiedienst« (AID) der Niederlande, einer Art Lebensmittelkripo, die mit erfolgreicher Arbeit häufig von sich reden macht.
Die Deutschen machen fleißig Notizen. Was sie eigentlich längst selbst ermittelt haben müßten, lassen sie sich nun brühwarm von ihrem ausländischen Besuch erzählen: Wie mehrere Händler im Oldenburger Raum, also praktisch vor der Haustür dieser Behörden, die heimischen Fahnder mit faulen Eiern verschaukeln. Eine groteske Situation...
Die Männer vom niederländischen AID können beweisen, daß die Firmen Georg K., Hubert H. und Heino R. in beträchtlichem Umfang bis zu drei Wochen alte Bruteier übelster Qualität, in Kartons verpackt, der van Loonschen Fabrik bei Arnheim zuschanzen, wo sie für den Reimport nach Deutschland zu Kükenbrei umgerüstet werden. Im geheimen Protokoll über diese Zusammenkunft wird ausdrücklich festgehalten: »...für die Herstellung von Eierlikör oder zur Verarbeitung in der Nahrungsmittelindustrie, zum Beispiel Backwaren oder Eiernudeln.«
Die Kette hat mehrere Glieder. Zeitweilig laufen die Transaktionen über den Strohmann G. J. W. im holländischen Zelhem, ebenfalls ein bewährtes Mitglied im Team. Aus den Aussagen der AID-Vertreter geht klipp und klar hervor, daß van Loon die für menschlichen Verzehr ungenießbaren und deshalb verbotenen Bruteier sämtlich für Nah-

rungszwecke vermarktet, also nicht für technische Zwecke. (Dafür, so wissen die V-Leute vom AID, müßte er im übrigen besondere Apparate verwenden. Doch die besitze er derzeit nicht.)
Die Falschetikettierung beginnt bereits in den ersten Gliedern der Kette. Seit Mai 1980, also fast schon acht Monate lang, wird der Brutabfall zumindest von den Firmen Georg K. und Hubert H. aus dem Raum Oldenburg als »Eier der Güteklasse C« mit gelber Banderole (für Lebensmittelzwecke) nach Holland verschachert. Obwohl der Stückpreis laut Ausgangsrechnung bei vier bis fünf Pfennigen liegt (erheblich unter dem marktüblichen Tarif für die gefälschten Güteklassen), merken die deutschen Stellen offenbar von dem Überlandschwindel nichts. Die Ware hätte, wenn es reell zugegangen wäre, stets eine rote Banderole und den Vermerk »Industrieeier« (ungenießbar) tragen müssen.
Immerhin kombinieren die schleswig-holsteinischen Ermittlungsstrategen jetzt mit kriminalistischem Scharfsinn, daß sich »gegen die Firmen K. und H. der Verdacht eines Lebensmittelvergehens nach § 17, Absatz 1 des Lebensmittel- und Bedarfsgegenständegesetzes (LMBG) in Verbindung mit der EG-Verordnung Nr. 1619/68« ergibt. Das Material für ein Ermittlungsverfahren liefern ihnen die hilfsbereiten AID-Kollegen praktisch frei Haus. Glück muß man haben.
Voller Stolz verbuchen die Fahnder nun den ersten Erfolg in Sachen Schleuderei. Van Loon allerdings darf munter weiterpanschen und im Raum Köln unter dem Namen Gorkow GmbH und Co. KG eine gut florierende Vertriebsfirma unterhalten. Dort setzt er seinen deutschen Schwager als Geschäftsführer ein, mit dem er sich bald verkracht. Der liebe Verwandte verpfeift van Loon kurzerhand an die Kölner Polizei und liefert ihr erdrückendes Beweismaterial.

## Was Schwager D. bei der Zollfahndung singt: Einmal im Monat Kassensturz

Klaus D. ist einer von denen, die auf den Arnheimer Eierkönig eine Stinkwut haben. Obwohl es bei ihm andere Gründe sind als bei den meisten. Und wenn Klaus D. auspackt, dann kennt er keine Verwandten. Als er im Januar 1984 vor dem Kölner Zollfahndungsamt (Aktenzeichen: D 337/83) vernommen wird, ist Johannes van Loon für ihn nicht mehr der Schwager, der Bruder seiner Frau, sondern der Exboß, mit dem er zu dieser Zeit spinnefeind ist. Da sind privat und beruflich die Fetzen geflogen.
Mehr recht als schlecht hat Klaus D. eine Zeitlang van Loons Deutschland-Zentrale, die »Gorkow GmbH & Co. KG« in Troisdorf, als Geschäftsführer geleitet. Und da hat er so allerhand gesehen und gehört, was ihn heute reut. Sagt er jedenfalls. Selbstverständlich hat er nebenbei auch gründlichst studiert, wie man Schleuderei fabriziert. Und wie man Hinz und Kunz die Pampe schmackhaft macht. Der gute D. hat seinen aufmerksamen Zuhörern beim Zoll bereits früher Spannendes erzählt, was van Loons außergewöhnliche Zauberkünste angeht.
Der bat Klaus D. eines Tages, die Geschäftsführung der Firma zu übernehmen, was D. gern tat. Schließlich war er für seinen Schwager das beste Kapital, kennt den Laden schon aus dem Effeff, lange bevor van Loon ihn vom früheren Inhaber der Firma Gorkow kauft.
Einmal monatlich, so berichtet D., schickte van Loon einen Mann aus Arnheim, um Kassensturz zu machen. Bei einem dieser Besuche wurde unter anderem vereinbart, ein Schwarzgeldkonto (Nr. 9667143) bei einer bestimmten Kölner Bankfiliale einzurichten. Später, als die Sache auffliegt, wird sich der Fiskus ganz besonders dafür interessieren.
Oder der Papierkrieg: Es komme vor, daß Lebensmittelfabriken schnellstmöglich, für den nächsten Morgen, zusätzli-

che Eiproduktenlieferungen orderten und daß man so rasch kein Gesundheitszeugnis auftreiben könne. Damit van Loon das Geschäft nicht durch die Lappen gehe, werde in solchen Fällen die Ware schon mal schwarz über die Grenze gebracht, und zwar als Zuladung zu einer regulären Sendung. Im Klartext: Sie werde geschmuggelt, weil man dabei erhebliche Abgaben spare. Dem Zoll falle das komischerweise nie auf.

Die Kölner Fahnder, die wegen des dringenden Verdachts der Steuerhinterziehung bei der Einfuhr von Eiprodukten aus den Niederlanden ermitteln, wühlen sich nun durch Aktenberge. Dabei bleibt ihnen nicht verborgen, daß immer wieder fünfstellige Rechnungen ohne die unentbehrlichen Zollbelege auftauchen. D. meint den Grund zu kennen: »Ich machte John van Loon darauf aufmerksam. Er aber sagte, ich solle den Mund halten, man könne auf diese Art und Weise viel Geld sparen.«

Schwager John ist überhaupt ein Allerweltskerl, der für alles eine Lösung weiß. Gesundheitszertifikate, für die sich andere Marktmitbewerber die Hacken wund laufen müssen, kann er nach D.s Angaben absolut problemlos besorgen: Erstens hat er in seiner Firma ein eigenes Labor, in dem er Untersuchungswerte registriert und die Zeugnisse vorbereitet. Zweitens soll es dort in Arnheim einen Tierarzt geben, der dafür dankbar sei, wenn man ihm ein bißchen Arbeit abnehme. Ganz einfach: Er lasse sich die Papiere ins Haus bringen und segne die Sache veterinärmedizinisch ab, ohne selbst eine Überprüfung vorzunehmen. Wenn er dies alles so wiedergebe, meint Klaus D., wolle er damit selbstverständlich nicht behaupten, daß der Herr Viehdoktor bestochen worden sei.

Ein Schelm, wer Böses dabei denkt...

## Wirrwarr wie im Mittelalter: Behörden treten sich gegenseitig auf die Füße

Die Panscher gehen äußerst geschickt vor. Manche der Spuren, die sie bei der Schleudereivermarktung hinterlassen, führen für die Fahnder ins Leere. Sisyphusarbeit. Viel Aufwand für die Katz. Und mit der hochgelobten länderübergreifenden Zusammenarbeit, dem behördlichen Teamwork zwischen den einzelnen Bundesländern, klappt es in der Praxis weniger gut. Bürokratischer Futterneid, unnötige Formalitäten, unterschiedliche Auslegung von Verfahrensfragen.

Nicht zuletzt die politische Couleur auf Regierungsebene spielt eine Rolle: Rot ist nicht gerade hocherfreut, wenn Schwarz bei der Bekämpfung von Wirtschaftskriminalität (und um die geht es hier) allzu sichtbare Erfolge aufzuweisen hat. Schwarz verhält sich umgekehrt nicht besser. Politische Machtinteressen siegen häufig über berechtigte Bürger- und Verbraucherinteressen.

Es kommt vor, daß eine norddeutsche Ermittlungsbehörde ein dringendes Fernschreiben süddeutscher Kollegen mit der Bitte um Amtshilfe nicht einmal beantwortet. So verstreicht bei den Recherchen kostbare Zeit, die Betrüger gewinnen Vorsprung. Hier zeigt sich, daß Deutschland ein Vielländerstaat ist, mit Grenzen – sichtbaren und unsichtbaren – wie im Mittelalter. Ein Wirrwarr von Zuständigkeiten, mit denen sich die einzelnen Länder gegenseitig das Leben schwermachen. Letztlich auf Kosten des Steuerzahlers.

Rühmliche Ausnahme: die Zollfahnder. Sie unterstehen der Bundeshoheit. Vorbildlich, wie sie sich gegenseitig unterstützen. Die Zollfahndungsämter Köln und Hannover etwa, die kommen gut voran.

Als die Kölner 1984 gegen Angehörige von van Loons Troisdorfer Deutschlandfiliale wegen des Verdachts der Steuerhinterziehung bei der Einführung von Eiprodukten aus den Niederlanden vorgehen, können sie von Ergebnissen ihrer niedersächsischen Kollegen profitieren: Die ermitteln nämlich seit geraumer Zeit gegen den Kaufmann Hubert H. aus dem Oldenburgischen (Aktenzeichen: E 320/84-506). Hier geht es um Verdacht auf »Subventionsbetrug in Tateinheit mit Vergehen lebensmittelrechtlicher Art in Zusammenhang mit der Ausfuhr von bebrüteten Hühnereiern der Güteklasse C nach den Niederlanden«. Empfänger dieser heißen Ware: wieder van Loon.

Hintergrund: Die Firma Hubert H. (Geflügelhaltung und Eierhandel) beantragt im Mai 84 beim Hauptzollamt Osnabrück für fast 160000 Eier der Güteklasse C (bis zu 6 Tagen bebrütet) für die Nahrungsmittelindustrie unter Vorlage entsprechender Papiere (Ausgangsrechnungen, Ausfuhrerklärung) das Plazet beim Zoll. Per Lastzug soll die Sendung in 37 Containern Richtung Beek/Arnheim abgehen.

Prüfungen an Ort und Stelle ergeben jedoch, daß sich in den meisten Containern ganz andere Ware verbirgt, als auf den Papieren angegeben. Was das Staatliche Veterinäramt Oldenburg eindeutig bestätigt: Die Beamten finden in der Fracht hauptsächlich ältere Industrieeier, die für Lebensmittelzwecke verboten sind. 24 Container enthalten ausschließlich ältere Bruteier, vielfach mit abgestorbenen Embryonen. Nur 13 Container stimmen mit der Anmeldung überein.

Bei einer Durchsuchung der Firma Hubert H. finden sich im Schreibtisch weitere Beweise. Laut Lieferschein werden van Loon die Eier mit 6 bis 11,25 Pfennig berechnet. Der Zoll rechnet genau nach: Durchschnittlich werden pro Ei 7,84459 Pfennig kassiert. Unter Berücksichtigung der Vorteile bei fiskalischen Abgaben wäre das für alle Beteiligten ein glänzendes Geschäft, das diesmal freilich durch die Aufmerksamkeit der Fahnder durchkreuzt wird.

Sie decken auf, daß der gewinnbringende Handel bereits seit vier Jahren nach bewährter Methode läuft. Niederländische Behörden stellen ebenfalls jede Menge Fehldeklarationen, also Urkundenfälschung, fest. Die Preise liegen laut

Protokoll »in jedem Fall höher als der für ungenießbare Industrieeier zu erzielende Preis. Das raffinierte System sollte die Behörden über die tatsächliche Beschaffenheit der Ware täuschen.«
In die Affäre werden weitere Unternehmen verwickelt, die sich mit ähnlichen Manipulationen bereichern. Die Firmen Georg K. und Monika M. aus dem Oldenburger Raum gehen – wie die Beamten recherchieren – nach denselben Rezepten vor: Etikettenschwindel mit 18 Tage alten Bruteiern und willkürliche Preise, immer nach dem Motto: Aus alt mach neu. Bei den Lieferungen ist die behördlich bereits bekannte Brüterei C. behilflich, gegen die gleichfalls ermittelt wird.

Vereinzelt werden van Loons deutsche Handlanger schon mal zur Kasse gebeten. Der Großhändler Georg K. erhält vom Amtsgericht Cloppenburg einen rechtskräftigen Strafbefehl über 6000 DM plus 2316 DM Gebühren. Dies ist vergleichsweise wenig, wenn man bedenkt, welchen Schaden K. auf dem Eiermarkt zu Lasten der Verbraucher anrichtet und daß er die Gesundheitsinteressen seiner Mitbürger mißachtet. Er verstößt dabei nicht nur gegen das Lebensmittel- und Bedarfsgegenständegesetz (LMBG), sondern zusätzlich noch gegen die EWG-Verordnung über Vermarktungsnormen für Eier.
Im nüchternen Paragraphendeutsch heißt der Schuldvorwurf der Staatsanwaltschaft gegen K.: Er habe ein Jahr lang, »fortgesetzt handelnd, entgegen § 7, Absatz 1 des LMBG nicht geeignete Lebensmittel gewerbsmäßig in den Verkehr gebracht«. Staatsanwalt und Richter müssen sich während des Verfahrens eines prominenten Zeugen bedienen, den nicht wenige Prozeßbeobachter gern ebenfalls auf der Anklagebank sähen: Es ist Johannes van Loon, dessen Aussagen die Urteilsfindung gegen seinen geständigen Komplizen K. mitentscheiden.
Das verhältnismäßig niedrige Strafmaß begründet der Richter damit, daß Georg K. »als noch unerfahrener junger

Kaufmann (25 Jahre) der Überredung des ihn offensichtlich geschickt beeinflussenden holländischen Abnehmers (gemeint: van Loon) erlegen« und seine Firma sehr hoch verschuldet sei. So sucht sich der Arnheimer Regisseur also seine Mitspieler aus.

Dabei hat sich K. anfangs korrekt verhalten: Er kauft bei deutschen Brütereien die dort aussortierten Hühner- und Puteneier (länger als 6 Tage im Brutschrank) auf und gibt den Ausschuß in Kisten mit richtiger roter Banderole (Aufschrift: »Industrie-Eier, ungenießbar«) an van Loon weiter. Was der damit anstellt, steht auf einem anderen Blatt.

Doch dann, so kann das Gericht beweisen, läßt K. sich von van Loon zu krummen Touren verleiten: Jetzt kriegen die Kisten plötzlich gelbe Banderolen aufgepappt. Der Niederländer selbst ist auf diese Weise fein raus: Sein Lieferant im Oldenburgischen hat ihm ja den Freibrief zur Herstellung von pasteurisierten Eiprodukten für Lebensmittel ausgestellt. Im Urteil heißt es: »Für Teigwaren und Fertiggebäck.«

So einfach ist das: Millionenschund, der eigentlich im Schweinetrog landen müßte, wandert auf wundersamen Wegen zwischen Deutschland und Holland hin und her. Dreck wird veredelt. Und hauptsächlich deutsche Verbraucher sind es, die am Ende der Reise die Fahrkarte zahlen. Den Panschern macht man's leicht: Sie kommen meist glimpflich davon.

Vollzugsbehörden beobachten diese Entwicklung seit langem mit Sorge: Hohe Strafen mit abschreckender Wirkung sind – wie die Erfahrung lehrt – im Lebensmittelbereich überaus selten. In der Regel begnügen sich die Richter mit finanziellen Denkzetteln: Vor Gefängnisstrafen schreckt der Kadi zurück. Denn ein Wirtschaftsstraftäter, den man ins Kittchen steckt, fällt für den Fiskus ja als Steuerzahler aus. Sein Betrieb könnte pleite gehen, Arbeitsplätze verschwinden. Damit drohen ertappte Sünder ohne Skrupel. Und sie wissen, solche Taktik zahlt sich aus.

Ein norddeutscher Oberstaatsanwalt erklärt das Vorhandensein auffälliger Gesetzeslücken so: Das rücksichtslose Verhalten mancher Lebensmittelvermarkter mache ein Gesetz erforderlich, das schon im Vorfeld der Delikte vorbeugend wirken müsse. Bei der Neufassung würden jedoch massive Gruppeninteressen berücksichtigt und somit Formulierungen gewählt, die einen schärferen Zugriff der Justiz nicht gestatten. Die Lobby gewinnt meist das Oberwasser.

## Abstecher bei Hühnerkönig Pohlmann: Verdorbene Eier für Teigwaren

Wer nach van Loon und seinen berüchtigten Mischmaschinen Ausschau hält, kommt um den Landwirt und Kaufmann Anton Pohlmann im norddeutschen Neuenkirchen (Umweltschützer-Zusatz: »Heimlicher Regierungssitz von Gülleland«) nicht herum. Dessen marktbeherrschendes Federviehimperium umfaßt so ziemlich alles, womit man Eier vergolden kann: unter anderem riesige Käfigbatterien, Packstellen, Brutanstalten, landwirtschaftliche Immobilien und seit 1974 ein Eiproduktewerk in Vechta.

Pohlmann, der zu den mächtigsten Eiermultis Europas zählt, trifft sich öfter mit Kontrahenten vor Gericht: Tierschutz-, Umwelt-, Lebensmittelgeschichten und so weiter. Dabei muß der prozeßgewandte Hühnerkönig zwar schon mal Federn lassen, er mausert sich aber stets wieder prächtig.

Auf Schleuderei rutscht Pohlmann Anno 82 allerdings schrecklich aus. Dazu tragen nicht zuletzt faule Schaleneier aus Holland bei, für die er sich mit falsch datierten Retourkutschen quasi revanchiert. Deshalb schickt ihm das Amtsgericht Vechta an einem Februarmorgen einen Strafbefehl ins Haus, den er nie vergessen wird.

Angesichts eines Strafmaßes von 465 000 DM (plus Verfahrenskosten) wird sowieso nur dem ahnungslosen Laien leicht schwindlig: Wer Pohlmann kennt, der weiß genau: Das deftige Sümmchen tut dem Mehrfachmillionär kaum weh. Schon aus der Höhe der Tagessätze von 1500 DM (die im Zweifelsfall mit je einem Tag Freiheitsstrafe ersatzweise abgestottert werden können) geht hervor, daß der Richter Pohlmanns Umsätze stocknüchtern einkalkuliert, auch

*Strafbefehl für Pohlmann: ». . . darunter auch Bruteier mit bereits ausgebildeten, aber abgestorbenen Embryos.«*

182 Js 2041/82

**Bitte die umseitigen Geschäftsnummern beachten!**

Herrn
Anton P o h l m a n n
Landwirt und Kaufmann
geb. 12. 7. 1939
wohnhaft
Auf der Heide 7
2846 Neuenkirchen

Verteidiger: Rechtsanwalt
Dr. Voet, Oldenburg

Das Urteil/der Strafbefehl ist rechtskräftig
seit dem 4. II. 1982

**Strafbefehl**

Vechta, den 08. FEB. 1982

Justizangestellter
als Urkundsbeamter der Geschäftsstelle
des Amtsgerichts

Die Staatsanwaltschaft beschuldigt Sie, in Vechta von 1974 bis Herbst 1981 durch 2 selbständige, in sich fortgesetzte Straftaten

I.) zum Verzehr nicht geeignete Lebensmittel hergestellt und als Lebensmittel gewerbsmäßig in den Verkehr gebracht zu haben,
- Vergehen nach §§ 7, 17 Abs. 1 Nr. 1, 52 Abs. 1 Nr. 9 LMBG -
und tateinheitlich
entgegen § 2 Abs. 2 der EiprodukteVO
und entgegen § 6 der EiprodukteVO
Eiprodukte als Lebensmittel in den Verkehr gebracht zu haben
- Vergehen nach § 11 Abs. 4 Nr. 1 und 2 der EiprodukteVO in Verbindung mit Anlage 2 Ziffer I der EiprodukteVO, § 52 Abs. 1 Nr. 11 LMBG -

II.) hinsichtlich ihrer Beschaffenheit von der Verkehrsauffassung abweichende und dadurch in ihrem Wert nicht unerheblich geminderte Lebensmittel
sowie Lebensmittel, die geeignet waren, den Anschein einer besseren als der tatsächlichen Beschaffenheit zu erwecken,
sowie Lebensmittel unter irreführender Bezeichnung und Angabe gewerbsmäßig in den Verkehr gebracht zu haben

Vergehen nach § 17 Abs. 1 Nr. 2b) u. c), Nr. 5 LMBG in Verbindung mit § 52 Abs. 1 Nr. 9, § 52 Abs. 1 Nr. 10 LMBG in Verbindung mit den EWG-Eierverordnungen

- Forts. nächstes Blatt -

Beweismittel: I. ~~Ihre Angaben~~ Geständnis

II. Zeugen: die aus der Akte ersichtlichen Personen, deren Anschriften jederzeit nachgefragt werden können

III. Geschäftsunterlagen der Firma

IV. Sachverständige:
1. Veterinärrat Dr. Focke, Landkreis Vechta
2. Dr. Brunies, Staatl. Vet.-Amt Oldenburg
3. Regierungsdirektor Müller, Bezirksregierung Oldenburg

Auf Antrag der Staatsanwaltschaft wird gegen Sie eine Gesamt-Geldstrafe von 310 Tagessätzen festgesetzt. Die Höhe des Tagessatzes beträgt 1.500,00 DM, die Geldstrafe insgesamt mithin 465.000,00 DM.
Im Falle der Uneinbringlichkeit tritt an die Stelle eines Tagessatzes ein Tag Freiheitsstrafe.

(Einsatzstrafen zu I.): 300 Tagessätze zu je 1.500,00 DM
= 450.000,00 DM

zu II.): 20 Tagessätze zu je 1.500.00 DM
= 30.000,00 DM

Gesamtstrafe wie angegeben)
Es werden 3 Ratenzahlungen bewilligt innerhalb 3 Monaten nach der Rechtskraft in 3 gleichen Raten.

Sie haben auch die Kosten des Verfahrens und Ihre notwendigen Auslagen zu tragen.

Bitte wenden!

JVA.W. StP 66 Strafbefehl (§ 409 StPO) (10.77)

wenn er dem rechtskräftig Verurteilten binnen Quartalsfrist drei Ratenzahlungen bewilligt.
Was der Staatsanwalt zur Sache vorzuwerfen hat, sagt auf den ersten Blick über den tatsächlichen Hintergrund nicht viel aus: Pohlmann habe »zum Verzehr nicht geeignete Lebensmittel hergestellt und als Lebensmittel gewerbsmäßig in den Verkehr gebracht« (womit Schleuderei gemeint ist). Ferner habe er minderwertige und falsch etikettierte Produkte veräußert. Das Gericht zählt hierzu eine lange Liste von Paragraphen auf, gegen die Pohlmann verstoßen hat.
Aus Gründen der Dokumentation (der Fall könnte für spätere Verfahren ein Lehrbeispiel sein) werden entscheidende Passagen des Urteils zitiert:

*»Als Kommanditist der Fa. Anton Pohlmann GmbH u. Co. KG und zugleich verantwortlicher Leiter der einzelnen Betriebszweige, nämlich der zugehörigen Legehennenfarmen, Packstellen und des Eiproduktewerkes, sowie als Betreiber einer landwirtschaftlich geführten Kükenbrüterei verstießen Sie gegen die Bestimmungen wie folgt, wobei Sie vorsätzlich oder zumindest bedingt vorsätzlich handelten:*
☐ *Sie stellten Eiprodukte her und verwendeten dabei neben guter Ausgangsware auch ungeeignete und verbotene Stoffe, nämlich Schmutzeier, Knickeier mit verletzter Schalenhaut, Schleudereiweiß nach Trennung von an Eierschalen haftenden Eiweißresten,*
*Schiereier (bebrütete, aber unbefruchtete Bruteier) später als am 6. Tage der Brutzeit aussortiert, darunter auch Bruteier mit bereits ausgebildeten, aber abgestorbenen Embryos,*
*ferner zugekaufte, ›nur für technische Zwecke‹ gekennzeichnete und bestimmte Eimasse,*
*sowie Eifollikel (bei der Hennenschlachtung vom Eierstock anfallendes Ei).*
*Die daraus hergestellten Eiprodukte im Sinne des § 1 der Eiprodukteverordnung verkauften Sie an Firmen der Lebensmittelherstellung (Teig- und Backwarenherstellung pp.). Auch verkauften Sie Tagesherstellungen solcher Chargen,*

*deren Laboruntersuchung entweder ganz unterblieben war oder ergeben hatte, daß die Anzahl der zulässigen aeroben Keime oder anderer Bakterien erheblich überschritten war (nicht freie Chargen, die durch erneute Verarbeitung hätten aufgelöst werden müssen).*
*Sie verarbeiteten auch eingeführte Eier aus Holland, die so verdorben waren, daß sie zur Lebensmittelherstellung nicht mehr verwendbar waren.*
*Bei einer Lieferung an die Teigwarenfabrik Z. waren die Eier ebenfalls verdorben.*
*□ Aus den Legehennenfarmen und Packstellen lieferten Sie beim Verkauf der frischen Eier an Abnehmer im In- und Ausland (insbesondere Holland) auch solche Eier aus, die wie folgt zu beanstanden waren:*
*In der Regel waren die Wochennummern der Kleinpackungen, aber zum Teil auch der Großpackungen, vordatiert, um eine bessere Frische und Güte vorzutäuschen,*
*zum Teil fehlten die Angaben der Wochennummern, der Gewichtsklasse und der Ausgangs-Packstelle oder waren falsch angegeben, zum Teil entsprachen die Eier nicht der angegebenen Güteklasse A.«*

Erst die Auswertung des Pohlmann-Verfahrens offenbart das beträchtliche Informationsdefizit von Ermittlungsbehörden im gesamten Bundesgebiet, die sich in zunehmendem Maß mit Mißständen bei Erzeugung, Vertrieb und Verarbeitung von rohen Eiprodukten auseinandersetzen müssen. Die meisten von ihnen verfügen bisher weder über das erforderliche Wissen noch über das notwendige Laborinstrumentarium, um die fachgerechte Kontrolle des Rohstoffs zu gewährleisten.
Beispielsweise ist bis zum Jahr 1985 nur eine einzige Stelle im gesamten Bundesgebiet in der Lage, die Verwendung älterer Bruteier im flüssigen Rohstoff (»Kükenbrei«) nachzuweisen: das Chemische Untersuchungsamt der Stadt Hamm in Westfalen. Dessen von der Universität Münster übernommene Methode (mit dem Stoffwechselprodukt Be-

ta-Hydroxy-Buttersäure) wirkt sich entscheidend auf die Enthüllungen um den Skandal mit holländischen Importen aus.
Sämtliche Bundesländer (auch die Bundesregierung) können eine der peinlichsten Pannen in dieser Affäre nicht dementieren: Vom Vorhandensein dieser Methode haben die meisten gewußt. Nur hat sie niemand außer Hamm praktiziert. Auch deshalb haben Panscher in Deutschland bisher ein so leichtes Spiel.

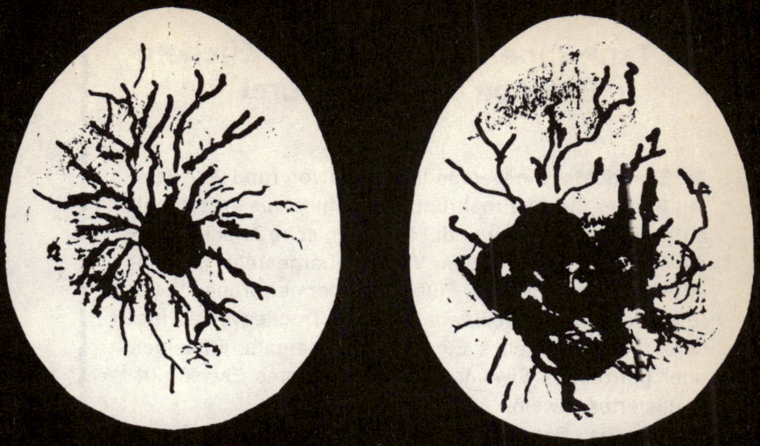

**Brutei am 5. Tag: Dotter mit Netzwerk der Blutgefäße (oben links). 12. Tag: Embryo im Fruchtwasser (oben rechts). 19. Tag: Fast fertiger Embryo kurz vor dem Schlupf (links unten).**

## Im Tankwagen für deutsche Küchen: Eisuppe und Kükenbrei

■ **Eiprodukte:** Sie werden in Europa von rund 20 größeren Firmen für die Ernährungswirtschaft aus maschinell aufgeschlagenen Eiern oder für technische Zwecke (minderwertige Eier, nicht zum Verzehr) hergestellt. Lebensmittel - Eiprodukte sind: Flüssiges oder gefrorenes Vollei (Eiklar und Dotter in einem Produkt); Trockenvollei; flüssiges oder gefrorenes Eigelb; Trockeneigelb; Flüssiges oder gefrorenes Eiweiß; sprühgetrocknetes Eiweiß; kristallisiertes Eiweiß.

■ **Eisuppe:** Behördenbezeichnung für flüssige Eiprodukte, in Containern und Tankwagen transportiert.

■ **Pasteurisieren:** Zum Beispiel vorgeschriebene Erhitzung von Eiweiß auf 62 Grad. Bestimmte Chemikalien sind zugelassen, damit Flüssigei haltbar wird.

■ **Schleuderei:** Von der Branche nicht gern gehörte Bezeichnung für Gepanschtes vom Huhn, mit Hilfe eines in der Bundesrepublik verbotenen Zentrifugierverfahrens (Wäscheschleuderprinzip). Zum Beispiel aus älteren Brut- sowie Bruch- und Knickeiern hergestellter Rohstoff, der nicht für Lebensmittelzwecke verwendet werden darf. Oft mit Bakterien und Schmutz verseucht, auch mit abgestorbenen Embryos (»Kükenbrei«).

■ **Bruteier:** Dürfen nach EG - Richtlinien bisher bis zum 6. Bruttag aussortiert (»geschiert«) und für Eiprodukte in der Lebensmittelindustrie verwendet werden. Nach dem 6. Bruttag nur für technische Zwecke (Schmierstoff, Shampoo, Pharmaindustrie, Viehfutter).

■ **Knickeier:** Eier, bei denen nur die Schale, aber nicht die Eihaut verletzt ist.

■ **Brucheier:** Eier, bei denen Schale und Eihaut verletzt sind, so daß der Inhalt freiliegt. (Knick- und Brucheier können durch Bakterien infiziert werden.)

## Keine Chance für Panscher: Gas-Chromatographie

Ob es um Diethylenglykol im österreichischen und deutschen Wein, um Tierarznei im Frühstücksei oder um verdächtige Spuren im Rohstoff Flüssigei geht — kein lebensmittelchemisches Labor kann heutzutage auf ein unbestechlich präzises Hilfsmittel verzichten: die Gas-Chromatographie zur analytischen Trennung von Gemischen aus Gas oder vollständig verdampfbaren Flüssigkeiten.

Dabei wird die zu untersuchende, verdampfte Substanz mit Hilfe eines Trägergases (zum Beispiel Helium oder Stickstoff) unter erhöhter Temperatur durch ein langes Kapillarsystem geleitet. Sie gelangt dann in einen Bereich, der eine Trennflüssigkeit (Paraffin) oder ein Adsorptionsmittel (Aktivkohle) als stationäre Phase enthält.

Hier können nun die einzelnen Inhaltsstoffe (Komponenten) des verdampften Lebensmittels (etwa Wein oder Ei) infolge unterschiedlicher Wanderungsgeschwindigkeiten aufgetrennt und mit hochempfindlichen Detektoren nachgewiesen werden: Es sind Detektoren zur Messung der Wärmeleitfähigkeit oder Ionisation, die für jeden Stoff spezifisch sind.

Beim Flammendetektor beispielsweise wird das Gas mit den zu analysierenden Stoffen in einem elektrischen Feld verbrannt und der dabei entstehende Strom gemessen. Auch er ist typisch für jede Substanz, etwa für die gefährliche Tierarznei Nicarbazin, deren Menge in Hühnereiern so präzis festgestellt werden kann.

Die Gas-Chromatographie verhalf entscheidend zur Aufdeckung des Etikettenschwindels mit Känguruhfleisch. Im Untersuchungsamt der westfälischen Stadt Hamm gelingt so der Nachweis angebrüteter Eier in Lebensmitteln, wenn sie Beta-Hydroxy-Buttersäure entdecken, ein Stoffwechselprodukt werdender Küken.

## Buttersäure ist wie ein Fingerabdruck: Der Betrüger wird im Labor entlarvt

Durch Berichte in Presse, Hörfunk und Fernsehen über ekelhaften Umgang mit Flüssigei aufgescheucht, blicken amtliche deutsche Lebensmittelwächter, aber auch die betroffene Industrie im Winter 1984/85 gebannt nach Hamm in Nordrhein-Westfalen. Den Beobachtern ist nicht ganz wohl in ihrer Haut, weil sie nun folgenschwere Unterlassungssünden bekennen müssen.

Denn was es dort in Hamm zu bewundern gibt, ist bereits ein paar Jahre alt. Längst hätte es zum beruflichen Alltag, zum Rüstzeug sämtlicher Kontrollämter im Kampf gegen Lebensmittelkriminalität werden können. Auch zum selbstverständlichen Know-how der Nahrungsindustrie, die sich ja gern der Anwendung modernster Labormethoden rühmt. Wenn alle nur gewollt hätten. Aber sie wollten ja nicht.

Warnungen, den Panschern doch endlich das Handwerk zu legen (solche SOS-Rufe gab es in Bonn wie bei der Industrie), verhallten im konjunkturellen Wind: 35000 Tonnen Roheiprodukte im Jahr, da soll halt nicht jeder herumstochern können. Man könnte zuviel Verdächtiges aufspüren. Und was ich nicht weiß, macht mich nicht heiß.

Nun aber diese peinliche Offenbarung via Presse aus Hamm: Eine Chemikerin des dortigen Untersuchungsamtes, Dr. Sigrid Littmann, befaßt sich seit längerem gemeinsam mit Kollegen des Instituts für Lebensmittelchemie an der Universität Münster (Ludwig Acker, Erhard Schulte) mit einer von Fachleuten als sensationell empfundenen Methode.

Das Wissenschaftler-Trio hat ein Analyseverfahren entwickelt, mit dem der hygienische Zustand von Eiprodukten rückwirkend akkurat analysiert werden kann. Dem Team geht es wie dem Propheten im eigenen Land: Außerhalb der Bundesrepublik, etwa in den USA und Großbritannien, schenkt man ihm weit mehr Beachtung und zollt ihm hohe Anerkennung. Aber hier? Beschämend ist das, welche Schwierigkeiten man diesen Wissenschaftlern macht. Welchem Intrigenspiel man sie seitens der Wirtschaftslobby aussetzt...

Doch sie lassen sich nicht beirren: Sie finden heraus, ob und in welchem Umfang der begehrte Rohstoff vor seiner Niederpasteurisierung (bei plus 62 Grad Celsius) bereits im Herstellerbetrieb mit Bakterien überschwemmt war. Dazu bieten sich bestimmte organische Säuremuster an, wie die Bernsteinsäure, deren verstärktes Auftreten für den mikrobiellen Verderb von Eiprodukten ein deutliches Indiz ist.

Und – dies muß die Panscher völlig aus der Ruhe bringen: Die drei Spezialisten kennen sogar den Weg, über den die Verwendung von befruchteten Alt-Bruteiern in der Eisuppe zu entlarven ist. Dieser Weg führt über die Gas-Chromatographie zur Beta-Hydroxy-Buttersäure, einen Stoff, der für die anrüchigen Brut- und Embryoneneier typisch ist.

Jene Säure bildet sich wie ein »chemischer Fingerabdruck« bei der Bebrütung befruchteter Eier und wird außerhalb des Embryos innerhalb der Schalenwand angereichert. Zunehmend geschieht dies mit dem Alter des werdenden Kükens. Eine faszinierende Methode, die allerdings (im Gegensatz zu einem weniger exakten Schnellverfahren) einigen Zeit- und Materialaufwand erfordert.

Die Hammer Sachverständigen: »Unsere Untersuchung basiert auf der Tatsache, daß das ursprüngliche Säuremuster bei der Pasteurisierung erhalten bleibt, also nicht zerstört werden kann. So können wir Rückschlüsse auf den mikrobiellen Belastungsgrad des Ausgangsmaterials beziehungsweise auf die Verwendung von befruchteten Bruteiern ziehen.« Als Grenzwerte für gerade noch genußtaugliche Rohware werden in Hamm 50 Milligramm Bernsteinsäure und zehn Milligramm Beta-Hydroxy-Buttersäure pro Kilo Trockensubstanz des Eiprodukts angegeben. Wie dringend nötig solche Untersuchungen sind, beweist dies Beispiel:

Bei einer Serie von 33 Flüssigeiproben aus den Lieferungen verschiedener Hersteller diagnostizieren die Wissenschaftler zwölf (also über ein Drittel) als mikrobiell verdorben, da sie das charakteristische Säuremuster haben: Der Bernsteinsäuregehalt macht bis zu 320 Milligramm pro Kilo Trockensubstanz aus.
In zehn Proben, die sämtlich aus dem Ausland (vor allem Holland) stammen, wird einwandfrei die Mitverwendung von Bruteiern festgestellt. Sie enthalten über 160 Milligramm Beta-Hydroxy-Buttersäure. Bei ausschließlich aus Bruteiern hergestelltem Flüssigei werden 177 Milligramm dieser Säure ausgemacht. An diesem Beweismaterial kann niemand vorbei.
Der eindeutige, unwiderlegbare Nachweis einer Mikrobenschwemme in fertigen Eierteigwaren ist vorläufig allerdings noch nicht möglich (das Thema wird seit Mitte 1985 von einigen Nudelfirmen lebhaft diskutiert). Der Grund: Die Indikatorsubstanz Bernsteinsäure kommt einerseits in der Natur in erheblicher Menge im Getreide vor, sie kann aber auch durch Bakterieneinwirkung auf Grieß entstehen.
Keinen Zweifel lassen die Hammer dagegen beim Nachweis von Beta-Hydroxy-Buttersäure in Nudelprodukten aufkommen: Wird die Säure dort festgestellt, so kann sie nur über Eiprodukte in die Teigwaren gelangt sein. Solche Nudeln enthalten nach Hammer Auffassung bei entsprechenden Mengen der Säure eindeutig Eiprodukte, die mit Bruteiern durchsetzt waren.
Der kommerzielle Hintergrund spricht für sich: In den Brütereien fallen nach Hammer Angaben durchschnittlich 15 Prozent Ausschußeier an, von denen etwa die Hälfte unbefruchtet ist. Man erkennt sie beim Durchleuchten daran, daß sie klar erscheinen. Sie dürfen trotz ihres durch Wärme verschlechterten Hygienezustandes bis zum 6. Tag nach den gültigen EG-Regeln bisher noch als Eier der

*Chemische Zutaten erlaubt: Titelseite der »Eiprodukte-Verordnung«.*

## 265. Verordnung über gesundheitliche Anforderungen an Eiprodukte und deren Kennzeichnung (Eiprodukte-Verordnung)

Vom 19. Februar 1975

(BGBl. I S. 537) mit Berichtigung vom 16. 4. 1975 (BGBl. I S. 1031) i. d. F. der ÄndV vom 20. 12. 1977 (BGBl. I S. 2820) und der VO zur Neuordnung lebensmittelrechtlicher Kennzeichnungsvorschriften vom 22. 12. 1981 (BGBl. I S. 1625, 1662)

Auf Grund des § 9 Abs. 1 Nr. 1, 3, 4 Buchstaben a und b und Nr. 5, des § 10 Abs. 1 Satz 1 und des § 19 Nr. 1, Nr. 2 Buchstaben a, b, d, Nr. 3 und 4 Buchstabe b des Lebensmittel- und Bedarfsgegenständegesetzes vom 15. August 1974 (Bundesgesetzbl. I S. 1945) wird im Einvernehmen mit den Bundesministern für Ernährung, Landwirtschaft und Forsten und für Wirtschaft,

auf Grund des § 49 Abs. 1 des Lebensmittel- und Bedarfsgegenständegesetzes im Einvernehmen mit dem Bundesminister der Finanzen und

auf Grund des § 44 Nr. 2 des Lebensmittel- und Bedarfsgegenständegesetzes sowie

auf Grund des § 5a Abs. 1 Nr. 1 und 2, Abs. 2 und 3 des Lebensmittelgesetzes in der Fassung der Bekanntmachung vom 17. Januar 1936 (Reichsgesetzbl. I S. 17), zuletzt geändert durch das Gesetz zur Gesamtreform des Lebensmittelrechts vom 15. August 1974 (Bundesgesetzbl. I S. 1945), im Einvernehmen mit den Bundesministern für Ernährung, Landwirtschaft und Forsten und für Wirtschaft

mit Zustimmung des Bundesrates verordnet:

### § 1

Eiprodukte im Sinne dieser Verordnung sind

1. Erzeugnisse aus Eiern von Hühner, Perlhühnern, Puten, Enten, Gänsen oder Wachteln, insbesondere
   flüssiges Vollei (Flüssigei),
   flüssiges Eigelb,
   flüssiges Eiweiß (Eiklar, flüssiges Ei-Albumin),
   tiefgefrorenes Vollei (Gefriervollei),
   tiefgefrorenes Eigelb (Gefriereigelb),
   tiefgefrorenes Eiweiß (Gefriereiklar, geforenes Ei-Albumin),
   getrocknetes Vollei (Trockenvollei, Eipulver, Volleipulver),
   getrocknetes Eigelb (Trockeneigelb),
   getrocknetes Eiweiß (Trockeneiweiß, kristallisiertes Eiweiß, getrocknetes Ei-Albumin, Sprüheiweiß)
   auch im Gemisch untereinander oder eingedickt;
2. Erzeugnisse nach Nummer 1, denen Speisesalz, Zucker, Gewürze, Stärke, Getreideerzeugnisse oder andere Zusätze beigegeben sind, soweit der Anteil dieser Zusätze nicht überwiegt.

Güteklasse C für Lebensmittel-Eiprodukte verwendet werden. Appetitlich ist das nicht.
Die andere Hälfte der Ausschußware ist befruchtet. In diesen Eiern entwickelt sich zunächst ein Embryo, der jedoch irgendwann abstirbt. Hier erkennt man beim Durchleuchten einen deutlichen Blutring nach dem sechsten Tag. Derartiger Abfall ist für Lebensmittel nicht zugelassen. Deshalb müßte nach Auffassung der Hammer Chemiker auf dem Weg über die Bestimmung des Gehaltes an Beta-Hydroxy-Buttersäure ständig kontrolliert werden, ob das Verbot in der Praxis auch eingehalten wird.
Doch die staatlichen Untersuchungsämter, die hier die Vorreiterrolle übernehmen müßten, zögern noch (angeblich aus Gründen der Arbeitsüberlastung). Seit dem April 1985 wendet Baden-Württemberg als erstes Bundesland die Buttersäure-Analyse an. Ein halbes Jahr später scheinen die Schwaben das Verfahren immer noch nicht hundertprozentig im Griff zu haben: Ihre Wirtschaftskontrolleure schicken deshalb Nudelproben vorerst weiter nach Hamm. Die Chemiker am Neckar sind derweil fleißig am Üben . . .

## Eiklar: Ein bißchen Kunstdünger ist auch dabei

Viele vom Fach halten sie für total überaltert. Einige finden sie zu streng. Andere zu lasch. Nur wenige meinen, sie sei gut. Kaum einer kennt sie richtig: die »Verordnung über gesundheitliche Anforderungen an Eiprodukte und deren Kennzeichnung«, kurz und bündig Eiprodukte-Verordnung genannt. Da es kaum Lebensmittel gibt, in denen sich keine Eiprodukte verstecken, ist sie für die Branche das A und O. Behörden beißen sich an ihr die Zähne aus. Und alle Hersteller versichern auf Treu und Glauben, wie streng sie sich an dieses Sammelsurium von Eierparagraphen halten.

Da wird verordnet und immer wieder verordnet. Was Eiprodukte überhaupt sind. Nämlich Erzeugnisse aus Eiern von Huhn, Perlhuhn, Pute, Ente (Achtung, Bakterien), Gans und Wachtel. Was solche Vögel in Schalen verpacken und hinten fallen lassen, darf erstens zu flüssigem Vollei (Flüssigei), Eigelb, Eiklar (Ei-Albumin), zweitens zu tiefgefrorenem Vollei, Eigelb, Eiklar (Albumin), drittens zu getrocknetem Vollei (Eipulver, Volleipulver), Eigelb, Eiweiß (kristallisiertes Eiweiß, Sprüheiweiß) sowie viertens miteinander gemixt oder eingedickt werden.

Schließlich darf sich alles bisher Aufgezählte ein Eiprodukt nennen, wenn darin Speisesalz, Zucker, Gewürze, Stärke, Getreide oder – wie die Verordnung hintergründig andeutet – »andere Zusätze« nicht überwiegen.

Selbstverständlich haben sich die Verordner etwas bei dieser Andeutung gedacht, weil alle Eiprodukte (so ist es strenge Vorschrift) »als Lebensmittel nur nach ausreichender Vorbehandlung in Verkehr gebracht« werden dürfen. Auf der anderen Seite haben die Verordner doch nicht »alle« Eiprodukte gemeint. Denn vorbehandelt werden muß nicht, was unter ganz bestimmten Voraussetzungen in ganz bestimmten Betrieben »nach der Herstellung oder dem

Anfallen« verwendet oder einen Tag lang aufbewahrt wird. Hier wird das Produkt unter Umständen zum faulen Ei.
Und dann diese chemischen Zutaten, die »zur Verwendung bei der Vorbehandlung von Eiweiß durch Erhitzen (Pasteurisieren bei 62 Grad) als Zusatzstoffe zugelassen« sind: Zunächst *Aluminiumsulfat*, das in der Papier- und Wolleherstellung, aber auch in Färbereien als Beizmittel durchaus gebräuchlich ist. Oder *Aluminium-Ammoniumsulfat*, das Deutschlands Bauern weiland als Kunstdünger auf ihre Felder streuten. Und drittens *Ammoniumhydroxid*, besser als Salmiakgeist oder Ammoniakwasser bekannt. Dies alles, was Hausfrauen normalerweise nicht ins Essen werfen, darf im Eiweiß aus der Fabrik drin sein. 300 Gramm auf tausend Liter. Ob das stets so gründlich abgemessen wird? Und warum diese amtlich abgesegneten Chemikalien wohl nicht auf den handelsüblichen Lebensmittelpackungen stehen? Wo sie doch so harmlos sein sollen?
Den mißtrauischen Verbraucher wollen die Verordner anderweitig beruhigen: Wer Eiprodukte vorbehandeln will, darf mit keiner Krankheit nach dem Bundesseuchengesetz »behaftet« oder »Ausscheider von Erregern einer solchen Krankheit« sein. Ferner dürfen diese Personen »an Kopf, Hals, Händen oder Armen nicht mit Geschwüren, eiternden Wunden oder mit übertragbaren Hautkrankheiten behaftet« sein.
Nicht zu vergessen: Die Vorbehandlung ist unter Anwendung von Verfahren durchzuführen, durch die Salmonellen (Typhuserreger) und Darmbakterien in Eiprodukten abgetötet werden. Da sage noch einer, daß Eiprodukte keine rundherum saubere Sache sind ...

# Eiertanz auf der Bonner Bühne: Kein Importverbot für Gesetzesbrecher

Man kann die Lebensmittel-Skandalchronik der letzten Jahrzehnte zurückverfolgen: Stets präsentieren sich die zuständigen Exponenten bei Regierung und übergeordneten Behörden wie Meister Propper höchstpersönlich: Natürlich hätten sie nach Bekanntwerden der Mißstände alle notwendigen Schritte eingeleitet. In puncto Information, Überprüfung der Rechtslage, gegenseitiger Abstimmung mit den für die Lebensmittelüberwachung zuständigen Ländern sei alles Erdenkbare geschehen. Und man könne sicher sein, im Interesse des Verbrauchers werde alles unternommen, um eventuelle Mißstände abzustellen, eine Wiederholung zu vermeiden und so weiter...

Kein richtiger Journalist nimmt so ein Polit-Blabla ernst. Interessant wird es erst, wenn die jeweilige Opposition der jeweiligen Regierung mit bohrenden Fragen auf den Zahn fühlt.

Ende August 1985, auf dem Höhepunkt der bundesweiten Schleuderei-Diskussion, möchte der Heidelberger Bundestagsabgeordnete Prof. Dr. Hartmut Soell (SPD) vom Bundesministerium für Jugend, Familie und Gesundheit in Bonn einiges gern genauer wissen. (Der Vorgang wird im Ministerium unter den Arbeitsnummern 175 und 176 registriert.)

Soell fragt an, ob die Regierung tatsächlich seit längerer Zeit wisse, »daß aus benachbarten EG-Ländern zur Herstellung von Lebensmitteln wie Teig- und Backwaren, Speiseeis, Wurst, Babynahrung usw. in die Bundesrepublik Deutschland gelieferte Flüssigei-Masse zum Teil starke Verunreinigungen aufwies oder sogar mikrobiologisch verdorben war?« (Im Grund kennt Soell die Antwort schon im voraus. Schließlich hat er sich reichlich in Baden-Württemberg, dem am stärksten betroffenen Bundesland, bei Parteifreunden,

Redaktionen, Lebensmittelfachleuten und so weiter mit Material eingedeckt. Um die Diskussion auf politischer Bühne anheizen zu können, braucht er aber aus erster Hand offizielle Belege. Das könnte, wenn nicht alles täuscht, brisante Wahlkampfmunition werden ...)

Postwendend antwortet ihm die parlamentarische Staatssekretärin Irmgard Karwatzki: Lebensmittelrechtliche Beanstandungen von Eiprodukte-Importen aus EG-Ländern seien »in den letzten Jahren nur im Falle der Firma van Loon, Beek/Niederlande, auffällig geworden«. (Was allerdings nicht ganz korrekt ist: Denn auch aus Belgien sind frühere Beanstandungen verbürgt. Ebenso eine Reihe vergeblicher Vorstöße des Bundesverbandes der deutschen Eiproduktehersteller, die sich bei der Regierung schriftlich und persönlich über die graue Konkurrenz der Ausländer bitter beklagen.)

Doch Frau Karwatzki zählt aus ihrer Korrespondenzensammlung auf: So seien nach Bekanntwerden einer Lieferung dieses Unternehmens von salmonellenverseuchtem Hühnereiweiß Ende 1979 alle Bundesländer durch ein Rundschreiben des Gesundheitsministeriums um erhöhte Aufmerksamkeit gebeten worden. (Die Staatssekretärin will natürlich unbedingt vermeiden, daß Bonn die Behördenschlamperei weiter in die Schuhe geschoben wird. Dazu interviewen Journalisten die Verantwortlichen mehrerer Länder: Achselzucken. »Keine Ahnung, wo das Schreiben abgeblieben ist.«)

Erneut habe die Bundesregierung die Länder dann Anfang 1984 informiert, als staatsanwaltliche Ermittlungen gegen van Loons Tochterfirma Gorkow in Troisdorf »unter anderem wegen Verdachts des Verstoßes gegen lebensmittelrechtliche Vorschriften« liefen.

Und weiter erfährt der Heidelberger Mandatsträger: Nach-

*Über 200 Renommier-Adressen: Auszug aus van Loons (geheimer) Kundenliste. (Namen sind aus juristischen Gründen unkenntlich gemacht.)*

| Rechng. Nr. | Empfänger | EUST | AW | ZuckSt |
|---|---|---|---|---|
| 6861 | B[redacted]-W[redacted] | | 1.678,-- | |
| 6691/6941 | D[redacted] G[redacted] | | 823,6o | |
| 315411 | E[redacted] G[redacted] | | 22o,53 | |
| 316261 | W. H[redacted] | | 49,11 | |
| 316251 | E. H[redacted] | | 98,22 | |
| 7021 | H[redacted] GmbH | | 540,64 | |
| 6951 | J[redacted] | | 74,88 | |
| 6711/6811/6821/ 6871/6921/7031 | K[redacted] KG | | 540,57 | 252,-- |
| 316271/315651 | L[redacted] L[redacted] | | 61,49 | |
| 315421/315971 | Molkerei [redacted] S[redacted] | | 585,34 | |
| 315631 | R[redacted] M[redacted] | | 535,69 | |
| 6931/7051 | N[redacted] | | 374,40 | |
| 6961 | P[redacted]-Feinkost | | 219,60 | |
| 6791 | A[redacted] P[redacted] | | 137,28 | |
| 6851/6971 | S[redacted] B[redacted] | | 732,16 | |
| 315931 | H[redacted] T[redacted] | | 50,29 | |
| 315661/316081 | A[redacted] E[redacted] | 5.012,47 | 1.077,-- | |
| 315121/315781/ 315891 | H[redacted] | 4.475,19 | 1.136,19 | |
| 6571 | H. [redacted], K[redacted] | | 59,10 | |
| 6721 | A[redacted], Sch[redacted] | | 199,68 | |
| 314471 | A[redacted], B[redacted] | | 424,08 | |
| 6481 | D[redacted], W[redacted] | | 411,84 | |
| 6621/ohne | E[redacted], B[redacted] | | 910,20 | |
| 8731/6681 | H[redacted], K[redacted] | | 1.281,28 | 9,-- |
| 6491/6701 | J[redacted], B[redacted] | | 187,20 | |
| 6531/6611 | [redacted]brot, [redacted] | | 166,40 | 84,-- |
| 6461/6661 | Nudel[redacted], [redacted] | | 599,04 | |
| 6581/6751 | P[redacted], K[redacted] | | 453,81 | |
| 6521/6641 | S[redacted] B[redacted], S[redacted] | | 686,40 | |
| 314801/314581 | P. S[redacted], S[redacted] | | 753,97 | |
| 6561 | S[redacted], W[redacted] | | 88,65 | |
| 6541 | W[redacted], A[redacted] | | 234,24 | |
| 314621 | A[redacted], E[redacted] | 3.158,14 | 714,87 | |
| 314681 | H[redacted], E[redacted] | 677,45 | 160,32 | |
| 314421/314511/ 315101 | M[redacted], K[redacted] | 4.285,11 | 1.116,84 | |
| 216893 | Dr. O[redacted], [redacted] | | | |
| 218173 | [redacted], Düsseldorf | | | |
| 223763 | M[redacted], Frankfurt | | 2.717,52 | |

dem die Länder etliche Beanstandungen an van Loons Lieferungen gemeldet hätten und zusätzliche Details der polizeilichen Ermittlungen bekannt geworden seien, habe die Bundesregierung im Juli 1984 die niederländischen Behörden gebeten, »die Firma van Loon einer betrieblichen Überprüfung zu unterziehen«.
Im August 1984 hätten die Holländer zunächst mitgeteilt, »es seien (bei van Loon) keine Unregelmäßigkeiten festgestellt worden«.
Höchst sonderbar: Diese Antwort von den werten EG-Nachbarn hätte eigentlich den Argwohn des Ministeriums erregen müssen, weil durch deutsche Fahndungsprotokolle längst belegt war, daß die Absender es besser wußten: Immerhin gab es bereits seit längerem einen intensiven Informationsaustausch zwischen ihnen und ihren deutschen Kollegen. Ferner lag stapelweise niederschmetterndes Belastungsmaterial gegen van Loon in Den Haag und Arnheim vor, worüber es im deutschen Medienwald just zu diesem Zeitpunkt nur so rauschte. Vielleicht aber hat man die Auskunft des niederländischen Veterinärdienstes in Bonn gar nicht so ungern vernommen, weil sie prima zur bundesweiten Behördentaktik paßt, den Skandal herunterzuspielen?
Fehlspekulation: Die Holländer sehen sich zunehmend in die Defensive gedrängt, weil deutsche Journalisten das Märchen vom braven Eiermann aus Beek nicht abkaufen wollen. Zuviel Dreck wird in seiner Pampe entdeckt.

Die Politikerin fährt fort: »Erst im September 1984 wurden (aus den Niederlanden) die erhobenen Vorwürfe als begründet bestätigt und Einzelheiten über das Ausmaß der van Loonschen Lieferungen nicht verkehrsfähiger Eiprodukte in die Bundesrepublik mitgeteilt. Zugleich wurde eine strenge amtliche Kontrolle des Betriebs zugesichert.«
Für ein generelles Einfuhrverbot sieht die Staatssekretärin jedoch »rechtliche Bedenken«. Warum? Schreckt die Regierung im Fall van Loon davor zurück, ihre eigene »Ver-

ordnung über gesundheitliche Anforderungen an Eiprodukte und deren Kennzeichnung« buchstabengetreu im Interesse des Verbrauchers auszulegen?
Dort heißt es unter Paragraph 10: »Eiprodukte, die als Lebensmittel nicht verkehrsfähig sind, dürfen nur in den Verkehr gebracht werden, wenn sie zum Genuß für Menschen unbrauchbar gemacht worden sind. Sie sind außerdem deutlich sichtbar durch den Hinweis ›Nicht zum Verzehr geeignet‹ kenntlich zu machen . . .« Nach Paragraph 11 derselben Verordnung »wird bestraft, wer vorsätzlich oder fahrlässig . . . Eiprodukte, die als Lebensmittel nicht verkehrsfähig sind, in den Verkehr bringt«.
Van Loon verstößt eindeutig gegen diese und zahlreiche weitere Bestimmungen, wie die Bundesregierung aus den ihr inzwischen vorliegenden Ermittlungsakten weiß. Per Fernschreiben vom 7. September 1984 hat ihr die niederländische Botschaft mitgeteilt, »daß die Vorwürfe begründet waren. Herr van Loon wurde am 28. August verhaftet.«
Und über das Zollfahndungsamt Köln läßt die holländische Lebensmittelpolizei wissen: »Von 20 Millionen Eiern, die die Firma van Loon im Jahr 1983 für die Eiprodukteherstellung eingesetzt hat, waren 18 Millionen Eier länger als 6 Tage bebrütet und entsprechen somit nicht der Eiprodukteverordnung. In den vorhergegangenen Jahren ist der Anteil länger als 6 Tage bebrüteter Eier ähnlich hoch.«
Interessant: Die Holländer liefern Belege, in welchem Umfang ihr Landsmann gegen deutsche Lebensmittelgesetze verstößt. Doch die Bundesregierung hat rechtliche Bedenken, den Panscher vom Markt zu scheuchen. Man wird in der Geschichte der Lebensmittelkriminalität der deutschen Nachkriegszeit vergeblich nach einem vergleichbaren Fall von unverständlicher Rücksichtnahme auf Bonner Bühne suchen.
Fahndungsbeamte bei Zoll und Polizei mehrerer Bundesländer verstehen die Welt nicht mehr. Sie äußern unverhohlen den Verdacht, man lasse van Loon absichtlich weiterge-

währen, weil er sonst auspacken könne. »Es hängen einfach zu viele angesehene deutsche Firmen in dem Schlamassel drin«, resigniert ein nordrhein-westfälischer Justizangehöriger. Van Loon wisse eine Menge und könne manch einen seiner Stammkunden hochgehen lassen. So ist das also ...

Am 6. August 1985 findet ein angeregtes Telefonat zwischen dem Landwirtschaftsattaché Hegemans von der niederländischen Botschaft in Bonn und dem Bundesgesundheitsministerium statt. Thema: Van Loon. Knapp zwei Wochen danach erhält Hegemans unter Aktenzeichen 423-7464-31/5 einen inhaltsreichen Brief aus dem Ministerium. Unterzeichner: Dr. Steinert.
Dem Schreiben liegen Kopien von veterinäramtlichen Bescheinigungen und einem Lieferschein bei, aus denen hervorgeht, in welchem Umfang die Chemische Landesuntersuchungsanstalt Stuttgart just Lieferungen von flüssigem Vollei aus der van Loonschen Fabrik beanstandet hat. Die staatlichen Chemiker in Württemberg haben in den Tankwagen aus Arnheim beträchtliche Mengen der typischen Substanzen Beta-Hydroxy-Buttersäure (zum Nachweis von Brutei) und Milchsäure ausgemacht.
Steinert unmißverständlich: »Die gefundenen Werte weisen auf die Mitverwendung von befruchteten, bebrüteten Eiern bei der Herstellung des Eiproduktes hin.« Doch er hat noch mehr zu melden:
»Weitere Beanstandungen von Flüssigei der Firma van Loon, geliefert an die Firma A. in S. (gemeint ist ein Nudelhersteller), ergaben sich bei der Untersuchung von Proben, die der Wirtschaftskontrolldienst der Polizeidirektion Offenburg am 17. April und am 19. April 1985 gezogen hat; die Lieferung war mikrobiell verdorben.«
Der Ministerialbeamte verweist auf frühere Angaben des niederländischen Ministeriums für Landwirtschaft und Fischerei. Dies habe zwar noch im Juni »strengere Kontrollen« van Loons zugesagt. Leider seien dennoch »wiederum nicht verkehrsfähige Eiprodukte, von unzutreffenden amts-

tierärztlichen Gesundheitszertifikaten begleitet, in die Bundesrepublik Deutschland exportiert« worden.
Steinert: »Ich sehe mich deshalb veranlaßt, Sie darauf hinzuweisen, daß bei weiteren Beanstandungsfällen die generelle amtstierärztliche Grenzkontrolle sämtlicher aus den Niederlanden in die Bundesrepublik eingeführter Eiprodukte für erforderlich erachtet wird.« Im Klartext: Wenn die Holländer jetzt nicht endlich besser spuren, wird Bonn an der Grenze andere Saiten aufziehen. Theaterdonner? Politisches Scheingefecht? Leere Drohungen? Selbst wenn das so ist: Es wird nicht ohne Echo bleiben . . .

## Diplomatisches Tauziehen: Der Minister will Absolution für den Sünder

Welchen politischen Zündstoff die Affäre birgt, zeigt sich auch im diplomatischen Tauziehen: Im August 1985 schaltet sich sogar das Bonner Auswärtige Amt ein, das soeben ein verschlüsseltes Telex aus Den Haag erhielt. Unter Aktenzeichen LA 410.33 informiert das AA nun das Bundesgesundheitsministerium gleichfalls per Fernschreiben über merkwürdige niederländische Reaktionen:

So berichte die dortige Presse einhellig, »Lieferungen aus den Niederlanden seien durch Fehlverhalten deutscher Behörden ohne sachliche Begründung in schlechten Ruf gekommen. So seien Proben (von Flüssigei) verwechselt, nicht fachgemäß gehandhabt und zudem nach nicht abgesicherten Verfahren beurteilt worden.« Die Firma van Loon habe mit ihren 130 Arbeitskräften »nicht geringe Umsatzeinbußen« zu erdulden.

Aufgrund dieser Vorkommnisse habe sich der holländische Minister für Landwirtschaft und Fischerei, Gerrit Braks, dafür ausgesprochen, »daß eine Rehabilitierung der Firma vorgenommen werden müsse«.

Im Auswärtigen Amt wird daraus gefolgert: »Der Eindruck des Fehlverhaltens deutscher Behörden kann zu einer Belastung des deutsch-niederländischen Verhältnisses führen. Es wird daher um Unterrichtung sowie um Sprachregelung gebeten.«

Die »Sprachregelung« ist eindeutig: Was nicht sein darf, das kann nicht sein. Am besten, die ganze Panscherei einfach ignorieren. Die mögliche Belastung der bilateralen Beziehungen wäre im Extremfall höher zu bewerten als die gesundheitliche Schädigung von Millionen deutscher Verbraucher, zu deren Lasten der gigantische Betrug geht.

Hinter den Kulissen beginnt ein fast abenteuerliches Intrigenspiel politischer und wirtschaftlicher Kräfte. Auf Fahn-

dungsbeamte untergeordneter Dienststellen in den Ländern wird massiver Druck ausgeübt. Das Ziel ist klar: Sie sollen sich bei ihren Ermittlungen gefälligst wegen höherer Interessen zurückhalten.
Die Öffentlichkeit soll von dem ganzen Theater so wenig wie nur möglich erfahren. Falschinformationen werden geschickt lanciert. Gegen Journalisten, die das Ganze von Anfang an durchschauen und in ihrer Berichterstattung nicht verschweigen, werden ebenfalls Pressionen versucht. Einflußreiche Persönlichkeiten aus Handel und Industrie lassen ihre Beziehungen spielen. Der eine oder andere, der zu unbequem werden könnte, soll mundtot gemacht werden. In dieser Zeit sind starke Nerven gefragt.
Man muß sich das einmal überlegen: Da verlangt ein niederländischer Minister die Rehabilitierung eines Mannes, den Fahnder beiderseits der Grenzen als einen der größten Eierpanscher Europas sehen. Die Mitarbeiter jenes Ministers, Angehörige des Allgemeinen Inspektionsdienstes (AID) der Niederlande, haben viele Monate lang das Belastungsmaterial gegen van Loon zusammengetragen, gegen den in Arnheim eine Anklage wegen Betrugs vorbereitet wird. Und – was der Herr Minister selbst wissen müßte: Van Loon hat inzwischen seine Manipulationen bei behördlichen Vernehmungen höchstpersönlich bestätigt. Das sind vernichtende Beweise. Und um die kommt keiner herum. Sollte man annehmen . . .

Der Schlagabtausch wird vorerst in Bonn regierungsintern fortgesetzt. Am 5. September 1985 kontert das Gesundheitsministerium mit einem Schreiben an das Auswärtige Amt, das nachrichtlich gleichzeitig dem Ernährungs- und dem Wirtschaftsministerium zugeleitet wird. Unterschrift: Dr. Chaumet, der pikiert auf den Schachzug des Ministers aus Den Haag reagiert:
»Angesichts des Sachverhalts, daß die Firma van Loon über Jahre hinweg unter Vorlage unzutreffender amtlicher Gesundheitszertifikate große Mengen in mehrfacher Hinsicht

verbotswidrig hergestellter Eiprodukte als Lebensmittel in die Bundesrepublik eingeführt hat, sind mir die niederländischen Äußerungen unverständlich.« Solche skandalösen Geschäftspraktiken könnten nicht in Abrede gestellt werden.

Chaumet läßt Fakten sprechen: Rund 6400 Tonnen pasteurisiertes Vollei »für den menschlichen Genuß« habe van Loon nach holländischen Erkenntnissen allein im Jahr 1983 aus »untauglichen Industrieeiern im Wege des in der Bundesrepublik verbotenen Zentrifugierverfahrens« verarbeitet und nach Deutschland exportiert. Auch habe die niederländische Botschaft allein zweimal (am 7. 9. 1984 und 9. 1. 1985) die deutscherseits erhobenen Vorwürfe bestätigt. Am 3. April 1985 sei das niederländische Landwirtschaftsministerium darauf aufmerksam gemacht worden, daß van Loon vom Januar 1983 bis Mai 1984 falsche »amtliche Gesundheitszertifikate« bei den Einfuhren in die Bundesrepublik benutzte. Doch sei die Regierung in Haag in ihrem Antwortschreiben vom 20. Juni 1985 darauf nicht eingegangen, obwohl man sie ausdrücklich um Stellungnahme gebeten habe.

In der Folgezeit sei die niederländische Botschaft erneut mehrere Male über van Loons Machenschaften mit Bruteiern und mikrobiell verseuchter Ware informiert worden. Und erst am 29. August 1985 habe »Minister Geißler den niederländischen Minister Braks unter Hinweis auf die berechtigte Empörung der deutschen Verbraucher über den Fall van Loon gebeten, das deutsche Anliegen bei der Europäischen Gemeinschaft zu unterstützen, ein alsbaldiges generelles Verbot der Verwendung bebrüteter Eier als Lebensmittel herbeizuführen«. Warum erst so spät?

In dieser Situation macht Bonn etwas ganz und gar Ungewöhnliches: Das Ministerium leistet den Parlamentariern der Grün-Alternativen Liste (GAL) im Hamburger Rat-

*37 Millionen alte Bruteier: Strafanzeige der Hamburger Grünen gegen van Loon & Co.*

An die
Staatsanwaltschaft
beim Hanseatischen Landgericht
Sievekingsplatz

2000 Hamburg 36

Hamburg, 16. September 1985

Sehr geehrte Damen und Herren,

namens der GAL Fraktion in der Hamburgischen Bürgerschaft erstatte ich

**Strafanzeige**

gegen

Herrn
Johannes van Loon
B.V. Didamsweg 6
7036 AS Beek

Niederlande

seine Mitarbeiter, Geschäftspartner und weitere in diesem Zusammenhang in Betracht kommende mir unbekannte Personen

wegen folgenden Sachverhalts:

Seit Jahren beziehen auch bundesdeutsche Teigwarenhersteller und Hersteller anderer Nahrungs- und Genußmittel Eierrohmasse von der niederländischen Firma

Johannes van Loon

und auch anderen Firmen, die sich mit der Gewinnung von Eirohmasse befassen und die mir zur Zeit namentlich noch nicht bekannt sind.

Diese Eimasse wird größtenteils aus länger als sechs Tagen - i.d.R. aus bis zu 18 Tagen - bebrüteten Eiern gewonnen. Allein damit wird bereits gegen die Eiprodukte-Verordnung verstoßen, die es verbietet, solche Eier als Lebensmittel in den Verkehr zu bringen. Hinzu kommt aber, daß Eimasse auch unter Anwendung eines Schleuderverfahrens gewonnen wird, das zu einer zusätzlichen starken Verunreinigung führt. Das Ei darf deshalb nach bundesdeutschem Lebensmittelrecht nicht mehr zum Verzehr angeboten werden.

Aus dem vorstehenden Sachverhalt ergibt sich der Verdacht von Straftaten gemäß §§ 51 ff des Lebensmittel- und Bedarfsgegenständegesetzes (LMBG), insbesondere gem. § 51 I Nr. 1 i.V.m. § 8 Nr. 1, 2 LMBG und gem. § 51 I Nr. 2 LMBG i.V.m. §§ 3, 5 Teigwarenverordnung und i.V.M. §§ 2 ff, 6 Eiprodukte-Verordnung.

In den Niederlanden ist die Staatsanwaltschaft bereits mit der Angelegenheit befaßt:

Staatsanwalt Tindemann P.L.C.
Arrondesementrechtbank
Postbus 9032
6800 EP Arnheim

Es wird dort wegen des Verdachts der Urkundenfälschung ermittelt, da offenbar falsche Exportpapiere für den minderwertigen Eierbrei ausgestellt wurden. Es existiert dort außerdem ein Fahndungsprotokoll des niederländischen 'Allgemeinen Inspektionsdienstes' (AID) mit der Nr. 84-1551.

Der AID hat bereits im vergangenen Jahr die bundesdeutschen Behörden über seine Fahndungsergebnisse informiert.

Wir halten es für unerläßlich, in dieser Angelegenheit endlich staatsanwaltliche Ermittlungen aufzunehmen und hierbei auch das Verhalten von Beamten der für die Lebensmittelüberwachung zuständigen Behörden einzubeziehen.

Für eventuelle Rückfragen stehen wir Ihnen zur Verfügung und verbleiben

mit freundlichem Gruß

Michael Herrmann (stellv. Fraktionsvorsitzender)

haus Schützenhilfe, als diese eine große Anfrage in Sachen Schleuderei mit Debatte in der Bürgerschaft der Hansestadt vorbereiten. Die Grünen werden über die Hintergründe des Skandals vom christdemokratischen Bundesgesundheitsministerium eingehend informiert.
Über die tieferen Ursachen dieser plötzlichen Kooperation der sonst erbitterten politischen Gegner wird gerätselt. Einiges spricht dafür, daß Heiner Geißler vor seinem Abgang als Minister klar Schiff machen und seiner Nachfolgerin Rita Süssmuth (CDU) beim Einstieg ins neue Amt etwas vom Ballast der Affäre um Flüssigei abnehmen will. In dieser Situation kommen ihm die Hamburger Grünen gerade recht.
Die reagieren denn auch sofort. Sie tun das, was keiner der mehreren hundert, angeblich von dem Holländer geprellten deutschen Lebensmittelhersteller (und auch keine Behörde) bisher tat: Sie erstatten am 9. September 1985 erstmals auf Bundesebene Strafanzeige gegen van Loon sowie »seine Mitarbeiter, Geschäftspartner und weitere in diesem Zusammenhang in Betracht kommende Personen«. Wer immer das sein mag.
Die Hamburger GAL-Abgeordneten nennen in diesem Zusammenhang die Namen deutscher Teigwarenhersteller, die van Loon mit »gesundheitsschädigendem Schleuderei« jahrelang beliefert habe. Sieben dieser Firmen hätten allein fast 37 Millionen älterer Bruteier im Flüssigei für Lebensmittel verarbeitet.
Die Strafanzeige ist an die Staatsanwaltschaft beim Hanseatischen Landgericht adressiert, die sich nun mit einer besonders problematischen Aufgabe befassen muß: Die Grünen halten es nämlich in ihrer Begründung »für unerläßlich, in diese Angelegenheit auch das Verhalten von Beamten der für die Lebensmittelüberwachung zuständigen Behörden einzubeziehen«.
In Bonn und den Ländern ist man sich darüber im klaren: Die Grünen haben mit ihrer Initiative für neuen Zündstoff gesorgt. Politisch wie juristisch hochexplosiv.

## Schneller Brüter der Niederlande: Der Panscher verpetzt seine Kunden

In den Jahren 1984 und 1985 pfeift der Wind heftig ums Eiproduktewerk in Beek bei Arnheim, Didamsweg 6: Immer wieder kommt ungebetener Besuch, der den Boß sprechen will. Johannes van Loon wird sie nicht los, die Beamten vom AID, dem Allgemeinen Inspektionsdienst der Regierung. Ganz scharf sind diese Burschen auf Eier. Auf Schleudereier. Sie stochern in den Containern. Drehen das Unterste zuoberst. Fragen Mitarbeiter aus. Schnüffeln an allem herum. Und werden fündig.

Nicht zu fassen, meint van Loon. Soll ihm mal einer nachmachen: 82 Millionen Gulden Umsatz im Jahr. Gehälter und Löhne für 123 Leute. Das bringt dem Staat doch Steuern. Warum läßt der Staat den Eiermulti nicht in Ruhe? Schickt ihm fortwährend die Detektive vom Landwirtschafts- und Fischereiministerium auf den Hals?

Reißt sich doch der Meister die Beine aus, um alle Kundenwünsche zu befriedigen. Besonders beim Nachbarn jenseits der Grenze. Die vielen Renommierfirmen, die dort auf seine preisgünstigen Offerten warten: Molkereizentralen, Süßwarenfabriken, Großbäckereien, Fleisch- und Wurstfabriken, die Konservenindustrie, Nudelmacher und so weiter.

Nicht umsonst ist er in der Branche als »fliegender Holländer« bekannt. Van Loon, der Millionär, der immer flüssig ist. Der flüssiges Rohei aus nie versiegenden Quellen pumpt. Schneller Brüter aus den Niederlanden. Der Schnellste unter den 17, 18 Umsatzriesen seines Metiers in Europa, die Hühnereier knacken. Mit Maschinen am laufenden Band.

Auf zwei starken Beinen steht das van Loonsche Imperium: Neben der Eiproduktenvermarktung sind es die 400000 eigenen Hennen, die Woche für Woche etwa 13 Millionen

Eier auswerfen. Hauptsächlich für Deutschland: 98 Prozent nimmt eine bedeutende Handelskette ab, die Filialen in der gesamten Bundesrepublik unterhält. Bei solchen Massen kann man Preise machen und die Konkurrenz ausbooten.
Doch es sind nicht die Eier mit Schale, über die van Loon so ohne weiteres stolpern könnte. Auf seinem Kükenbrei rutscht er aus. Eines Morgens, am 28. August 1984, wird der Meister aller Handelsklassen verhaftet. Einfach so.
Wenn jetzt Kunden aus Deutschland anrufen, heißt es: »Herr van Loon, der ist verreist.« Ein paar Tage später ist er wieder zurück. Es war ein Kurzurlaub hinter Gittern. Der Chef des seit drei Generationen im Familienbesitz befindlichen Unternehmens trägt es mit Fassung, daß man ihn eingesperrt hat. Und daß er seinen Gastgebern lästige Fragen beantworten mußte.
Es liegt wohl an seinen Büchern, daß man ihn auf Staatskosten einquartiert hat. Die Fahnder hatten zuviel Verdächtiges in den Papieren entdeckt. Rätsel über Rätsel, die jetzt gelöst werden müssen. Einer hat schon damit begonnen: Staatsanwalt P. L. C. Tideman in Arnheim, der van Loon und seinen Betriebsleiter Peters vor den Kadi bringen will.
Erstaunlich, was die AID-Beamten ans Licht gebracht haben. Fast anderthalb Jahre mußten sie ermitteln und -zig Millionen Eier zählen, die aus fremden Nestern kamen. Genau betrachtet, kamen sie zum allergrößten Teil aus Brutmaschinen. Richtig Gelbes vom Ei war ganz selten drin. Gestunken hat's zum Himmel.
Vom Januar 1983 bis Mitte Mai 1984 kauft van Loon 7,1 Millionen ungenießbare Industrieeier mit roter Banderole ein, die er für menschliche Speisen veredelt. Schleuderei zum Schleuderpreis. Dazu 10,8 Millionen Eier zweiter Wahl und 40,5 Millionen mit gelbem Etikett. Angeblich bis zu sechs Tage dem Brutofen ausgesetzt, tatsächlich aber länger.
Mit 917000 Kilo flüssigem Vollei und 6,3 Millionen Kilo Vollei zweiter Sorte, das er von auswärtigen Coproduzenten bezieht, füllt er seine eigenen Tanklastzüge auf, um deut-

**VAN LOON** EIEREN - EIPRODUKTEN B.V.

Didamseweg 6
P.O. Box 8
7037 ZG Beek (Bergh)
Telefoon 08363 - 17 45*
Telex 45756
Amro Bank N.V. Zevenaar
rek. nr. 41.34.25.452

Kundenanschrift: FIRMA [redacted] R TEIGW. FABR
[redacted]
WEST DUITSLAND

Versandanschrift:

| Rechnung | | |
|---|---|---|
| Datum | Nummer | Debitor Nr. |
| 1-02-82 | 201062 | 296 |

| ART NR | ARTIKELNAME MENGE | GEWICHT | NETTO GEWICHT | GESAMT NET. GEWICHT | PREIS PRO KG | Betrag Valuta DM |
|---|---|---|---|---|---|---|
| 104 | HOLLAENDISCHES PASTEURISIERTES FLUESSIGES HUEHNER-VOLLEI HERGESTELLT AUS EIERN DER HANDELSKLASSE A | | | | | |
| | 3 BEHAELTER | 900 | 2700 | 2700 | 2,75 | 7425, |
| | | | | | | ======== |
| | GESAMTBETRAG: | | | | | 7425, |

BEZAHLT
am. 5. Feb. 1982

LIEFERUNG : FREI HAUS , EINSCHL. AUSGLEICHSABGABEN UND GRENZ- -SPESEN , AUSSCHL. MWST.
ZAHLUNG : INNERHALB VON EINER WOCHE NACH WARENERHALT PER SCHECK.

S.E. & O.

AUSFUHRGENEHMIGUNG: PE 958290
STATISTIKNUMMER : 04-05-390
LIEFERUNG : CHARGENR C 210001-C 210003

VERLADUNG PER : LKW VAN LOON
BRUTTOGEW. : 3000
NETTOGEWICHT : 2700
ZAHLUNG :

Reklamationen innerhalb von 24 Stunden nach Erhalt der Ware!
Die Ware bleibt bis zur vollständigen Bezahlung unser Eigentum.
Erfüllungsort und Gerichtsstand: Emmerich.

JOH. VAN LOON
EIEREN - EIPRODUKTEN B.V.

EIGENE HÜHNERFARMEN IN OCHTEN UND HORST

*Kükenbrei oder A-Klasse-Ware? – van Loons Rechnung für Nudelmacher.*

sche Geschäftsfreunde zu bedienen. Stets greifen ihm findige Kükenbrütereien unter die Arme. Auch sie nehmen es, wie ihr Auftraggeber, mit dem Etikettieren nicht immer so genau. Nachdem die niederländische Polizei 14 dieser Firmen vernommen hat, rechnet sie sich aus: Van Loon muß unter anderem 36,3 Millionen ausgesprochen faule Eier für Lebensmittelzwecke aufbereitet haben. Ein erheblicher Teil des Nachschubs kommt aus deutschen Brutanstalten, aus dem oldenburgischen Gülleland. So duften sie denn auch unter der Schale . . .
Den AID-Detektiven gegenüber warten van Loon und seine rechte Hand, der Betriebsleiter Peters, mit einer Überraschung auf: Sieben ehrenwerte Teigwarenfabriken in Baden-Württemberg haben demnach Kükenbrei vernudelt. Genau gezählt hat man die Embryos in der Eisuppe nicht. Und ob die namentlich von den beiden Panschern verpfiffenen Unternehmen den Schwindel ahnten – auch dies geht nicht aus den Protokollen hervor.
Unter Aktenzeichen AID 84-1551 liegt das van Loonsche Geständnis jetzt auf dem Schreibtisch des Staatsanwalts.

Die miteinander konkurrierenden Spätzlefabrikanten im Schwabenland fallen aus allen Wolken, als sie erfahren, daß van Loon den holländischen und damit auch den deutschen Ermittlern ihre Visitenkarte praktisch auf silbernem Tablett serviert. Sie wundern sich darüber, daß nur ihre Namen plötzlich ins Gerede kommen, nicht aber die mehreren hundert anderen Lebensmittelproduzenten, mit denen der Mann aus Arnheim ebenfalls gewinnträchtige Geschäfte macht. Ob da interne Machtkämpfe im Teigwarensektor eine Rolle spielen? Wer zieht Nutzen daraus, daß vor allem kleinere Firmen an den Pranger gestellt werden? Was hat van Loon veranlaßt, auf einmal sein Schweigen zu brechen, auf das sich alle seine Kunden bisher verlassen konnten?
Einer der Nudelhersteller macht kein Geheimnis daraus, wie van Loon seinen Abnehmern entgegenkommt, um sich Marktanteile zu sichern: Auf besonderen Wunsch erhalten

sie von ihm für die Eisuppe in den Containern auch schon mal Güteklassenbescheinigungen, die gar nicht der in Wirklichkeit gelieferten Qualität entsprechen: »Holländisches, pasteurisiertes flüssiges Hühner-Vollei, hergestellt aus Eiern der Handelsklasse A«, das Kilo für 2,55 bis 3,10 DM. So steht es auf den Rechnungen des um Verkaufsideen niemals verlegenen Panschers. Und mit derartigen Persilscheinen bewaffnet, treten die Großabnehmer der Eisuppen jetzt empört bei den Kontrollbehörden an.
Sie fühlten sich hereingelegt und hätten mit dem Etikettenschwindel ganz bestimmt nichts zu tun, beteuern sie fast einstimmig im Chor. Da ist niemand, der ihnen das Gegenteil beweisen würde. Warum auch? Sie haben doch alle bei van Loon nur im guten Glauben das gekauft, was andere nicht glauben wollen . . .
Manche der Nudelhersteller gehen demonstrativ auf Distanz. Sie wollen künftig, wie sie ankündigen, keine Rohstofflieferungen aus Arnheim mehr verwenden und setzen van Loon vor die Tür. Auch überschlagen sie sich mit öffentlichen, produktbezogenen Ehrenerklärungen. Eidesstattliche Zusicherungen und »Reinheitsgarantien« der Fabrikanten für Einzelhändler und Konsumenten haben Hochkonjunktur: »Wir verwenden nur frische Hühnereier«, versprechen selbst solche Nudelhersteller schriftlich, die für ihre Ware ausschließlich pasteurisiertes Flüssigei benutzen.
Gesetzlich ist dies zwar erlaubt: Die Verwendung von vorbehandeltem Flüssigei oder Eipulver muß nicht auf den Packungen angegeben werden. Biedere Hausfrauen aber könnten angesichts der Reklame denken, die Eier kämen direkt vom Erzeuger und würden in den Spätzlefabriken aufgeschlagen. (Das machen jedoch im gesamten Bundesgebiet – außer dem Bäckerhandwerk – nur sehr wenige Kleinunternehmer aus Tradition. Die überwiegende Mehrheit, vor allem die Großen der Branche, benutzt pasteurisierten Rohstoff aus dem Eiproduktewerk.)
Wegen radikaler Umsatzeinbußen durch Negativschlagzei-

len in der Presse fürchten Mitarbeiter der Nudelfirmen um ihren Job. Von Entlassungen und Kurzarbeit wird gesprochen. Einer der verpetzten Nährmittelfabrikanten verkündet im September 1985 in aufwendigen Zeitungsannoncen: »Von dem in letzter Zeit ins Gerede gekommenen holländischen Lieferanten nehmen wir . . . keine Ware mehr ab. Wir unterwerfen jede Lieferung von Rohmaterialien den schärfsten Prüfungen. Unser hauseigenes Labor ist mit den neuesten Analysegeräten ausgerüstet. Wir verwenden ausschließlich natürliche Rohstoffe: Weizengrieß, klares Wasser – und Hühnerei der Güteklasse A. Sie können also unsere echt schwäbischen Eierspätzle wie eh und je mit Genuß verzehren. Guten Appetit.« Danke, gleichfalls, sagen Zeitungsleser, die ihre Spätzle nun zunehmend selber machen. Die Kaufhäuser nutzen die Gunst der Stunde mit preisgünstigen Angeboten an Nudelmaschinen für praktisch veranlagte Hausfrauen.
Die Negativschlagzeilen in der Presse halten an. In Leserbriefen versuchen Mitarbeiter der Fabriken, das angeschlagene Image zu verbessern. Ihre Chefs schließen einschneidende Maßnahmen wie Entlassungen und Kurzarbeit nicht mehr aus. In dieser von Nervosität und widersprüchlichen Verlautbarungen gekennzeichneten Situation setzen sich baden-württembergische Regierungsvertreter und Nudelmacher an einen Tisch. Ergebnis ist eine gemeinsame Verlautbarung, mit der sich die hochgehenden öffentlichen Wogen wieder glätten sollen.

Danach erklären sich die Teigwarenhersteller bereit, »künftig im Interesse der Verbraucher keine Bruteier mehr zu verwenden, obwohl nach der geltenden EG-Regelung die Verwendung von bis zu sechs Tagen bebrüteten Eiern zulässig ist«. Die baden-württembergische Landesregierung will (wie die Regierung in Bonn) »auf die schnellstmögliche Änderung dieser EG-Verordnung drängen, mit dem Ziel, die Verwendung von Bruteiern zur Lebensmittelherstellung generell zu untersagen«. (Solche Bemühungen sind nicht

*Spätzle-Schwur mit Reinheitsgarantie: Schwäbische Nudelwerbung während des Schleuderei-Skandals.*

neu. Sie sind aber bisher auf europäischer Ebene am Widerstand anderer Länder gescheitert, in denen teilweise sogar das in Deutschland verbotene Zentrifugieren von Brutei geduldet wird.)
Hersteller und Regierungsvertreter betonen, daß sie die Methode (Beta-Hydroxy-Buttersäure), mit der in Flüssigei die Verwendung von bebrüteten Eiern analytisch nachzuweisen ist, ausdrücklich anerkennen. Auch soll ein Forschungsauftrag zur Gewinnung schneller und sicherer Untersuchungsergebnisse vergeben werden.
Außerdem verpflichten sich die Fabrikanten, ihre Flüssigeibestellungen dem Wirtschaftskontrolldienst der Polizei 24 Stunden vor der Anlieferung mitzuteilen, damit rechtzeitige amtliche Stichproben gewährleistet sind.
Journalisten taufen diesen im deutschen Wirtschaftsleben bisher einmaligen Vorgang »Stuttgarter Spätzleschwur«. Sie bezweifeln, daß er allzu lange hält . . .

*Skandalnudeln aus dem Musterländle? – Enthüllungen in der Wochenzeitung »Die Zeit«.*

Getrübte Beziehungen: Nudelkönig Klaus Birkel (links) und sein Lieferant Johannes van Loon Aufn.: dpa

# Eiertanz um den Kükenbrei

**Im Flüssigei-Skandal spielen Baden-Württembergs Behörden eine unrühmliche Rolle / Von Herbert Schäfer**

Vor seinem Abflug nach China, wo er vielversprechende Industriekontakte knüpfte, soll sich Baden-Württembergs Ministerpräsident Lothar Späth daheim noch mit einem kräftigen Donnerwetter Luft gemacht haben: Die Sache mit dem Schleuderei, jenem durch abgestorbene Hühnerembryos und Bazillen verseuchten Flüssigrohstoff, durch den schwäbische Teigwarenfabrikanten in Mißkredit gebracht worden seien – sie müsse jetzt endgültig vom Tisch. So oder so.

Das Thema (*ZEIT* Nr. 2/85) entpuppt sich nämlich immer mehr auch als politischer Skandal. Die SPD-Opposition im Stuttgarter Landtag wirft der Regierung vor, die Affäre allzulange vertuscht zu haben. Wie sich jetzt herausgestellt hat, ist Baden-Württemberg bereits seit gut fünf Jahren vom Bonner Gesundheitsministerium mehrfach diskret über kriminelle Machenschaften mit Flüssigei informiert worden. Sämtliche anderen Bundesländer übrigens auch.

Speziell vor dem holländischen Großunternehmen van Loon in Arnheim wurde schriftlich gewarnt. Woran sich etliche Länderbehörden heute nicht mehr erinnern wollen. Doch obwohl die EG-weit operierende Firma wiederholt durch geradezu gigantische Panscherei mit „Kükenbrei" ins Gerede kam – sie kaufte bis zu drei Wochen alte Bruteier für Pfennige auf und zentrifugierte sie illegal für die Lebensmittelindustrie –, darf sie immer noch den deutschen Markt beliefern. Bis heute wurde kein Importstopp verhängt.

Ihr Chef, Johannes van Loon, hat inzwischen gegenüber dem Allgemeinen Inspektionsdienst (AID) der Niederlande gestanden, allein von Januar 1983 bis Mai 1984 an die vierzig Millionen verbotene Bruteier von vierzehn Nachwuchszuchtanstalten für Legebatterien und Hähnchenmästereien bezogen zu haben. Diesen Nachschub habe er in seinem Betrieb maschinell zerkleinert und die Mixtur dann unter anderem sieben – namentlich von ihm verpfiffenen – Teigwarenherstellern in Baden-Württemberg angedreht.

## Maulkorb, Sprüche, Schwabenstreiche: Stuttgarter »Nudelschwur«

Nach allem, was sie in letzter Zeit erlebt haben, wollen die Bürger dem Frieden nicht so recht trauen. Sie rufen empört bei Ämtern und Verbraucherzentralen an, beschimpfen die Händler und machen in Leserbriefen an die Massenmedien ihrem Unmut Luft.

»Die Beteuerungen der Hersteller über die Reinheit ihrer Produkte sind mit Skepsis aufzunehmen, solange nicht auf den Packungen alle Zutaten aufgeführt werden«, schreibt Hannelore P. der Stuttgarter Zeitung. Und Thomas R. aus Duisburg der Frankfurter Allgemeinen: »Ein seit Jahrzehnten fester Begriff der deutschen Küche, die Eiernudel, verformt sich plötzlich zu einer Ware von makabrer Unappetitlichkeit.« Hermann D. aus Ulm bringt in »Sonntag aktuell«, dem Massenblatt der süddeutschen Verlegerschaft, zum Ausdruck, was die meisten Konsumenten denken: »Es ist ein Betrug an der Bevölkerung und ein Verbrechen an der Volksgesundheit.«

Angesichts des Proteststurms aus der Bevölkerung beteuert die württembergische Administration nun bei jeder sich bietenden Gelegenheit, wie hart sie gegen Mißstände beim Essen vorgehen werde. Da wird auch manches versprochen, was im Grunde aus Personal- oder Kostengründen gar nicht einzuhalten ist. Das Regierungspräsidium Stuttgart will »den gesamten Flüssigeimarkt jetzt einer strikten Kontrolle und Überwachung unterziehen«. Dadurch werde sichergestellt, »daß verdorbene Flüssigeilieferungen künftig nicht mehr in die Produktion der weiterverarbeitenden Firmen gelangen, beziehungsweise verunreinigte Produkte nicht mehr auf den Markt kommen können«.

Kaum hat sie dies bravourös angekündigt, kommt die Bewährungsprobe: In Dotterbrei aus Belgien haben die staatlichen Chemiker bedenkliche Spuren von zwei Hühnerseuchenmitteln erspäht. *Nicarbazin* und *Chloramphenicol* sind in der Pampe, zwei krebsverdächtige Arzneien gegen Darmkrankheiten beim Federvieh. Das verschlägt dem Präsidium die Sprache. Wie hatte es doch angedroht? »Wir werden auch vor einschneidenden Maßnahmen, etwa der Beschlagnahme der gesamten Produktion, nicht zurückschrecken.« Man wartet vergeblich.

Staatssekretär Hermann Mühlbeyer vom Stuttgarter Sozial- und Gesundheitsministerium muß sich in einer Live-Fernsehdiskussion des Süddeutschen Rundfunks fragen lassen, ob er »den Leuten draußen im Land Eierschnee verkaufen« wolle? Mühlbeyer hat durch seinen Vortrag den Eindruck erweckt, daß den Behörden in Zukunft kein Tankwagen mit verseuchtem Flüssigei mehr durch die Lappen gehen werde. Der Wirtschaftskontrolldienst der Polizei nehme sich jede einzelne Lieferung vor.

Darauf einer der Diskussionsteilnehmer zum Staatssekretär: »Sie wissen genau, daß dies nicht möglich ist.« Der WKD habe weder Leute noch Zeit genug, um praktisch rund um die Uhr die Eisuppe zu überwachen. Derselben Telerunde wohnt auch der zuständige Polizeipräsident Dr. Hans-Peter Sturm aus Stuttgart bei: Er nickt nur stumm zu dieser Feststellung. Zu Sturms Dienstbereich (Regierungsbezirk Stuttgart ohne Landeshauptstadt) gehört die wohl schlagkräftigste Polizeieinheit für Verbraucher- und Umweltschutz in der Bundesrepublik, doch er weiß: Hier sind auch ihm Grenzen gesetzt. Auf Dauer kann er seine Leute nicht ständig für die Fahndung nach Schleuderei entbehren. Zu viele andere Aufgaben müßten liegenbleiben.

Auch ist er sich bewußt, daß auf seinem Stuhl zu dieser Stunde eigentlich ein anderer sitzen müßte, der sein Untergebener ist. Es ist der Leiter des WKD im Regierungsbezirk, der Hauptkommissar Gerhard Schiffler von der Landespolizeidirektion I. Schiffler hätte dem Fernsehpublikum hier und heute gern erklärt, warum seine Mitarbeiter auf Dauer mit den »Nudeleinsätzen« total überfordert sind, so wie sie die Landesregierung verspricht.

Leider ist der engagierte Beamte jedoch »oben bei Hofe« in Ungnade gefallen, seit er wenige Tage zuvor den Schwäbinnen ans Herz legte, ihren Familien doch lieber hausgemachte Spätzle statt Supermarktware zu servieren. Schiffler war es auch, der zusammen mit der Staatsanwaltschaft als erster eine Presseerklärung über den Eiertanz herausgab. Das nahm ihm die Obrigkeit übel. Dem bundesweit bekannten Wirtschaftskontrolleur wird ein Maulkorb verpaßt.
Er verdankt ihn dem Ministerialrat Dr. Paul Jägerhuber,

*Heißer Draht: Der Stuttgarter Polizeipräsident Dr. Sturm (links) und sein Top-Detektiv, Hauptkommissar Schiffler.*

der im Sozialministerium für die landesweite Lebensmittelüberwachung zuständig ist. Jägerhuber animiert per Rundschreiben (Aktenzeichen: VI/6-8755.10) die übrigen Regierungsressorts im Eiltempo und mit Erfolg, »derartige Aktionen künftig zu verhindern«. Er halte die Behandlung dieses Falles für »nicht sachgerecht«, weil bei der Unterrichtung der Öffentlichkeit »der Gesichtspunkt der Verhältnismäßigkeit völlig unbeachtet« geblieben sei. Es gebe ja bei den mit Flüssigei hergestellten Lebensmitteln bisher »nur einzelne Beanstandungen«. Schifflers Vermutung, daß es sich um die Spitze eines Eisbergs handle, sei »lediglich geeignet, den Verbraucher extrem zu verunsichern«. Warum bloß möchte der Ministerialrat auf einmal aus dem Elefanten wieder eine Mücke machen?
Sein Veto kommt einer Dienstaufsichtsbeschwerde gleich. Von jetzt ab wird der Hauptkommissar Gerhard Schiffler zur Sache wohl öffentlich schweigen. Nachdem man ihm nahelegt, nicht im Fernsehen aufzutreten, geht er eine Zeitlang in Urlaub. Sein Vorgesetzter, der Polizeipräsident, tut das ebenfalls...

Es muß Schiffler bitter treffen, als er miterlebt, welche Ehre einem anderen Zeitgenossen widerfährt, dem er seit vielen Monaten auf den Fersen ist und gegen den er Beweismaterial zusammenträgt. Der Mann, den Schiffler jagt, Johannes van Loon, der eigens aus Holland eingeflogen ist – ausgerechnet er wird vom stellvertretenden Ministerpräsidenten und Ernährungsminister Gerhard Weiser zu einer dreistündigen Krisenaudienz empfangen.
Gemeinsam mit einer Delegation baden-württembergischer Industriemagnaten nimmt der Kükenbreispezialist am »historischen Nudelschwur« teil, bei dem die Lobby feierlichst Besserung gelobt, auf der ganzen Linie. Freiwillige Selbstkontrolle. Totalen Verzicht auf Brutei. Kooperation mit den Staatskontrolleuren. Van Loon hört mit.
Weiser später: Er habe keinen Anlaß gesehen, den Niederländer »an die frische Luft zu setzen«. Die (gemeint sind die

Nudelmacher) hätten ihn »einfach mitgebracht«. Sie hatten wohl ihre Gründe.
Soll der Panscher hoffähig gemacht werden? Dieser Eindruck läßt sich nicht vermeiden. Der schlaue Fuchs nutzt nach diesem Auftritt die Gunst der Stunde und startet eine Werbekampagne, bei der Geld keine Rolle spielen soll. Mit Presse, Funk und Fernsehen entschwebt er über die Wolken. Er hat die Journalisten zu einem Gratisflug nach Holland eingeladen und dafür extra vom Airport Stuttgart Echterdingen aus eine Maschine gechartert. Insgeheim erhofft er sich von dieser Aktion wieder Auftrieb für seine Geschäfte. Die Journalisten, die das natürlich durchschauen, feixen sich im stillen eins.
Sie haben nichts anderes erwartet: In Beek, wo Mijnheer sonst seinen berühmten Kraftstoff mixt, finden sie bei ihrer Ankunft kein einziges faules Ei. Die firmeneigene Putzkolonne hat das Nest vorher blitzeblank gewischt. Und der Meister präsentiert sich als Industrieller ohne Makel und Tadel. Er habe nur modernste Maschinen, die Klasse-Ware produzieren, das Beste vom Besten. Bitteschön, meine Damen und Herren von der Presse, sehn Sie doch selbst: Hier gibt's kein Schleuderei, keinen Kükenbrei. Pfui Teufel, doch nicht bei uns. Alles nur böswillige Verleumdung. Wirklich?
Der Versuch, die Öffentlichkeit zu bluffen, nützt ihm bei seinem clever inszenierten Heimspiel nichts: Ein bißchen zu dick aufgetragen, die Marketing-Show. Noch am gleichen Abend können sich Millionen Fernsehzuschauer von Tagesthemen und Heute-Journal ihren eigenen Vers darauf machen. Auf Deutschlands Mattscheiben macht van Loon keine gute Figur. Und die Zeitungsberichte am folgenden Morgen sind ebenfalls keine Marktempfehlung für ihn.
Nun brechen selbst solche Geschäftsfreunde die Beziehungen ab, die ihm bisher die Stange hielten. Deutschlands Nudelkönig Klaus Birkel, der vor kurzem in Stuttgart mit seinem Großlieferanten noch eine gemeinsame Pressekonferenz inszenierte, gibt ihm ebenfalls den Laufpaß.

Der Sprecher des SDR-Regionalfernsehens verkündet in der abendlichen Stuttgarter Sendung, daß Birkel »überraschend eine Kehrtwendung gemacht« habe. Während sich das Unternehmen »zu Beginn der Woche noch vor den umstrittenen holländischen Lieferanten van Loon gestellt« habe, seien nun ganz andere Töne zu hören. Originalton Birkel: »Da scheinen in der Vergangenheit Dinge vorgekommen zu sein, die wir als seriöse Lebensmittelhersteller überhaupt nicht mehr akzeptieren können. Insofern müssen wir uns von diesen Vorlieferanten distanzieren, insbesondere auch von der Firma van Loon.«
Ein paar Tage vorher hatte er die Vorwürfe gegen van Loon noch »für ungeheuerlich« gehalten. Ihm sei »keine einzige Beanstandung der deutschen Behörden gegen Ware von van Loon in den letzten Monaten bekannt«. So ändern sich die Zeiten.
Birkels Traditionsmarkenvögel »Sieben Hühnchen« werden also ab sofort ohne Dottermix aus Arnheim auf Vordermann gebracht. Wie aus dem A-Klasse-Ei gepellt sollen sie durch die Regale der Handelsketten marschieren. Mit Reinheitsgarantie.
Und zum krönenden Abschluß der Schleuderei-Affäre trifft sich Landesvater Lothar Späth mit den Seinen aus der schwäbischen Lebensmittel- und Teigwarenallianz zu einem urigen Spätzle-Festschmaus in einem Stuttgarter Hotel. Man lasse sich das gute Essen und Trinken nicht vermiesen, sagt Späth und läßt sich noch einen Nachschlag vom Nationalgericht reichen. Im Blitzlichtgewitter der Fotografen wird es wieder rehabilitiert. Oder ist die Nudelposse noch nicht ganz vorbei?
Da haben doch tatsächlich die Polizisten vom Wirtschaftskontrolldienst in aller Stille zwanzig verdächtige Nudeltüten aus dem Verkehr gezogen und zwecks Durchleuchtung nach Embryoresten auf die Reise geschickt. Ausgerechnet nach Hamm in Westfalen, als ob sie ihrer eigenen staatlichen Spurensicherung nicht über den Neckar trauten ...
Logisch, daß die Landeschemiker jetzt auf die WKD-

Detektive ziemlich sauer sind. Daß sie, wie sich's für konsequente Bürokraten gehört, die entfleuchten Spätzle aus Hamm energisch zurückpfeifen. Weil aber auch die Lebensmittelpolizisten nicht nachgeben wollen und können, geht die ganze Fracht erneut nach Westfalen retour. Weiß der Kuckuck, wie lange so eine Irrfahrt dauert.

Rechts: *Klaus Birkel – wie aus dem Ei gepellt: Deutschlands Nudelkönig vor der großen Fernsehschau ...*

Seite 128: ... *und mit dem Landesvater persönlich: Es geht um die Ehrenrettung der Spätzle, Herr Ministerpräsident!*

Seite 129: *Lothar Späth und die Nudeln im Blitzlichtgewitter: Vorschmecker der Nation.*

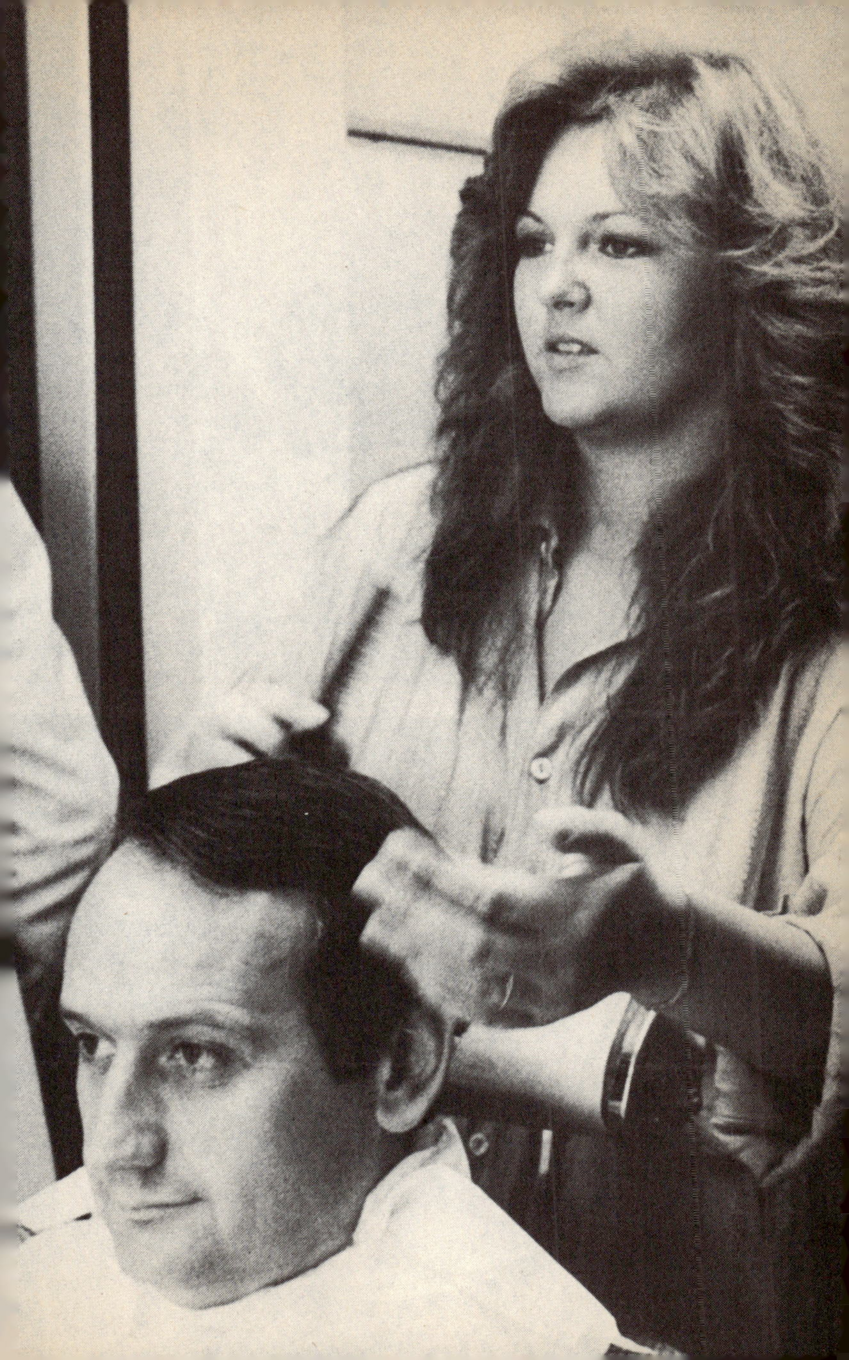

## Tausendsassa mit Darmarznei: 15 Farbtöne fürs Dotter

Mit »alternativen« Eiern von mutmaßlich glücklichen Hühnern, die nicht in Legebatterien ihr Dasein fristen, ist das so eine Sache. Manche Leute haben hier ziemlich romantische Vorstellungen. Schuld ist die Begriffsverwirrung. Vier einschlägige Packungshinweise sind erlaubt, obwohl auch daraus nicht näher hervorgeht, was zum Beispiel unter »Bodenhaltung« oder »Freiland« zu verstehen ist. Verbraucherschützer übersetzen das Fachchinesisch so:

Bei *Eiern aus Freilandhaltung* muß jedes Huhn mindestens zehn Quadratmeter Auslauffläche im Freien zur Verfügung haben. *Intensive Auslaufhaltung* bedeutet dagegen mindestens 2,5 Quadratmeter Lauffläche im Freien pro Huhn. Mit *Eiern aus Bodenhaltung* ist nichts anderes als Stallhaltung gemeint: Höchstens sieben Hennen pro Quadratmeter und mindestens ein Drittel der Stallfläche mit Streu zum Scharren.

Schließlich die *Volierenhaltung:* Dort gilt ein Quadratmeter Stallgrundfläche für 25 Hennen als gerade noch zulässige Untergrenzennorm. Die enge, mehrstöckige Konstruktion hat parterre in der Regel eine Kotgrube (Auffangschacht) fürs Federvieh, das darüber in mehreren Etagen auf Stangen sitzt und Eier legen darf. Luxusausstattung: Hühnerleiter.

Die Stiftung Warentest schätzt, daß fast 90 Prozent der deutschen Legehennen nach wie vor in Käfigen vegetieren. Daß die Eier von den restlichen zehn Prozent Hühnern aus tierschutzbedingter »Alternativ-Haltung« wegen höherer Produktionskosten etwas teurer sind, leuchtet der Stiftung zwar ein. Sie meint aber: Gleiches Futter vorausgesetzt, seien sie qualitativ nicht besser. Nun behaupten aber Bio-Farmer, daß sie ihre Hühner mit Getreide ohne Tiermehlzusätze füttern, ferner mit Grünfutter von der Wiese und mit Molkeneiweiß, natürlichem Albumin und Globulin.

Andererseits gehen Beobachter davon aus, daß weit mehr Bio-Eier auf dem Markt sind, als das restliche Zehntel der Nichtkäfighühner selbst mit Überstunden legen könnte. Richtig naturverbundene Züchter, die (unter weitgehendem Verzicht auf Tierarznei) viel Arbeit, Zeit und Geld in ihre Unternehmen investieren, wurmt es sehr, wenn zwielichtige Geschäftemacher unter gleicher Flagge segeln.

Ganz verhindern können sie dies nicht, selbst wenn die Kontrollen erheblich verschärft und schwarze Schafe weit konsequenter gebrandmarkt würden. Bisher ist das Risiko der Strafverfolgung für Bio-Eierschwindler jedoch relativ gering; nur selten werden Schuldige gefaßt. Statt dessen – so meinen jene, die ihrem Federvieh mehr Freiheit gönnen – schaue man ihnen, den Seriösen, auf die Finger und lasse die Gauner laufen. Ganz falsch ist dieser Eindruck nicht. So muß sich künftig vorsehen, wer nach eigenen Angaben Eier von Grünlandhennen verkauft: Wenn ein bißchen Dreck an der Schale klebt, kann ihn das teuer zu stehen kommen.
Ein bayerischer Hühnerhofbesitzer, Bernd A., kriegt das im Sommer 1985 zu spüren: Seit vielen Jahren bietet er neben normaler Produktion auf heimischen Wochenmärkten sogenannte »Schmutzeier« an. Die sind nicht nur deutlich als solche gekennzeichnet, sondern in der jeweiligen Handelsklasse auch noch pro Stück um fünf bis sechs Pfennig billiger. Die Hausfrauen sind ganz versessen darauf.
Erstens kaufen viele Kundinnen Eier von echten Mistkratzern lieber. Und deshalb akzeptieren sie zweitens deren Visitenkarte auf der Kalkschale als eine Art Gütezeichen, das sich leicht abwaschen läßt. Drittens sparen sie bis zu 25 Prozent. Das bringt einen hübschen Batzen Geld im Jahr.
Zugegeben, daß nicht alle Billig-Schmuddeleier, die man auf bundesdeutschen Märkten sieht, auch wirklich welche sind. Da helfen trickreiche Händler schon mal ein wenig nach, um ihrer Ware mit nachträglich angemaltem Hühnerdreck einen Hauch von »Bio« zu verleihen, weil sie sich dann erfahrungsgemäß besser absetzen läßt.

Doch Farmer A. kann in dem Prozeß, den man gegen ihn vor dem Fürstenfeldbrucker Gericht angestrengt hat, glaubwürdig darlegen, daß er über solchen Verdacht erhaben ist: Die Verdauungsspuren seines Hühnervolks sind unwiderlegbar echt. Er selbst, so sagt er, esse diese Eier ja auch. Zu jedem Frühstück zwei. Nichts für ungut, meint der Richter, der ihm trotzdem 500 Mark Geldstrafe aufbrummt, weil der Beklagte ein für allemal einsehen müsse: Wenn außen Mist dranpappt, dann können Bakterien ins Innere dringen. Und das sei gegen die Lebensmittel- und Hygienebestimmungen. Trotz der relativ niedrigen Buße (der Staatsanwalt hat 9000 DM verlangt) will Züchter A. das Urteil nicht hinnehmen und geht zur Berufung in die nächste Instanz.

Das Fürstenfeldbrucker Verfahren wirft Fragen auf. Gilt für Schmuddeleier zweierlei Maß? Da wird wegen einiger Kleckse Hühnerdreck außen an der weißen Hülle gegen den Verkäufer Anzeige erstattet und anschließend heftig prozessiert. Wie aber sieht es mit dem »Dreck« unter so mancher Schale aus, den man nicht sehen, geschweige denn abwischen kann? Gemeint sind die teils legalen, teils illegalen Zusätze, von denen kaum jemand spricht.
»Ei – welche Vielfalt«, freut sich die CMA (Centrale Marketinggesellschaft der Agrarwirtschaft, Bonn) auf der Titelseite einer ihrer bildschönen Reklamebroschüren. Sie ist des Lobes voll über heimische Frischeier als echte »Tausendsassas in der Küche«. Wie wahr. In ihnen steckt nämlich nicht nur Kraft, sondern häufig auch Chemie.
So ermitteln staatliche Untersuchungsämter in Hessen bei einer Kontrollaktion in zahlreichen Frischeiern den Giftstoff Perchlorethylen (Äthylentetrachlorid, Tetrachlorethylen), der in der Tiermedizin als schweres Geschütz gegen Wurmkrankheiten eingesetzt wird und zu den berüchtigten Halogenkohlenwasserstoffen gehört.
Das Sozialministerium in Wiesbaden beruhigt die Verbraucher: Nur in wenigen der Proben liege der Wert über den vom Bundesgesundheitsamt (BGA) in Berlin angegebenen,

## Frisch vom kranken Huhn: »Pharma-Eier«

Staatliche chemische Untersuchungsämter finden immer wieder in handelsüblichen »Frischeiern« (vor allem beim Import) Spuren von Tierarznei, die auf unsachgemäße Anwendung dieser Mittel schließen lassen. Weitgehend unklar ist in der amtlichen Lebensmittelkontrolle, ab welchen Mengen diese Risikosubstanzen eine ernste Gefahr für Verbraucher bedeuten:

□ **Perchlorethylen** (Tetrachlorethylen, Äthylentetrachlorid) wird in der Tiermedizin gegen Darmkrankheiten zum Beispiel beim Huhn eingesetzt. Chemisch gehört der Stoff zur höchst umstrittenen Großfamilie der aliphatischen Chlorkohlenwasserstoffe, die technisch auch als Lösungsmittel verwendet werden. Sie haben narkotische, zum Teil stark toxische Eigenschaften und können für Menschen gesundheitsschädlich sein. In unzersetztem Zustand wirken sie im Körper als Nerven- und wegen ihrer Umwandlungsprodukte (Metaboliten) als gefährliche Stoffwechselgifte, vor allem für Leber und Niere. Perchlorethylen wird im Körperfett gespeichert und nur langsam wieder ausgeschieden.

□ **Nicarbazin** darf nur unter strengen veterinärmediz nischen Auflagen bei Hühnerseuchen (zum Beispiel Kokzidiose, parasitären Krankheiten) dem Futter beigemischt werden und ist in der Bundesrepublik bei Legehennen grundsätzlich verboten. Chemisch ist es ein kompliziertes Doppelmolekül, das sich aus einer Pyrimidin- und einer Harnstoffverbindung zusammensetzt.

□ **Furacolidon** gehört als Mittel gegen Tierinfektionen (Darm, Harnwege) zur Gruppe der Nitrofurane. Stärker als Nicarbazin ist es krebsverdächtig. Legehennen dürfen damit behandelt werden. (Vorgeschriebene Wartezeit bis zur Eiervermarktung mindestens zwei Wochen.)

zulässigen Höchstmengen für Trinkwasser. Die obersten Gesundheitswächter finden es also keineswegs dramatisch, wenn das Schmankerl zum Frühstück gleichzeitig gegen Würmer vorbaut: Das Pharma-Ei mit Doppeleffekt...

Die deutsche Reformwirtschaft sieht die Hauptproblematik im illegalen Arzneimittelmarkt, der nach wie vor bestens floriert. Sie kritisiert den lautlosen »Reimport von solchen Mitteln, deren Anwendung bei uns verboten ist«, wobei das Ei gewissermaßen als Transportgefäß herhalten müsse.

Typisches Beispiel für solche Tierquacksalberei: das Mittel »Nicarbazin«, das zur Vorbeugung und Behandlung von Hühnerseuchen (Kokzidiose, »Rote Ruhr«) in Säcken im Handel ist. In der Bundesrepublik ist es unter strenger veterinärmedizinischer Aufsicht nur bei Aufzucht- und Mastgeflügel bis zum Alter von 16 Wochen zugelassen, und zwar bei viertägiger Wartezeit, ehe die Tiere weitervermarktet werden dürfen.

Legehennen dürften bei uns überhaupt kein Nicarbazin schlucken: Wegen der Rückstände im Ei und weil es die Schalenbildung stört. Die Münchner Vertriebsfirma eines holländischen Herstellers druckt die Warnung deshalb deutlich auf den Beipackzetteln aus. Dagegen scheint man im Ausland mit Nicarbazin wesentlich großzügiger umzugehen; anders lassen sich die immer wieder auftauchenden Rückstände sowohl im Schalen- als auch im Flüssigei nicht erklären. Deutsche Hühnerfarmer sind verärgert, »weil die da draußen in der EG das Zeug schaufelweise ins Futter schmeißen«. Daß sie es nicht dürfen, sei ungerecht.

Württembergische Behörden werden 1984 bei einem Großeinsatz gegen Pharma-Eier fündig und leiten eine Serie von Bußgeldverfahren ein: In mehreren Dutzend Proben sichten sie bis zu 66 Milligramm Nicarbazin pro Kilo Eier. Die verseuchte Ware soll ausschließlich aus Holland, Belgien und dem norddeutschen Raum stammen. Schwäbische Erzeuger, Pack- und Sammelstellen, Groß- und Einzelhändler kommen mit einem blauen Auge davon. Der Staatsanwalt ermittelt nur gegen Lieferanten von auswärts.

Im Blick auf das Nicarbazin-Risiko für Konsumenten schwenkt das federführende Stuttgarter Regierungspräsidium, wie üblich, vorsichtig ein: Es lägen ihm »keine Erkenntnisse darüber vor, daß die menschliche Gesundheit durch die in den Eiern gefundenen Dosierungen irgendwie beeinträchtigt wird«. Dabei sind viele Ärzte längst anderer Meinung: Sie gehen davon aus, daß die Seuchenarznei sehr krebsverdächtig ist.

Aus gleichem Grund steht auf dem Index der Mediziner noch ein geheimnisvoller Tierarzneistoff, der zeitweilig in Eiern gefunden wird. Bis zu 140 Mikrogramm pro Kilo Rohmasse. Beim Bundesgesundheitsamt hat man ihn »ganz oben auf der Liste karzinogener Substanzen« plaziert: Furacolidon. Ein sehr problematisches Medikament, das zur Gruppe der Nitrofurane gehört. Es wird Legehennen unter anderem gegen Hühnerpest und Infektionen der Kloake (des gemeinsamen Darmendstücks für Ei und Kot) verordnet.

Laut gültiger Vorschrift müßten nach Abschluß der Furacolidon-Tortur eigentlich mindestens noch zwölf Tage verstreichen, ehe wieder Eier dieser Hühner auf den Markt geworfen werden dürfen. Soviel Zeit muß sein, um die Pharmareste im Tierkörper auf ein Minimum abzubauen. Doch welche Batteriefarm, welcher Freilandhof wird sich diesen Leerlauf in der Praxis leisten? Zwei Wochen Produktions- und Verdienstausfall, da sei die Pleite doch vorprogrammiert, hört man betroffene Firmen stöhnen. Bedeutet dies, daß die Pharma-Eier doch in den Handel kommen?

Hand aufs Herz: Wer könnte die Einhaltung der Wartezeiten erzwingen, wer könnte sie kontrollieren? Die meisten Behörden dürften damit völlig überfordert sein. Fazit: Hier klafft eine böse Lücke im Überwachungssystem. So wird ein Krebsübel fast legalisiert . . .

Noch etwas sollte der Verbraucher ruhig wissen: Auch das prächtigste Dotter ist nicht unbedingt das Gelbe vom Ei, wörtlich genommen. Kann sein, daß es seinen landechten

Look dem Einfallsreichtum der Nährmittelzubehörindustrie verdankt, die selbst für blasses Eigelb eine Lösung hat. Eine Lösung, die man nach Mischanleitung ins Futter kippt: Es sind fabrikmäßig hergestellte Farbstoffe, Carotinoide, zur konsumfördernden Pigmentierung der Dotter beim Huhn und der Haut vom Masthähnchen, dem sogenannten Broiler. Die Wirkung ist enorm, als hätten die lieben Tierchen von früh bis spät nur im Grünklee gepickt. Eine gesetzlich erlaubte Bio-Imitation. Eindrucksvolles Gelb als leuchtender Beweis für scheinbar urgesundes Hühnerleben. Wenn es stimmt, was die Vermarkter behaupten, dann sind Hausfrauen fasziniert von diesem spezifischen Teint, der sich bei Grillhahn und Ei beliebig variieren läßt. Der Geflügelhalter, der mit der Zeit geht, braucht nur ein bißchen Geschick und eine Farbskala mit 8 bis 15 möglichen Nuancen. Das Gehl im Ei aus Futtermehl. Naturwunder auf Bestellung in der Legebatterie ...
Beruhigend zu hören, daß handelsübliche Carotinoide (in den vom Dotter normalerweise gespeicherten Mengen) nicht gesundheitsschädlich sein sollen. So wird durch die Schönfärberei am Ende selbst noch ein bleiches Pharma-Ei zur Augenweide aufpoliert ...

Rechts: *Frische Eier für den Handel: Oft mit Chemie ein bißchen aufgefrischt.*

Seite 138: *CMA-Gütezeichen: Das Dotter hat nicht immer das Gelbe vom Ei.*

Seite 139: *Strenge Kontrollen: Häufig nicht streng genug?*

10 FRISCHE EIER
A

Luftkammer-Messer
(in Millimetern)

## Doppelte Legeleistung: Kein Erbarmen mit dem Käfighuhn

Panscherei und Manipulation mit dem Ei beginnen schon dort, wo Tiere in engen Käfigen eingepfercht sind, sagen die Gegner und denken an die rund 210 Millionen Batteriehühner in Europa. Verbraucher fragen: Sind deren Eier denn schlechter als die von frei herumlaufenden Hennen? »Sie halten einem Qualitätsvergleich stand«, heißt es im Bundesernährungsministerium salomonisch. Die westfälisch-lippische Landwirtschaftskammer in Münster zitiert Experten, die für Legefabriken plädieren: Dort lebten die Hennen sogar gesünder als ihre Artgenossinnen draußen. Keine Rede von Antibiotika, Hormonen, Tranquilizern (Beruhigungsmitteln) und Parasitenmedizin, aber davon: Intensive Käfighaltung habe bei den Tieren die Legeleistung verdoppelt. Soso.

Wenn dies stimmt, dann muß man sich wundern, warum immer mehr Batteriebesitzer ganz oder teilweise auf alternative Bestände umsteigen? Dies seien Modellversuche, begründen sie ihren Sinneswandel. Oder ist es doch nur nüchternes Kalkül, weil das nachgemachte Bio-Ei ein paar Pfennige mehr einbringt?

Tierschützer bekämpfen das »Hühner-KZ«, wie sie es nennen, mit allen Mitteln. Mit ihren Protestaktionen, Boykottaufrufen und Unterschriftensammlungen kamen sie jedoch bisher nicht viel weiter. Seit einiger Zeit erhalten sie politische Schützenhilfe aus Hessen.

Das Wiesbadener Sozialministerium, das ursprünglich die »schrittweise Einstellung der Käfigbetriebe verfügen« wollte, sieht sich bei seinem europaweiten Alleingang inzwischen gebremst. Theoretisch wären schon in diesem Bundesland 479 Betriebe mit Massenkäfighaltung (davon 17 mit jeweils 20000 bis 200000 Hennen) vom Vollzug des Tierschutzgesetzes betroffen. Das könnte Arbeitsplätze und

Existenzen kosten. Auch Steuern, die der Staat einnimmt. Das Ministerium will deshalb drastische Härten vermeiden. Es sieht eine Übergangsregelung vor, um bei Neuanlagen solcher Unternehmen per Erlaß »ein größeres Platzangebot pro Huhn« anordnen zu können. Als Untergrenze ist an einen frei verfügbaren Raum von 600 bis 900 Quadratzentimeter gedacht, je nachdem, ob darin leichte oder schwerere Hühnerarten leben sollen. Derzeit haben sie vielfach nicht mal 400 Quadratzentimeter »Bewegungsfreiheit«. (Das ist über ein Drittel weniger Fläche als ein Blatt Schreibmaschinenpapier.)

Die Geflügelwirtschaft beantwortet den Wiesbadener Vorstoß mit juristischen Breitseiten und droht mit einer Klageflut beim Verwaltungsgericht gegen den »Willkürakt der Regierung«. Ein weiter, aufreibender Marsch durch die Instanzen steht bevor. Die Kontrahenten werden langen Atem brauchen. Es gibt noch einen Dämpfer für die Wiesbadener Regierung:

Inzwischen hat das Darmstädter Landgericht zwei Züchter von der Anklage fortgesetzter Tierquälerei freigesprochen: Sie hätten – so die Urteilsbegründung – ihre 60000 Hennen in den Käfigen weder mit Vorsatz mißhandelt noch hätten sie bei ihnen mit erheblichen Leiden rechnen können. Schäden wie bei einzelnen Tieren in Legebatterien gebe es durchaus auch in der Natur. Im übrigen seien Gesetzgeber und Wirtschaft dafür zuständig, die Haltungssysteme zu verbessern. Ob sich die Darmstädter Richter mal eine Legefabrik angesehen haben?

Beobachter messen diesem Urteil gewisse Signalwirkung bei, doch jeder legt es auf seine Weise aus. Die Geflügelzüchter sind rundum zufrieden und sehen die Käfighaltung als Methode der Massentierzucht grundsätzlich bestätigt. Aus ihrer Sicht kann alles beim alten bleiben. Das hessische Sozialministerium legt die Darmstädter Rechtsprechung eher als »Unbehagen an der Käfighaltung« aus. Damit werde klargestellt, »daß die Verwaltung den eindeutigen Auftrag habe, in der Praxis vor Ort den Paragraphen 2 des

Tierschutzgesetzes (artengerechte Haltung) durchzusetzen«. Man werde »nicht erst die Verabschiedung entsprechender Vorschriften durch den Bund abwarten, sondern schon jetzt dem sich ändernden rechtlichen und ethischen Bewußtsein der Bevölkerung Rechnung tragen«. Wiesbaden gibt nicht auf.

Ganz anders hört sich eine ebenfalls im Frühjahr 1985 gefällte Musterentscheidung des baden-württembergischen Verwaltungsgerichtshofs (Aktenzeichen: 10 S 1891/82) in Mannheim an. Danach darf ein süddeutscher Geflügelzüchter künftig nur noch vier (statt bisher fünf) Legehennen in einen Käfig sperren, und zwar bei 430 bis 450 (350–377) Quadratzentimeter Fläche pro Tier. Die Mannheimer Richter beanstanden in diesem konkreten Fall, daß die eingepferchten Hühner nicht mal aufrecht stehen könnten. (Ein Veterinärarzt hat an ihnen zuvor schwerwiegende Verhaltensanomalien beobachtet: Sie krallen sich infolge der extremen Enge an Gitterstäben fest und hocken unruhig aufeinander.) Der meistbeachtete Hinweis im Mannheimer Urteilsspruch: Das Wohl der Hennen müsse unbedingt den Vorrang haben vor einer billigen Eierproduktion nach solchen Methoden. Tierschutz geht den Richtern vor Profit.
Zur gleichen Zeit tut sich was in Brüssel: Die EG-Kommission veröffentlicht einen Bericht zur Käfighaltung, der für die Verwirklichung von nur 450 Quadratzentimeter Bodenfläche (viel weniger, als Bonn vorgeschlagen hatte) eine bis zu achtjährige Übergangszeit vorsieht. Vier Jahre Vorbereitung und zwei Millionen DM benötigte die Kommission für dieses keineswegs umwerfende Gutachten, das ihr bei Tierschützern nur Kopfschütteln und Kritik einbringt:
Die Europolitiker hätten bei dieser bürokratischen Glanzleistung weder neuere Forschungen noch fortschrittliche Entwicklungen in einigen Nachbarländern (Dänemark, Schweiz) berücksichtigt. Als schweren Rückschlag für die gute Sache empfindet das hessische Sozialministerium die Entscheidung. Es fordert nun von Bonn eine nationale

Initiative, um den »Bummelzug in Brüssel« endlich in Fahrt zu bringen. Doch weder am Rhein noch bei der EG wird vorläufig grünes Licht gegeben. Die Lobby betätigt sich wieder mal als Bremser vom Dienst.

## Germanisieren: Kein Hahn kräht nach dem Ursprungsland

Wer sich eine goldene Nase verdienen will, handelt mit Eiern en gros, ohne ein einziges eigenes Huhn. Er braucht nur einen Abpackbetrieb zu gründen. Rund 4000 solcher Firmen gibt es bundesweit, in denen ständig Millionen Eier nach Gewicht und Größe sortiert, in Kartons gesteckt und weiterverkauft werden. Meist vollautomatisch. Jede Firma hat eine eigene Packstellennummer, die sie ihren Partien aufstempelt. Das ist Vorschrift für spätere Kontrollen.

Nun können sich diese Umschlagplätze entweder aus deutschen Quellen mit Ware versorgen (zwei bis drei Tage soll dann im Idealfall der Weg vom Erzeuger bis zum Verbraucher dauern). Oder sie decken sich jenseits der Grenzen ein. Dann werden Gewinnspannen richtig interessant. Besonders bei der Einfuhr unsortierter Eier, die erst hier handelsfertig gemacht werden. Kein Hahn kräht mehr nach dem Ursprungsland, was nach gültigem EG-Recht völlig legal ist. »Germanisieren« nennt man diesen Vorgang. Fremdes Ei, auf deutsch getrimmt.

80 Prozent der Bundesbürger mögen nach einer Umfrage am liebsten Eier aus deutschen Landen frisch auf den Tisch. Was liegt da näher, als daß sich ein Packer für seine Importe aus Frankreich, Holland, Belgien oder England einen attraktiven deutschen Markennamen einfallen läßt? Begriffe wie »Heide«, »Wald« und »Wiese« vermarkten sich gut: Was so schön erdverbunden klingt, das kann doch nur auf Heimatboden ins Nest geplumpst sein, denkt der Verbraucher.

Der Germanisierungsstreit dauert nun schon viele Jahre. Ein Ende ist nicht in Sicht, weil sich Händler der gesamten EG daran gesundstoßen. Denn auch Bürger anderer Staaten mögen am liebsten Eier ihrer Nation. Alle zahlen dafür gern höhere Preise. Der (erlaubte) Bluff mit umgetaufter

Ware funktioniert wie das Huhn, das goldene Eier legt. Deutsche Geflügelzuchtverbände sehen darin einen Wettbewerbsnachteil, doch ändern können sie nichts.
Weil Germanisierung mitunter zu tolle Blüten treibt, gab es schon so viele Gerichtsverfahren, daß sie niemand mehr zählen kann. Oft gingen sie aus wie das Hornberger Schießen.
Im September 1985 stehen zwei süddeutsche Eiergroßhändler vor Gericht. Die Anklage wirft ihnen vor, Lebensmittel unter irreführender Bezeichnung in den Verkehr gebracht zu haben. Damit ist nicht gemeint, daß sie ausländische Eier unter einer phantastischen Wald-und-Wiesen-Marke weiterverkauften, die auf deutsche Hühner schließen läßt. Nein, sie haben nur versäumt, das richtige Umpackdatum auf ihren Lieferungen anzugeben.
Nach EG-Richtlinien eine böse Unterlassungssünde, durch die der Verbraucher getäuscht wird: Ohne diesen Hinweis kann er das Alter der Eier kaum nachrechnen. (Faustregel: Bis zu zehn Tagen schmecken Eier relativ »nestfrisch«. Neue Eier liegen bei der Probe in kaltem Wasser flach auf dem Boden, weil ihre Luftkammer maximal sechs Millimeter hoch ist. Alte Eier haben mehr Luft und stellen sich auf.)
Das Urteil fällt für die Grossisten erwartungsgemäß milde aus: Geldstrafen mit Bewährung. Etikettenschwindel als Kavaliersdelikt? Deutsche Farmer sind deshalb so aufgebracht, daß sie die mißliebige Importkonkurrenz durch Privatdetektive überwachen. Fast 11000 DM lassen sie sich in Baden-Württemberg eine solche Beschattungsaktion kosten.
Eierkrimi auch auf deutschen Wochenmärkten: Im Frühjahr 1985 lassen Händler im Raum Hannover auf offener Straße die Fetzen fliegen, weil sich die Streithähne gegenseitig die Umsätze mißgönnen. Als Wurfgeschosse benutzen sie Eier.
Ein anderer Fall: Im April 1985 nimmt sich die niedersächsische Zollfahndung einen norddeutschen Profi vor. Er soll

Siegelbruch begangen haben, das heißt: Er hat die Plomben von seinen amtlich verschlossenen Lastzügen heimlich geknackt. Ein schweres Vergehen, das mit Gefängnis geahndet werden kann. Außerdem wird ihm Steuerhinterziehung von 130000 DM angelastet.

Alles wegen 2,5 Millionen unsortierter Hühnereier, die der Packstelleninhaber aus Ungarn importiert und über Nacht – trotz ihrer vorläufigen Beschlagnahmung – bundesweit an den Mann gebracht hat. Ohne jede Lebensmittelkontrolle, als deutsche Frischeier frisiert, gehen sie weg wie warme Semmeln. Die Behörden sehen sich Ostblockeier normalerweise besonders gründlich an, weil es damit immer wieder Beanstandungen wegen Minderqualität gibt. Die Multis tragen das jedoch mit Gelassenheit. Sie können gar nicht so viele Eier ranschaffen, wie die Deutschen essen wollen. Legal und illegal germanisierte.

Rechts: *Deutsche Frischeier von gallischen Hennen?*

Folgende Doppelseite: *Packstellen: Manche »germanisieren« am laufenden Band.*

Die laufende Wochen-Nummer zeigt die Frische
45
eutsche Frischeier, frisch durch kurze Wege!
Marken-qualität aus deutscher Landen
aumeister
Baumeister
Baumeister
Baumeister

## Milchpulver wird vor die Säue geworfen: Alles in Butter beim Kalb?

Viel fehlt nicht an zwei Zentnern: Solche Mengen Fleisch vertilgt der Durchschnittsdeutsche im Jahr. Die Hälfte vom Schwein, ein Fünftel vom Rind und den Rest von anderen Arten, heimischen wie exotischen. Satte 90 Kilo sind das pro Kopf unterm Strich.

Nicht immer ahnt er, was ihm da wirklich vorgesetzt wird. Australisches Känguruh oder Chinesisches Blauschaf waren schon darunter, und er hat es nicht gemerkt, weil etwas ganz anderes auf der Speisekarte stand. Rehkeule oder Wildedelgulasch, statt Beuteltier. Die Kriminalakten sind voll davon, und die Serie der Prozesse wegen häufig makabrer Betrügereien mit Fleisch will kein Ende nehmen. Weiß der Teufel, was dem Konsumenten noch alles unter falschem Namen aufgeschwatzt wird. Selbst abgebrühten Kontrolleuren und Staatsanwälten dreht sich der Magen um.

Kriminalität mit dem Lebensmittel Fleisch hat Hochkonjunktur, obwohl Europa im grenzenlosen Überfluß bald erstickt. In den Kühlhäusern der EG lagern unter anderem 800000 Tonnen vom Rind (die Hungervölker der Dritten Welt würden sich die Finger danach lecken) und sind nicht abzusetzen. Es sei denn, sie werden planmäßig zum Spottpreis von 1,30 DM pro Kilo an die Sowjets verschleudert.

Die unglaubliche Verschwendung macht auch vor der Butter nicht halt. 1,2 Millionen Tonnen sind eingefroren, die man gut in der Sozialverpflegung, in Alten- und Siechenheimen gebrauchen könnte. Aber das darf nach dem EG-Ehrenkodex nicht sein. Lieber läßt man sie ranzig werden oder mischt sie für 70 Pfennig pro Kilo ins Kälberfutter. »Notaktion« nennen führende Politiker diesen Irrsinn.

Für gewaltige Milchpulvervorräte ist der Weg in die Schweine- und Hühnerställe beschlossene Sache, da kennen die hochdotierten EG-Funktionäre nichts. 170 Millionen DM

aus Steuermitteln blättern sie mir nichts, dir nichts hin, damit wenigstens ein Zehntel des riesigen Milchpulverbergs abgetragen wird: Immer rein damit in die vom Computer überwachte Mastbox und Ferkelbucht, auf daß die Überproduktion weitergeht. Faß ohne Boden. Flickschusterei. Kein Mensch begreift das mehr, am wenigsten die dafür Verantwortlichen.
Wie lange werden sich die Steuerzahler, werden sich die Verbraucher Europas das noch gefallen lassen? Wann endlich schickt man die sündhaften Verschwender in die Wüste? Vielleicht in die ausgedörrten Weiten der Sahelzone, um mit ihrem Milchpulver und Dörrfleisch hungernde Kinder zu retten?
Von diesen Problemen steht natürlich nichts in den stolzen Erfolgsbilanzen der deutschen Ernährungsindustrie, der es wichtiger ist, daß 4370 Herstellerfirmen 152 Milliarden DM Jahresumsatz machen. Oder in den Jahresberichten des Fleischerhandwerks, dessen 27 400 Betriebe es »nur« auf 33 Milliarden DM bringen.
Mit einer Diskussion zum leidigen Thema Etikettenschwindel ist ebenfalls kein Staat zu machen. Das seien doch, so trumpft der Spitzenverband für Lebensmittelrecht und Lebensmittelkunde auf, nur einige wenige Außenseiter, derentwegen sich nicht die ganze Branche diffamieren lasse. Jetzt endlich müsse die Bundesregierung etwas gegen die zunehmende öffentliche Verunsicherung tun (an der natürlich die Medien schuld sind). Und aus Bonn schallt es im Brustton der Überzeugung zurück: Die Qualität unserer Nahrung sei heute so gut wie noch nie in der Geschichte der Menschheit. »Was Essen und Trinken in Verruf bringt, geht allein auf das Konto einiger Wirtschaftsverbrecher.« Bei der Deutschen Gesellschaft für Ernährung denkt man ebenso.
Apropos Fleisch: Was wird sonst noch alles damit angestellt? Vitaminstöße und Impfungen, damit aus dem mickrigsten Läufer am Ende doch noch eine Schlachtsau wird; illegale Sexualhormone zur Brunstauslösung und Wehenförderung; Antibiotika bereits beim Ferkel; Betablocker

gegen schwaches Herz und Streß; Psychopharmaka zur Beruhigung, damit das gepeinigte Vieh auf seinem letzten Gang nicht schlappmacht. Pharmaschnitzel und Salmonellenhuhn, der Kunde wird es eh nicht merken . . .
Spätestens jetzt wird die Lobby wieder ihre alte Platte auflegen: Stallapotheken hätten doch nur ein paar schwarze Schafe, und vor dem Schlachten seien Arzneien ohnedies streng verboten.

*Hygienekontrolle: Es geht um die Wurst.*

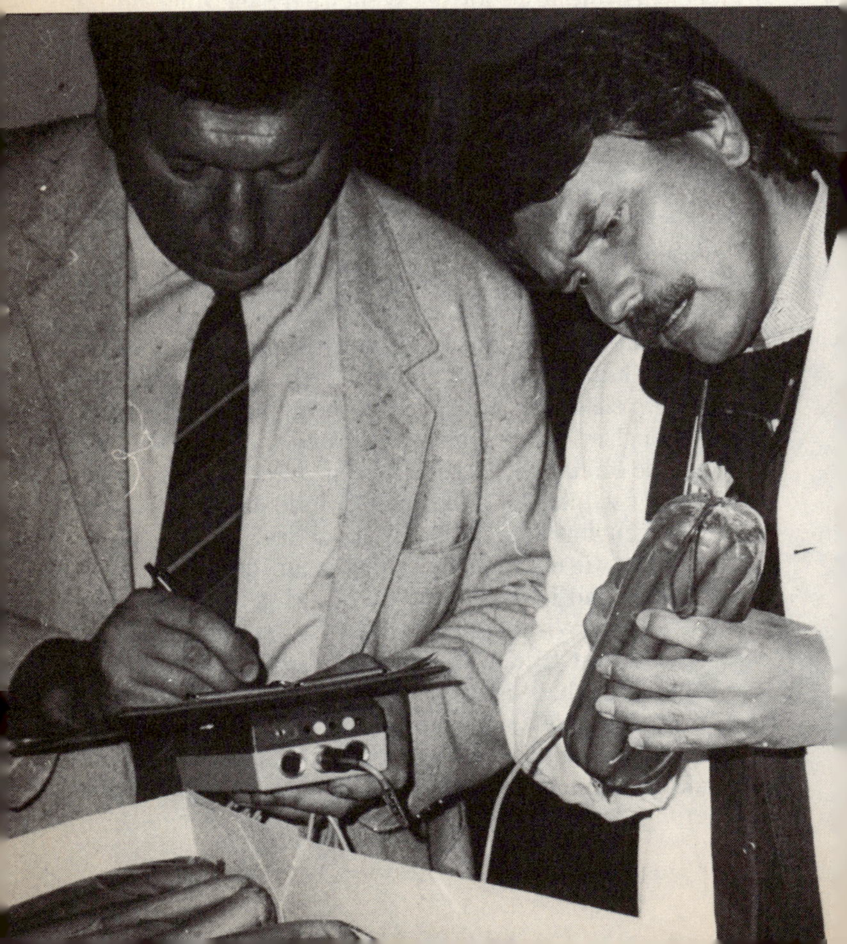

Selbstdisziplin der Züchter, strenge Veterinärkontrollen und so weiter ... Also doch kein bakterienverseuchtes Hack mit Chemie? Und die vielen hundert Panscher in flagranti? Alles nur fehlgeleitete Außenseiter, die's bestimmt nicht wieder tun?
Wer die Skandalchronik liest, kann sich seinen eigenen Vers auf den sinnigen Werbespruch machen: »Da schmeckt Fleisch noch nach Fleisch ...«

## Knackiges mit Parasiten: Staat muß zehn Millionen zahlen

Eine fast unglaubliche Geschichte, weil sie in der Bundesrepublik passiert ist, die sich rühmt, eines der besten Gesundheitssysteme der Welt zu besitzen.
Ort des Geschehens: das Eifelstädtchen Bitburg in Rheinland-Pfalz. Im Advent 1985 dürfen dort über 200 Bürger mit Genugtuung fünfstellige Summen verbuchen, die ihnen ihre Regierung aus Mainz anweist. Sie erhalten im Einzelfall zwischen 20000 und 35000 DM, insgesamt über zehn Millionen. Ein Weihnachtsgeschenk vom Staat ist das nicht, sondern ein längst fälliger Akt der Wiedergutmachung für das, was vor drei Jahren geschah. Damals begann die Geschichte:
Im Oktober 1982 lädt eine Brauerei ihre Mitarbeiter und Freunde zum traditionellen Betriebsfest ein. Famose Stimmung, man singt und lacht. Nicht zu vergessen das leibliche Wohl. Die Gäste langen kräftig zu: Es gibt Mett aufs Brötchen und »Rohesser«, eine im Eifelgebiet beliebte Wurstspezialität aus rohem Hack.
Tage danach fühlen sich plötzlich viele der Festteilnehmer nicht mehr wohl. Jugendliche, Erwachsene, Rentner, auch mehrere Helfer vom Roten Kreuz sind darunter. Bei allen dieselben Symptome: Magen- und Darmverstimmung, Durchfall, Fieber, Übelkeit. Patientenansturm bei den Ärzten. Manche müssen ins Krankenhaus, um sich stationär behandeln zu lassen. Bei der Brauerei fallen immer mehr Mitarbeiter aus.
Der Verdacht erhärtet sich, daß Wurst und Mett verdorben waren. Womit? Es dauert über zwei Wochen, bis erwiesen ist, daß es Trichinose ist, eine in unseren Breiten relativ seltene Krankheit. 412 Menschen haben sich infiziert, 275 von ihnen schwer. Doch die zuständigen Gesundheitsbehörden kommen mit ihren Ermittlungen nur schleppend voran.

Sie wollen zunächst nicht wahrhaben, was sich ereignet hat: eine furchterregende Massenepidemie . . .
Noch weniger verständlich wird ihr Verhalten durch die Tatsache, daß bereits im August, zwei Monate vor Bitburg, in einer anderen rheinland-pfälzischen Gegend, im Raum Trier, dieselbe Krankheit grassiert: Dort zeigen über zwei Dutzend Kunden eines Supermarktes gleichfalls deutliche Anzeichen von Trichinose, doch offiziell wird anfangs nicht reagiert. Erst durch das Bitburger Unglück aufgeschreckt, treten die Ämter in Aktion. Mehr schlecht als recht. Sie lassen sich Zeit.
Eine Riesenschlamperei. Endlich wird wenigstens ausgemacht, woher die Schmarotzer kommen: aus einer nahe gelegenen Großschlachterei, die das fadenwurmige Schweinefleisch an Metzger, Einzelhändler und Festveranstalter lieferte. Schuldhaftes Verhalten kann den Verarbeitungsbetrieben nicht nachgewiesen werden, denn die verwursteten Stücke wurden vorher vom Tierarzt untersucht. Und der hat nach eigenen Angaben unterm Mikroskop keine Wurmlarven erkannt. Kunstfehler des Veterinärs? Ein Ermittlungsverfahren wegen Amtspflichtverletzung, das gegen ihn angestrengt wird, verläuft im Sand. Gutachterliche Aussagen von höherer Warte mögen zur Einstellungsverfügung des Staatsanwalts beigetragen haben.
Die Klärung des finanziellen Teils der Schuldfrage dauert über zwei Jahre. Erst dann erkennt das Land Rheinland-Pfalz seine Verpflichtung zum Schadensersatz an, weil Trichinose in der Bundesrepublik relativ unbekannt sei und weil es dafür keine normale Schmerzensgeldtabelle gibt. (Der Kreis Bitburg-Prüm als zuständige untere Gesundheitsbehörde hat die Haftung allerdings schon zu einem früheren Zeitpunkt akzeptiert.)
Manche der Opfer werden womöglich zeitlebens unter den Folgen ihrer Erkrankung leiden. Sie klagen über Gliederschmerzen und Schwellung der Augenlider in periodischen Zeitabständen. Alle wurden (und werden zum Teil noch) medizinisch behandelt. Gegen Trichinose wird im allgemei-

nen das Medikament »Minzolum« verabreicht, das den Wirkstoff Tiabendazol (500 Milligramm pro Kautablette) enthält. Laut Roter Liste des Bundesverbandes der Pharmazeutischen Industrie kann Minzolum erhebliche Nebenwirkungen haben: Übelkeit, Erbrechen, Schwindelgefühl und Benommenheit. Bei Schwangerschaft, Nieren- und Leberschäden raten Ärzte von solcher Therapie ab.
Auf die lange Reihe der Kranken von Bitburg fällt noch ein trauriger Schatten: Einer von ihnen stirbt, der auch die verdorbene Wurst beim Betriebsfest aß. Ob mit der Epidemie ein unmittelbarer Zusammenhang besteht, ist aber nicht zu beweisen, weil man den Mann erst vier Tage nach seinem Ableben findet: »Die entsprechenden Untersuchungen konnten deshalb nicht mehr voll zum Ergebnis geführt werden«, steht in den Akten.

Das Beispiel Bitburg-Prüm deckt auf, was passieren kann, wenn Fleischkontrollen nur oberflächlich gehandhabt werden. Die Gesundheit vieler Menschen steht auf dem Spiel. Das gilt nicht weniger für einen Bereich mit Sonderrechten: die schändlich vernachlässigte Wildbrethygiene:
Die Öffentlichkeit nimmt kaum Notiz davon, daß heimisches Wild ebenso von heimtückischen Krankheiten befallen sein kann wie die Kreatur im Stall. Dennoch unterliegt es keiner zwingenden Fleischbeschau, die seltsamerweise erst dann vorgenommen werden muß, wenn äußerlich bedenkliche Merkmale festgestellt werden. Haben Jäger und Gastwirte etwa Röntgenaugen, wenn Bock und Hirschkalb nachts vom Landrover hinter den Schanktisch wechseln? Sind Fadenwürmer im Schwarzkittelschinken weniger riskant? Wohl kaum. Was man sich in dieser Grauzone der Lebensmittelkontrolle alles leisten darf, ist ohne Zweifel auf eine Gesetzeslücke zurückzuführen, die unverkennbar die Handschrift der Lobby trägt. Waidmannsheil: Welcher Landrat, Minister und Abgeordnete geht nicht auf die Jagd? Mit erschreckenden Untersuchungsergebnissen von Wildbret, die sich auf mehrere zurückliegende Jagdjahre bezie-

## Durch verseuchtes Hack und Mett: Trichinose

Diese schwere und gefährliche Infektionskrankheit wird durch die Larven des Fadenwurms (Trichinella spiralis) verursacht, eine Nematodenart. Der 1,5 bis vier Millimeter kleine Darmparasit kann durch den Genuß von rohem oder schlecht gekochtem Fleisch befallener Tiere auf Menschen übertragen werden.

Infektiös ist nur die in der Muskulatur des Schlachttiers (Haus- oder Wildschwein) eingekapselte Dauerform des Erregers. Die in der Bundesrepublik bekannt gewordenen Fälle werden meist auf verseuchtes Schweinefleisch zurückgeführt. Bereits 1877 wurde in Deutschland die Trichinenschau für Fleisch amtlich vorgeschrieben und die bis dahin sehr hohe Krankenrate erheblich gesenkt. Diese Untersuchung soll verhindern, daß befallene Ware für menschliche Ernährung in Verkehr gebracht wird. Ganz wurde die Trichinose nie ausgerottet.

Erhitzen über 70 Grad tötet den Erreger ab, dessen Larven sich im Darm auflösen oder im Muskelgewebe zystenartig festsetzen. Seine giftigen Stoffwechselprodukte bewirken die Krankheitserscheinungen: Anfangs Erbrechen, Leibschmerzen, erhöhte Körpertemperatur. Dann Schüttelfrost, Schwellung der Augenlider, harte Spannung der Muskulatur, Atemstörungen.

Nach etwa acht Wochen haben sich alle Trichinellen eingekapselt, nach sechs bis sieben Monaten verkalken sie im Gewebe. Damit klingen auch normalerweise die Krankheitserscheinungen langsam ab. In unbehandelten Fällen kommt es zu Herzmuskel-, Gehirn- und Lungenentzündung oder Kreislaufversagen. Wird die Krankheit dann überlebt (Angaben über tödlichen Verlauf liegen zwischen zwei und vier Prozent), können Spätschäden wie schwere Muskelstörungen zurückbleiben.

hen, wartet das schleswig-holsteinische Landwirtschaftsministerium im Oktober 1985 auf: Die ermittelten Werte für Schwermetalle und Organochlorverbindungen liegen zum Teil erheblich über den gerade noch zulässigen Höchstmengen. Die Bevölkerung darf das Fleisch der verseuchten Tiere unter gar keinen Umständen essen.
So weisen die Wildenten im Bereich der Unterelbe einen Durchschnittsgehalt von zwei Milligramm Hexachlorbenzol pro Kilo Fett bei Spitzenwerten von vier Milligramm auf, während 0,5 Milligramm unbedenklich wären. Hasenlebern enthalten Blei zwischen 0,8 und 4,9 Milligramm pro Kilo Frischgewicht (die Weltgesundheitsorganisation WHO nennt 3,5 Milligramm Blei als für Menschen gerade noch tragbare wöchentliche Aufnahmegrenze). In den Innereien der Tiere sind ferner erhebliche Spuren von Cadmium und Quecksilber.
Das Ministerium bezieht sich bei seinen Angaben auf mehr als 1500 Laborproben von Organteilen mit rund 19000 gewonnenen Einzelwerten. Untersucht wurden Hasen, Reh-, Dam-, Schwarz- und Rotwild sowie Wildenten und Wildgänse. Die Kieler Analysen alarmieren auch die übrigen Bundesländer, die den Analysen bei Wildbret nicht immer die nötige Aufmerksamkeit widmen. Jetzt läßt es sich nicht mehr leugnen: Im Wildfleisch lauert Gefahr.
In Zusammenhang mit der Grundsatzdebatte um die Fleischbeschau stellt sich zwingend die Frage nach einer wirksamen Hygieneverordnung auf Bundesebene. Die Bonner Arbeitsgemeinschaft der Verbraucher (AGV) fordert, daß die unterschiedlichen Verordnungen der Länder endlich vereinheitlicht werden müssen. Der Bürger hat einen Anspruch darauf, daß bei der Hygieneüberwachung überall in Deutschland der gleiche Maßstab angelegt wird und nicht jeder sein eigenes Süppchen kochen darf.
Im Herbst 1985 berät der Bundestag unter der Regie des Ausschusses für Jugend, Familie und Gesundheit den Entwurf einer Änderung des Gesetzes zur Fleischbeschau. Verbraucherverbände schauen mißtrauisch zu. Der vom

Bundesrat bereits abgesegnete Paragraph 4 im Gesetz, in dem personelle Sachfragen geregelt werden sollen, könnte zum Nachteil des Konsumenten umschlagen, wenn die examinierten Amtstierärzte einen Teil ihrer Kompetenzen an nichtstudierte »Laien« abgeben müssen. Der strittige Passus:

*»Die Durchführung der amtlichen Untersuchungen, die Überwachung von Fleischsendungen aus Mitgliedsstaaten sowie die Überwachung der vorgeschriebenen Mindestanforderungen in den Betrieben und der Vorschriften für die Beförderung von Fleisch ist Aufgabe der zuständigen Behörde und obliegt einem amtlichen Tierarzt. Dabei können fachlich ausgebildete Personen (Fleischkontrolleure) nach Weisung der zuständigen Behörde und unter fachlicher Aufsicht des amtlichen Tierarztes eingesetzt werden.*
*Der Bundesminister (für Gesundheit) wird ermächtigt, durch Rechtsverordnung mit Zustimmung des Bundesrats Vorschriften über die fachlichen Anforderungen zu erlassen, die an Fleischkontrolleure zu stellen sind, sowie die Tätigkeiten näher zu bestimmen, für die sie eingesetzt werden können, und die fachliche Aufsicht näher zu regeln.«*

Dies könnte – so ist zu befürchten – der erste Schritt sein, die Kontrolle von Fleisch (und anderen Lebensmitteln) in Zukunft großzügiger als heute den weniger qualifizierten Kräften zu überlassen. Wer könnte an einer Aufweichung des Überwachungssystems Interesse haben? Die Verbraucher am wenigsten. Die AGV schlägt Alarm:
Fleisch, so unterstreicht sie in einer eilig abgegebenen Stellungnahme, Fleisch sei »das einzige Lebensmittel, das vor dem Inverkehrbringen einer obligatorischen Untersuchung unterliegt«. Ausnahmen könnten lediglich für Hausschlachtungen gemacht werden, wenn es nur im Haushalt des Besitzers verwendet werden soll. Hintergrund dieser Regelung: Krankheiten der Tiere könnten durch Fleischgenuß auf Menschen übertragen werden. Außerdem könne Fleisch »gesundheitlich bedenkliche Rückstände von Tier-

arznei, Pflanzenschutzmitteln und Schwermetallen« enthalten. Deshalb müßten Aufsicht, Verantwortung und fachliche Kompetenz unbedingt beim Tierarzt bleiben.
Der Fleischkontrolleur könne dem Veterinär als Helfer lediglich »zuarbeiten« und ihm bei Untersuchungen assistieren. Klar erkennbare und wiederkehrende Veränderungen beim Fleisch könne er zwar nach gewisser Praxiserfahrung feststellen, jedoch keine komplizierteren Krankheitsbilder, für die man eine fundierte Ausbildung brauche. Hier dürfe man auf den Tierarzt nicht verzichten. Gesundheits- und Verbraucherschutz habe auf jeden Fall über personellen Absichten bei der Beschau von Fleisch und Schlachttieren zu stehen, verlangt die AGV.
Eine Fülle von Bestimmungen soll zwar die Qualität des Fleischs garantieren. Daß Paragraphen und Kontrollen immer ausreichen, um den Kunden vor gesundheitlichen Schäden, massiver Irreführung und Täuschung zu schützen, ist aber keinesfalls sicher.
Nach wie vor wird uns sogenanntes »PSE-Fleisch« von überzüchteten, streß- und krankheitsanfälligen Borstentieren aus mit Chemie vollgepumpten Beständen zugemutet. (PSE ist die Abkürzung für »pale, soft, exudative«; deutsch: blaß, weich, wäßrig.) Die daraus verbrutzelten Koteletts schrumpfen in der Pfanne auf traurige Reste zusammen und schmecken, wenn nicht mit viel Gewürz nachgeholfen wird, zum Erbarmen.
Immer wieder muß vor »Gewürzen« gewarnt werden, die wir nicht sehen: Nitrate oder Nitrite (Salze der Salpetrigen Säure), die über das Futter oder durch zugesetztes Pökelsalz in Hack und Braten gelangen. Durch die Bildung von Nitrosaminen (krebserzeugende Substanzen mit Nitro- und Aminogruppen) ist die Verwendung solcher Stoffe in höchstem Maß kritisch zu beurteilen und verdient weit mehr öffentliche Aufmerksamkeit als bisher. Regierung und amtliche Lebensmittelkontrolle könnten durch bessere Aufklärung hierzu einen Beitrag leisten, weil wir alle umdenken müssen: Erzeuger, Händler und Verbraucher.

## Apotheke im Schweinetrog: Rein-Raus-Methode

Fütterungsarzneimittel (FAM) spielen in der »tierischen Veredelungsindustrie« (Selbstbezeichnung der Hersteller) eine umstrittene Rolle. Veterinärmediziner kritisieren, daß damit in ihren eigenen Reihen zu großzügig umgegangen wird, wenn der Bauer dies verlangt. Manche der rezeptpflichtigen Mittel können zu Rückständen führen und damit — zum Beispiel über Fleisch- und Eierverzehr — für Menschen gesundheitsschädlich sein.

Als Zusatzstoffe zur besseren Futterverwertung sind unter anderem diese Antibiotika im Handel, für die es laut Futtermittelverordnung keine Abgabebeschränkung und nur in Einzelfällen Wartezeiten (keine Vermarktung zum Verzehr) gibt:

*Avoparcin* (für Ferkel, Schweine, Hühner, Masttruthühner); *Flavophospholipol* (Kälber, Rinder, Schweine, Legehennen); *Monsensin-Natrium* (Mastrinder); *Spiramycin* (Jungtiere, Truthühner, Geflügel außer Gänsen, Enten, Tauben); *Tylosin* (Ferkel, Schweine); *Virginiamycin* (Kälber, Ferkel, Schweine); *Zink-Bacitracin* (Kälber, Schweine, Legehennen); ferner als sonstige Zusatzstoffe für denselben Zweck *Carbadox* und *Olaquindox* (Schweine); *Nitrovin* (Ferkel, Schweine, Kälber, Hühner).

Die Arzneimittelvormischung »*S IV*« *(Pulver zum Vermischen mit Futter) soll bei Schweinen zur vorsorglichen Behandlung bei Streß, Schnüffelkrankheit, Schweinehusten und Darmkrankheiten verwendet werden. Handelsübliche Packungen (2,5 Kilo) enthalten die Wirkstoffe Chlortetracyclinhydrochlorid, Sulfamidin, Furacolidon* (150 Gramm) und *Arsanilsäure.*

In der Produktinformation wird »Mastbetrieben, die nach der Rein-Raus-Methode arbeiten«, zusätzlicher Einsatz weiterer Arzneivormischungen wärmstens empfohlen.

## »Untersucht wird mit Auge und Messer« Tempo, Tempo: Nur 2 Minuten fürs tote Schwein

In »modernen« Geflügelschlachtereien werden stündlich 5000 Hähnchen geköpft, gerupft und ausgenommen. Solche Massentötung am Fließband ist nur möglich, weil die »Allgemeine Verwaltungsvorschrift zur Regelung der Schlachttier- und Fleischbeschau« (AVV) beim Federvieh nicht gilt.

Für anderes Schlachtvieh legt sie dagegen Höchstuntersuchungszahlen verbindlich fest. Sieben Minuten soll der Beschauer beim toten Rind, vier beim Kalb und nur zwei beim Schwein verbringen.

Weil die Technologie des zeitgemäßen Schlachtens stetig weiterentwickelt und gleichzeitig Kostensenkung angestrebt wird, drängen interessierte Wirtschaftskreise auf eine Anhebung der Höchstuntersuchungszahlen (pro Veterinär 56 Rinder oder 100 Kälber oder 200 Schweine am Tag) und auf einen totalen Wegfall der »AVV«. Dies könnte zur Folge haben, daß der Verbraucher in Zukunft mehr Salmonellen, Trichinen und Bandwürmer ißt.

Vor allem beim Schlachtschwein soll der Beschauer künftig noch schneller vorankommen, wenn er bei seinen Gesundheitstests bestimmte Lymphknoten (Indiz für manche Krankheiten) entgegen der jetzigen Praxis nicht mehr anschneiden muß. Auch hier geht es nur um Wettbewerbsvorteile: Zeit ist Geld.

Auch wird der Rat der Europäischen Gemeinschaft (in Zusammenhang mit den seit 1983 geänderten Richtlinien für Frischfleisch) massiv bedrängt, die Trichinellen-Untersuchungen ganz abzuschaffen: Dänemark, Holland und Großbritannien behaupten steif und fest, sie seien vollkommen frei von diesem Parasiten, was allerdings nur mit Statistiken schwer zu beweisen ist. Erstaunlicherweise set-

zen sich sogar in der Bundesrepublik – trotz der alarmierenden Vorfälle von Rheinland-Pfalz (412 Trichinosekranke allein in Bitburg) einflußreiche Kräfte für diesen Rückschritt ein. Werden sie sich durchsetzen?
Experten warnen: Der Parasit sei in Deutschland (und sicher nicht nur hier) weit stärker verbreitet, als allgemein angenommen. Man könne davon ausgehen, daß sich viele Menschen beim Genuß von rohem Hackfleisch infizieren: 70 bis 75 Larven reichen bereits aus, um eine Infektion mit klinischen Symptomen zu verursachen. Hinzu kommt, die Untersuchungsmethoden sind längst noch nicht abgeklärt. Bei Schweinen mit einem Befall von 400 Larven pro 100 Gramm Schultermuskulatur kann die Krankheit mit Hilfe der üblichen mikroskopischen Verfahren nur sehr unsicher erkannt werden. Mit anderen Worten: Bei Haus- und kleineren gewerblichen Schlachtungen wird manches Seuchenschwein als urgesund eingestuft, weil der Beschauer weder nötiges Rüstzeug noch Wissen hat.
Auf dem Land und in weniger modern ausgestatteten Betrieben wird nach wie vor mit dem lichtmikroskopischen Nachweisverfahren gearbeitet. Ein Sprecher des Bundesgesundheitsamtes: »Hier scheint die gebotene Gewissenhaftigkeit zuweilen nachgelassen zu haben.« Bei dieser Methode sollen 14 haferkorngroße Stückchen aus den Zwerchfellpfeilern begutachtet werden. Pro Tierkörper ist dabei eine Untersuchungszeit von mindestens drei Minuten vorgeschrieben. Bei 1000 Schlachtschweinen täglich müßten also in einem solchen Betrieb bis zu 16 Trichinenbeschauer eingesetzt werden. Wer hat die schon?
Fortschrittlicher ist die Digestions- oder Verdauungsmethode, die sich immer mehr durchsetzt und auf längere Sicht von örtlichen Zentrallabors übernommen werden dürfte. Bei dieser Technik werden Sammelproben künstlich verdaut, um die Parasiten rascher und mit optimaler Sicherheit nachzuweisen. In 70 Minuten bis zu 100 Tiere, wobei pro Tier ein Gramm (statt 0,2 Gramm in der Trichinoskopie) analysiert werden muß. Der Vertreter eines Veterinärärzte-

verbandes: »Seitdem entdecken wir wieder mehr Trichinen in Deutschland.«
Der Verdacht, daß in der Bundesrepublik weit mehr Menschen vom Fadenwurmbefall betroffen sind, als allgemein angenommen wird, stützt sich auf die Erkenntnis, daß die meldepflichtigen Tierseuchen (Zoonosen) in den letzten Jahren angestiegen sind. Viele Infektionen werden aber nach dem heute vielfach noch praktizierten System der »Fleischuntersuchung mit Auge und Messer« erst gar nicht erkannt. Statistiken hinken, die Veterinäre sind teilweise auf Schätzungen angewiesen. Um Abhilfe zu schaffen, sollen mehr Leichen von Verstorbenen seziert werden, bei denen Verdacht auf Erreger besteht. In Bonn denkt man über diesen Vorschlag aus dem Bundesgesundheitsamt nach.
Die Gesundheitsbehörden sehen sich mit einer Situation konfrontiert, die immer problematischer wird: Nutztiere werden auf engem Raum gehalten, um zwar mit modernen Methoden, aber doch geringem Aufwand mehr Profit zu bringen. Das leistet der Verbreitung von Infektionserregern Vorschub. In erster Linie gilt dies für die Geflügel- und Mastschweinhaltung. Es ist deshalb höchste Zeit für eine durchgreifende Reform der Schlachttier- und Fleischuntersuchungen, wenn der Verbraucher nicht weiter das Nachsehen haben soll.

*Veterinär bei der Arbeit: »Seitdem entdecken wir wieder Trichinen.«*

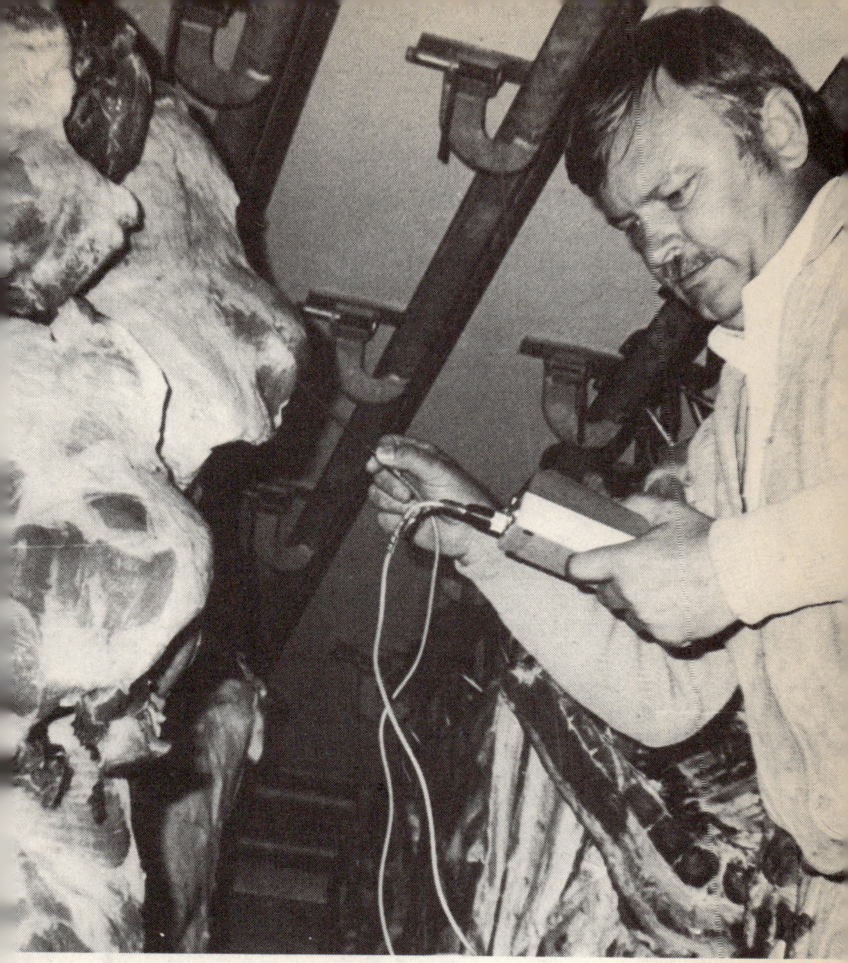

## Eine Seuche namens »Pseudowut« (Aujeszkysche Krankheit)

Die »Aujeszkysche Krankheit«, die vor allem Schweine, aber auch Rinder, Hunde, Katzen und andere Tiere befällt, wurde erstmals 1902 in Ungarn als Seuche erkannt und wegen ihrer Besonderheiten von Tollwut unterschieden. Daher der zweite Name: »Pseudowut«, die in der medizinischen Literatur als Entzündung von Rückenmark und Gehirn (Encephalomyelitis) beschrieben wird. In den letzten Jahren hat sie sich in mehreren Ländern der EG stark verbreitet.

Der Erreger der »AK« stammt aus der rund 40 verschiedene Viren zählenden Herpes-Gruppe und ist nach heutigen Erkenntnissen als einzige Ausnahme dieser Familie nicht wirtspezifisch: das Herpesvirus suis. Sein Infektionsspektrum umfaßt beinahe sämtliche Säugetierarten. Beim Menschen sind bisher nur einzelne Fälle bekannt, die relativ harmlos verliefen: Die Krankheit macht sich bei ihm durch kurzfristiges Auftreten von Juckreiz der oberen und Schwäche der unteren Gliedmaßen sowie durch Mattigkeit und Schlaflosigkeit bemerkbar. Da diese Fälle laut Statistik nur bei veterinärmedizinischem Personal auftraten, spricht man von Laborinfektion.

Natürlicher Wirt für das AK-Virus ist das Schwein, das auf folgenden Wegen wieder zur Infektionsquelle werden kann: über Sekrete (vor allem aus Nasen-Rachen-Raum), Milch, Urin und bei unsachgemäßer Beseitigung toter Tierkörper. Verschleppt wird die Seuche in erster Linie über den Tierhandel. Ratten gelten als besonders gefährliche Überträger der »Aujeszkyschen«.

Meist ist es unter europäischen Bedingungen bisher gelungen, die Krankheit in stark betroffenen Gebieten nach gewisser Zeit wieder durch Impfungen einzudämmen. In Deutschland sind drei Impfstoffe zugelassen.

## Schnitzel aus verpesteten Ställen: »Es hat sich noch kein Kunde beschwert«

Ein tristes Bild bietet sich im Frühjahr 1985 auf vielen deutschen Bauernhöfen: Apathische Schweine torkeln durch die Ställe und wälzen sich im Stroh. »Grippeähnliche Symptome, Freßunlust und Gleichgewichtsstörungen«, stellt der herbeigerufene Tierarzt fest. Alarmsignale für eine Seuche, die ursprünglich vereinzelt aus benachbarten EG- und Ostblockländern nach Deutschland eingeschleppt wurde, jetzt aber immer heftiger um sich greift. Rinder, Hunde und andere Tiere werden ebenso befallen.

Es ist die »Aujeszkysche Krankheit«, auch »Pseudowut« genannt (nicht zu verwechseln mit der Schweinepest). Sie wird durch ein Virus (herpes porcines) übertragen und dehnt sich zunächst in Schleswig-Holstein, Nordrhein-Westfalen, Niedersachsen und Hessen aus. Die Aufsichtsbehörden sind ratlos: Der rasche Trend nach Süden ist anscheinend nicht einmal durch massive Impfaktionen aufzuhalten; dabei gibt es sowieso kaum einen Stall, in dem nicht ständig gespritzt und kübelweise Arznei in die Tröge geschüttet wird.

Die AK-Impfungen schaffen neue Probleme: Hunderttausende der mit einem mineralölhaltigem Serum behandelten Tiere leiden nach den Injektionen unter Nackengeschwüren. Was man nicht für möglich halten sollte: Sie werden dennoch geschlachtet und kommen in die Metzgerläden. Niedersächsische Gesundheitsbehörden zeigen sich »überrascht, daß sich noch kein Verbraucher beschwert hat«. Kunststück: Nur die Bauern und Schlachter sehen die eitrigen Stellen im Muskelfleisch. Der Kunde erhält es höchstens in der Wurst.

Amtliche Stellen schätzen den bisherigen Schaden durch die Seuche in der Bundesrepublik auf 60 bis 70 Millionen DM, wovon mindestens 50 Prozent zu Lasten der Steuerzahler

gehen, weil die Viehzüchter im allgemeinen nur zur Hälfte durch ihre Versicherungen entschädigt werden. Für die andere Hälfte muß laut Gesetz der Staat aufkommen.
Das Land Hessen hat bereits bittere Erfahrungen sammeln müssen: 4500 Schweine und Rinder verendeten entweder an der Infektion oder mußten wegen Ansteckungsgefahr getötet und dann in Spezialöfen verbrannt werden. Jetzt läßt die Regierung an alle Landwirte Merkblätter zur Vorbeugung und Ersten Hilfe verteilen. Für befallene Bestände gibt es nur die totale Ausmerzung mit anschließend wochenlanger Quarantäne der Ställe.
Unzählige Tiere, die nach Meinung der Kontrolleure und auch der Bauern nur ansteckungsverdächtig sind, werden notgeschlachtet. Mancher Landwirt, der kein Aufsehen erregen möchte, setzt von sich aus schnell den Bolzenschußapparat an.
Das Fleisch dieser Tiere müßte – wenn es mit rechten Dingen zuginge – in jedem Fall als Freibankangebot deklariert und nur in gekochtem Zustand vermarktet werden. Offiziell ist zu hören, daß es dafür ja eigens zugelassene Billigläden gebe, die mit Dosen- und Wurstware aus Notschlachtungen vor allem sozial schwache Zielgruppen ansprechen. Rege Nachfrage, so wird behauptet, bestehe bei Arbeitslosen, Rentnern und karitativen Einrichtungen, weil die nur auf den Preis achteten und sich selten für die genaue Herkunft interessierten.
Doch Journalisten finden bei einer bundesweiten Umfrage heraus, daß dies nicht stimmen kann. Soviel Fleisch, wie angeblich aus den Massenschlachtungen kommen müßte, taucht nirgendwo auf. Altenheime, Behindertenanstalten und Kliniken wehren ebenfalls ab: Niemals würden sie solche Ware kaufen. Wo also bleibt der angebliche Freibankpreisschlager wirklich?
Endlich lassen einzelne Behörden die Katze aus dem Sack: Nun ja, es stimme schon, daß es nicht überall mit rechten Dingen zugehe. Hier und da, das wisse man, werde krankes oder gefährdetes Vieh schon mal unter der Hand zerlegt und

unter die Leute gebracht. Direkt vom Hof und dann vermutlich als landecht frisch. Erwischt wird dabei keiner ...
Neugierige Presseleute wehrt man beruhigend ab: Die illegalen Verkäufe seien mehr ein hygienisches Problem. Gesundheitsgefahr für Menschen bestehe durch die »Aujeszkysche« im allgemeinen nicht: Der Erreger übertrage sich nur direkt von Tier zu Tier oder über verseuchtes Futter. Mit einer Einschränkung: Experimentell sei nachgewiesen worden, daß das Herpes-Virus beim Menschen Ermüdungserscheinungen und allergische Hautreaktionen hervorrufen könne. Eine gewisse Vorsicht sei schon angebracht ...

Verheerende Verluste verursacht auch die zweite Seuche, die vielerorts grassiert: die Europäische Schweinepest, eine Virus-Krankheit. In den Jahren 1983 bis 1985 dürften in bundesdeutschen Mästereien über 600000 der insgesamt 24 Millionen registrierten Tiere daran krepiert sein. Die dadurch entstandenen Kosten werden auf 110 Millionen Mark geschätzt, plus 35 bis 40 Millionen Impfkosten.
Einer der bisher folgenschwersten Fälle: Anfang 1985 fallen der Pest in einem niedersächsischen Betrieb 11000 Zuchtsauen zum Opfer, und weil dafür ein Versicherungsschaden von mehreren Millionen Mark geltend gemacht wird, schaltet sich vorsorglich die Oldenburger Staatsanwaltschaft ein, um wegen Betrugsverdachts zu ermitteln.
Das nordrhein-westfälische Landwirtschaftsministerium ist unzufrieden mit der Moral seiner Landwirte: »Oft wird zunächst versucht, eine Eigenbehandlung mit Hilfe des illegal vorhandenen Arzneischranks durchzuführen. Der Hoftierarzt wird erst zugezogen, wenn diese Selbsthilfe fünf bis acht Tage nichts erbracht hat. Dem Veterinär wird dann die bereits erfolgte illegale Antibiotika-Anwendung in der Regel verschwiegen. So kommt es schließlich erst nach ein oder zwei Wochen zur Anzeige des Seuchenverdachtes.«
Das niedersächsische Landwirtschaftsministerium droht zu Lasten der Schweinehalter weitere Exportverbote an, wenn

die Pest nicht endlich durch vorbeugende Impfungen aller Tiere wirksam bekämpft wird. Seiner Meinung nach greifen die Veterinäre nicht konsequent genug durch. Sie müßten es allein schon deswegen, weil diese Seuche auch Menschen gefährlich werden kann: Durch den Fleischverzehr kann man sich infizieren und an paratyphöser Gastroenteritis (gleichzeitige Schleimhautentzündung von Magen und Dünndarm) erkranken.

An der Misere in Deutschlands Schweineställen sind die Verbraucher nicht ganz unschuldig: Weil sie bei einem durchschnittlichen Pro-Kopf-Verzehr von jährlich fast einem Zentner Schweinefleisch nur noch magere Ware haben wollten, wurde in den sechziger Jahren das fettarme, superschlanke Langschwein eingeführt, auch »Torpedoschwein« genannt. Überaus anfällig für Streß und -zig Gebrechen, wird es in zirka 100 Tagen unter Anwendung aller züchterischer und pharmazeutischer Tricks schlachtreif gemacht.

Gegen diese Entwicklung kämpfen zunehmend alternative Landwirte an. Dabei kommen ihnen beachtliche Zuchterfolge der Bayerischen Landesanstalt Grub bei München zugute: Kaum bemerkt von der breiten Öffentlichkeit, wuchs dort (sowie an einigen anderen Stellen in der Bundesrepublik) inzwischen eine relativ gesunde neue Rasse heran. Sie könnte eines Tages sogar zum Exportschlager für die Weiterzucht in Entwicklungsländern werden.

Und sie hat alle Chancen, dem alten deutschen Hausschwein zumindest in kleineren privaten Ställen zum Comeback zu verhelfen. Dessen Schnitzel dürften dann allerdings nicht nur schmackhafter, sondern auch etwas teurer sein.

*Stuttgarter Wirtschaftspolizisten: Viele Beanstandungen bei Fleisch und Wurst.*

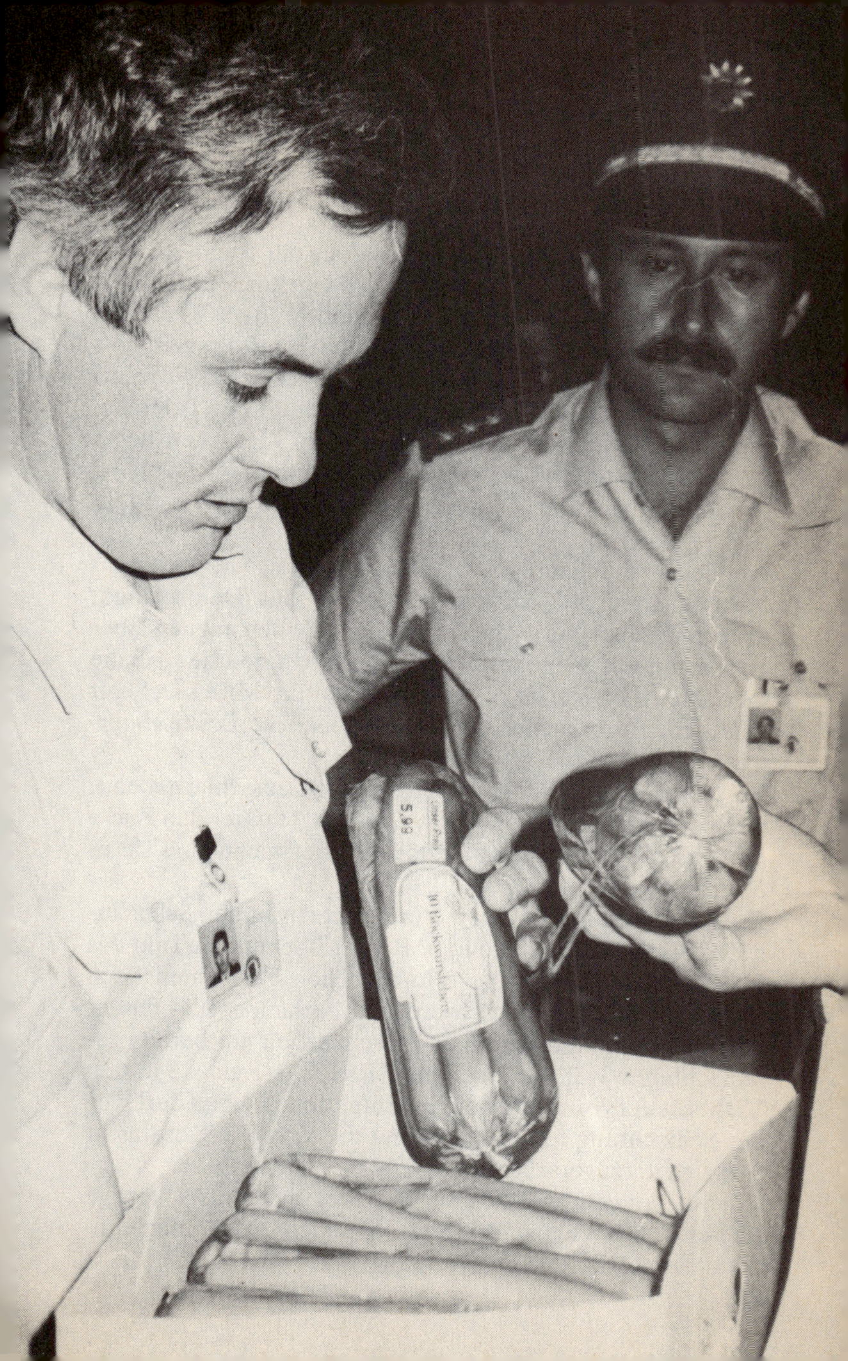
Unser Preis
5.99

## Mit total ausgemergelten Gummiadlern ist halt kein Frikassee zu machen

Schlechte Noten stellen Wissenschaftler der Bundesanstalt für Fleischforschung in Kulmbach den von ihnen untersuchten Proben von Hackfleisch, Brat- und Mettwurst aus: Im Jahresdurchschnitt beobachten sie bei fünf Prozent der Tests Salmonellenbefall, im Sommer sogar bei 23 Prozent, wenn auch die Zahl der Erreger meist unter der Toleranzgrenze für akute Krankheitsgefahr beim Menschen liege. Doch die Bakterien können sich rasch vermehren, wenn die Produkte ungekühlt gelagert werden. Dann ist das Infektionsrisiko groß.
Ähnliches ist im Herbst 1985 zu hören, als sich in Garmisch-Partenkirchen 500 Veterinärmediziner aus Deutschland, Österreich und der Schweiz zu einer Arbeitstagung über Lebensmittelhygiene treffen. Weiter kritisieren sie, daß die Gerichte »bei Verstößen wie Antibiotika-Mißbrauch oft eine dem Verbraucherschutz nicht dienliche Position vertreten«.
Bei der Urteilsfindung sei immer noch ausschlaggebend, welches Medikament die schwarzen Schafe unter den Züchtern ihren Tieren illegal einflößen, aber nicht, daß sie es überhaupt tun.
Ernste Sorgen macht den Veterinären das in den Schlachthöfen diktierte Arbeitstempo: Beim 15-Sekunden-Takt des Fließbandes könnten die erforderlichen Test kaum noch vorschriftsmäßig gemacht werden. Überhaupt sei es falsch, Lebensmitteluntersuchungen ausschließlich am bereits geschlachteten Tier vorzunehmen. Richtig sei es, sie in den Viehbestand vorzuverlegen, um Infektionen schon dort, vor der Schlachtung festzustellen und die kranken Tiere nicht mehr weiterzuverarbeiten.
Ebenso unverantwortlich sei die bisherige Praxis, fertige Fleisch- und Wurstwaren erst im Laden zu begutachten.

Denn wenn verseuchte Wurst einmal am Tresen liege, sei das Unglück meist schon passiert.
Kompromißlos prangert der Deutsche Verbraucherschutzverband (Wiesbaden) angesichts der Zunahme von Lebensmittelvergiftungen die Zustände in der Nahrungshygiene an, die man nicht allein dem Bürger anlasten könne. Als Beispiel nennt der Verband die bakteriologische Qualität von Bouletten und Bratwürsten in Schnellimbissen, die »in den meisten Fällen mehr als zweifelhaft« sei. 25 Prozent der kontrollierten Lebensmittel müßten durchschnittlich beanstandet werden. Ungeheure Mengen würden aus dem Verkehr gezogen und vernichtet, »weil sie aufgrund unsachgemäßer Lagerung, unhygienischer Verhältnisse etc. verdorben und zum menschlichen Verzehr nicht mehr geeignet sind«.
Der DVS: Ein unvorstellbarer volkswirtschaftlicher Schaden. »Hier müßte das Verursacherprinzip zur Anwendung kommen, das heißt: Wer für die Genußuntauglichkeit von Lebensmitteln verantwortlich ist, der muß auch die Folgekosten tragen.«
Gerade bei Fleisch und Fleischerzeugnissen werde dem Verbraucher in puncto Hygiene zuviel zugemutet: »Nicht genug damit, daß Fleisch seinen typischen Geruch und Geschmack verloren hat! Es werden auch vermehrt Geschwülste, Parasitenbefall, Blutvergiftungen, Verunreinigungen und Infektionen mit Abszeßbildung festgestellt.«

In zehn Jahren habe die Zahl der Schweineschlachtungen um 47 Prozent zugenommen, die Beanstandungen genußuntauglicher Schweine aber um sage und schreibe 121 Prozent. Zurückzuführen sei dies vor allem auf Umzüchtungen und die moderne Massentierhaltung. »Diese unwürdige Form der Tierhaltung sowie die sich daraus ergebende Massenschlachtung und Massenverarbeitung« begünstigten auch die Ausbreitung von Infektionen. Importfutter aus anderen Ländern sei häufig verunreinigt und mit Krankheitserregern verseucht.

Der DVS hat auch etwas gegen eine Privatisierung der Schlachthöfe: »Diese Betriebe arbeiten natürlich nach dem Prinzip der Wirtschaftlichkeit und Gewinnmaximierung. Hygiene fällt dabei, soweit sich das irgendwie mit bestehenden Vorschriften vereinbaren läßt, vielfach unter den Tisch.«
Dann die Fleischbeschauer: Schon jetzt hätten sie häufig nur ein paar Sekunden Zeit, um sich ein Bild über die Qualität und Genußtauglichkeit der Ware zu machen und ihren Stempel aufzudrücken.
»Die Zeit für die amtlichen Untersuchungen, ursprünglich eingerichtet zum Schutz der Verbraucher, wird nicht mehr von den hygienischen Notwendigkeiten, sondern von der Geschwindigkeit der Fließbänder im Schlachtbetrieb bestimmt. Die Fleischbeschau entartet damit zu einer bloßen Symbolhandlung.«
Die Wiesbadener Verbraucherschützer fragen, wie sich das alles mit dem hoheitlichen Auftrag der hierfür zuständigen Veterinäre vereinbaren lasse, »bei der Schlachttier- und Fleischbeschau im Rahmen des Möglichen alles zu tun, um gesundheitliche Gefahren vom Verbraucher fernzuhalten, Tierseuchen zu erfassen und deren Ausbreitung entgegenzuwirken sowie Fleisch mit erheblichen Qualitätsmängeln vom freien Verkehr auszuschließen«? Das Vertrauen in ein amtliches Gütesiegel werde schamlos ausgenutzt.
Nach Auffassung des DVS trifft das ebenso für Geflügel zu, »das ein Gütesiegel erhält, obwohl es fast immer mit Salmonellen verseucht ist«. Schuld an diesem Zustand sei auch hier die Massentierhaltung mit allen ihren Begleiterscheinungen. Beim »Gegenstrom-Tauchkühlverfahren«, das die meisten Hähnchenschlachtereien anwenden, würden Salmonellen gleichmäßig auf verarbeitete Tiere verteilt.
Verhindern könne man das nur durch Aussonderung salmonellenverseuchter Tiere bei der amtlichen Untersuchung. »Aber das schafft kein Veterinär, der – wie es heute üblich ist – 5000 Tiere pro Stunde kontrolliert«, meint der DVS und fragt: »Wo ist da die Kontrolle?«

## Zigtausend Kranke jährlich: Salmonellen frei Haus

Diese meist beweglichen Kurzstäbchenbakterien können Typhus, Paratyphus und Enteritis (Darmwandentzündung) verursachen und werden deshalb »TPE -Gruppe« genannt. Salmonellen, von denen es mehrere Arten gibt, sind für Mensch und Tier ausnahmslos pathogen (Krankheitserreger). Sie produzieren organische Giftstoffe (Endotoxine), die wärmeunempfindlich sind und erst bei Zellauflösung frei werden. Außer Entzündungen, Brechdurchfall und Fieber können Gefäßveränderungen und Aktivierung der Blutgerinnung die Folge sein. Ärztliche Behandlung ist unerläßlich.

Salmonellenvergiftungen sind häufig Massenerkrankungen von Personen, die gleiche Mahlzeiten (Gemeinschaftsverpflegung) eingenommen haben. Als Krankheitsquellen kommen praktisch alle verdorbenen Lebensmittel in Betracht, speziell Fleisch- und Wurstgerichte, Wild, Geflügel (Tiefkühlhähnchen), Enten-, Gänse-, Taubeneier, Salate (vorgefertigter Kartoffelsalat), Fisch, Hummer, Krebse, Austern, Käse, Süßspeisen, Speiseeis.

In der Bundesrepublik erkranken nach Mitteilung des Bundesgesundheitsministeriums jährlich rund 40000 Menschen an Salmonellose, davon 60 bis 70 (1980: 117) mit Todesfolge. Die tatsächliche Zahl der Erkrankungen dürfte jedoch wesentlich höher liegen. Am stärksten betroffen sind bei Vergiftungen Säuglinge, Kleinkinder und ältere Menschen. Nicht jedes Salmonellenvorkommen führt gleich zur Infektion. Man kann die Bakterien unbemerkt aufnehmen und wieder ausscheiden.

Es ist für den Laien schwer, eine Salmonellenverseuchung selbst zu erkennen. Wichtigste Vorbeugungsmaßnahme: Gute Hygiene im Haushalt und ausreichend gegarte Speisen.

Lebensmittelhygiene müsse als Teil der Gesundheitsvorsorge einen höheren Stellenwert erhalten. Nur durch gemeinsame Anstrengungen des Verordnungsgebers, der Überwachungsorgane, Futtermittelindustrie, Lebensmittelwirtschaft, Gemeinschaftsverpflegung und der privaten Haushalte seien die Probleme zu lösen. Deshalb diese Forderungen: Verschärfte und bundeseinheitliche Hygienebestimmungen; intensivierte, wirksamere Überwachung und Kontrolle; zentrale Untersuchungsstellen, »die personell und apparativ optimal ausgerüstet sind«; Verlängerung der Mindestuntersuchungszeiten bei der Fleischbeschau; Verbesserung der bakteriologischen Bestimmung krankheitserregender Keime (besonders bei der Trichinellen-Diagnostik); Verpflichtung zur Lebendbeschau vor der Schlachtung, um den Ausbruch von Seuchen rechtzeitig feststellen zu können; behördliche Erfassung von Krankschlachtungen; Entwicklung alternativer Schlachtmethoden bei Geflügel zur Vermeidung der Salmonellenausbreitung.
Eine lange Wunschliste, die nur zu berechtigt ist. Im September 1985 sorgt ein Geflügelschlachter im Raum Erlangen für neue Aufregung ums Suppenhuhn: Eine aufgebrachte Kölner Hausfrau teilt ihm in einem geharnischten Beschwerdebrief mit, daß ihr Tiefkühlhuhn aus dem Supermarkt eigentlich nur ein ganz elender Gummiadler sei. So zäh, daß sie ihn selbst durch andauerndes Kochen nicht habe weichkriegen können. Für Frikassee, wofür sie ihn eingekauft habe, absolut unbrauchbar. Die Reklamation landet beim Chef der Geflügelmästerei, der ihr wörtlich zurückschreibt:

*»Lassen Sie sich einmal von uns sagen, daß ein Suppenhuhn stets ein Abfallprodukt darstellt. Nach einer Legezeit von 300 oder 500 Tagen, je nachdem, ob die Tiere einmal durchgemausert werden oder nicht, werden dann diese, soweit sie noch leben und nicht krank sind, geschlachtet. Diese Tiere sind dann ein total heruntergemergeltes Wirtschaftsgut, welche in der Regel nur noch für eine Suppe zu verwerten sind.«*

Als er daraufhin von Verbraucher- und Tierschützern angegriffen wird, erklärt der Unternehmer, was er unter »Abfallprodukt« versteht: Für Spottpreise pro Suppenhuhn könne man eben keine erstklassige Fleischqualität erwarten, da müsse man schon mit einem Gummiadler vorliebnehmen. Damit macht er die Öffentlichkeit erst richtig darauf aufmerksam, wie in einer Geflügelmästerei lebendiges »Wirtschaftsgut heruntergemergelt« wird...
Die Firma, in der jährlich außer vier Millionen Suppenhühnern noch 1,8 Millionen Hybrid-Enten vermarktet werden (nach eigenen Angaben benötigt sie dafür Antibiotika im Wert von fast 100000 DM), gerät immer mehr in die Schußlinie. Die Vorwürfe gipfeln in groben Verstößen gegen gesetzliche Bestimmungen, so daß ein gerichtliches Nachspiel unausweichlich scheint. Tierschutzverbände möchten mehr Platz für die Hühner und Enten erzwingen (denen in ihren fensterlosen Boxen das Wasser zum artgerechten Schwimmen fehlt) und bessere Hygieneverhältnisse.
Nachbarn der Mästerei empören sich über ständige Geruchsbelästigung und über die Tötungsmaschinerie: Kopfüber würden am Fließband Hühner und Enten bei vollem Bewußtsein am Haken aufgehängt, »ehe ein Stromstoß sie betäubt und ihnen Automatikmesser die Hälse durchtrennen«. Eine Methode, die allerdings in solchen hochtechnisierten Betrieben allgemein üblich ist und von den Behörden unverständlicherweise so gebilligt wird. Kein einziges Amt regt sich darüber auf...
Es gibt zur selben Zeit noch mehr Ärger in der bayerischen Geflügelhaltung: In Freising stehen die beiden Geschäftsführer einer Schlachterei und Mästerei vor Gericht, denen der Staatsanwalt vorsätzliche und gemeinschaftliche Verstöße gegen Hygienebestimmungen vorwirft.
Im Lauf des Verfahrens wendet sich das Blatt zugunsten der Angeklagten. Es stellt sich heraus, daß der Schuldvorwurf nicht nur sie, sondern auch die Tierärzte trifft, die es mit der Fleischbeschau wohl nicht so genau genommen haben. Die

Veterinäre – so können die Firmeninhaber belegen – hätten längst nicht alle Hähnchen beim Schlachten untersucht. Kontrollmarken seien recht großzügig (einmal auf ein krebskrankes Huhn) aufgeklebt worden. Manchmal hätten die Mediziner die Metzgerei selbst während der Produktion einfach verlassen. Darüber habe es zwischen ihnen und den Firmenbesitzern heftigen Streit gegeben. Einer der Fleischbeschauer besitze nicht einmal das nötige Gesundheitszertifikat für die Ausübung seiner Amtshandlungen. Man habe die Lebensmittelreferenten beim Landratsamt über diese Schlamperei eingehend informiert.
Dem Richter bleibt daraufhin nichts anderes übrig, als das Verfahren wegen zu geringer Schuld der Angeklagten einzustellen, die noch einmal mit einer angemessenen Geldbuße davonkommen. Jetzt werden die Tierärzte von den beiden verklagt.

## Bodybuilding in der Kälberbox: Hormon-Cocktails aus dunklen Quellen

Mit Hormonen gehen Kriminelle auf dem Fleischmarkt wie die Barmixer um. Daher der Name: Hormon-Cocktails. Sie werden trotz strengem Verbot in der deutschen Tiermast immer wieder gespritzt, vor allem bei Kälbern, Schweinen und Geflügel. Die Rechnung geht auf: Ein Kalb, das mit diesen hochwirksamen Konzentraten vollgestopft wird, kann man fast wachsen sehen. Ein normal gefüttertes Jungtier nimmt am Tag etwa ein Kilo zu und ist ewig hungrig. Mit Hormonen setzt es mindestens anderthalb Kilo an und braucht weniger Futter. Hormone machen satt und schaffen dicke Muskeln. »Das ist wie Bodybuilding im Stall«, sagen Lebensmittelfahnder.

Immer wieder gab es in den vergangenen Jahren bei uns Hormonskandale, so daß die meisten Verbraucher sich angewöhnt haben, einen Bogen um Kalbfleisch zu machen, an dem blendend verdient wird. Obgleich die Prozeßlawine gegen Betrüger abflaut und der Fleischerverband aufatmet, die Leute hätten den Östrogenschock langsam verdaut – der Schein trügt. Es wird weiter mit Hormonen in den Ställen gepanscht. Landwirte, Futtermittelhändler, auch Tierärzte panschen mit.

Anfang 1985 wendet sich die Bonner Arbeitsgemeinschaft der Verbraucher (AGV) mit dieser Erklärung an die Öffentlichkeit: »Wer als Verbraucher ganz sichergehen will, kein Hormonfleisch zu essen, sollte auf den Kauf von Kalbfleisch vorläufig verzichten. Trotz der Sorge und Unsicherheit vieler Verbraucher ist die Verwendung von natürlichen und sogar künstlichen Hormonen in der EG noch nicht verboten. In der Bundesrepublik sind sie als Masthilfe zwar untersagt. In Großbritannien und Frankreich aber ist eine derartige Dopingpraxis erlaubt, und die Grenzen innerhalb der Gemeinschaft sind offen.« Frankreich habe kürzlich

sogar künstliche Hormone ausdrücklich zur Kälbermast zugelassen. Die Stellungnahme der AGV kommt einem Boykottaufruf gleich. Sie hat einen guten Riecher.
Denn es zeigt sich wieder einmal, daß auch die Deutschen bei der Kälbermast Dreck am Stecken haben, nicht nur die Nachbarn. Die Aachener Staatsanwaltschaft will gegen mehrere Dutzend Schlacht- und Mastbetriebe vorgehen, die im dringenden Verdacht stehen, ihre Bestände mit Hormon-Cocktails aufzupäppeln. Wie es aussieht, werden Kälber mit Östrogenen und Gestagenen nur so vollgestopft, um schnelles Geld zu bringen.

Wieder mal führen Spuren nach Holland. Dort sollen illegale Herstellerfirmen ein europaweites Vertriebsnetz aufgebaut haben, mit Hauptabnehmern in Belgien, Frankreich, Italien und Deutschland. Sie müssen über erstklassige Kenntnisse aus der Pharmazie verfügen; sonst wären ihre Mittel am lebenden Objekt nicht so schwer auszumachen. Ihre Hintermänner sitzen in der Veterinärmedizin und im Futtermittelhandel. Einer schanzt dem anderen heiße Ware zu, und alle profitieren bestens.
Die gefährlichen Mixturen werden in Flaschen und Ampullen abgefüllt. Bei größeren Bestellungen werden sie in neutralen Paketen oder unter harmlosen Markenbezeichnungen geliefert. Bauern nennen das gelbe Zeug – das übrigens krebsverdächtige Rückstände im Fleisch hinterläßt – »Apfelsaft«; das hört sich harmloser an als Hormon-Cocktail. Sie schreiben ihm wahre Wunderkräfte zu, nicht nur was die Umsätze betrifft.
Behörden schätzen denn auch, daß Bundesbürger über einen längeren Zeitraum zigtausend der verseuchten Pharmakälber ahnungslos verzehrten. Diätkost und Babynahrung blieben von der Panscherei nicht verschont. Ob Deutschlands Lebensmittelkontrolleure alle in Urlaub waren, als das passierte? Ihr spätes Handeln wird offiziell nun so entschuldigt: »Die Stoffe wurden dermaßen raffiniert gefälscht, daß sie bei den Analysen wie körperecht wirken

und kaum nachzuweisen sind.« Wer das glaubt, der hat keine Vorstellung von den phantastischen Möglichkeiten moderner Untersuchungslabors und ihrer hochdotierten Experten.

Ein Glück, daß es noch findige Kriminalisten gibt. Das Landeskriminalamt Niedersachsen bildet über Nacht eine Sonderkommission, im Polizeijargon »Soko Sau« genannt. Sie spürt bei einem Landwirt und Futtermittelberater ein ganzes Warenlager mit Hormonpräparaten auf, das er im benachbarten Fichtenwäldchen versteckt hat. Der Mann, der vorübergehend festgenommen wird, hat in seinem Unternehmen weitere Bauern als Lohnmäster engagiert. Auch daraus wird ersichtlich, daß bei ihm der Rubel rollt.

Eine Enthüllung jagt die andere, der Skandal greift auf mehrere Bundesländer über. Man fragt sich, wer jetzt überhaupt noch sauber ist? Inzwischen wird gegen einige hundert Bauern, Tierärzte und Händler ermittelt. Tausende drogenverdächtige Kälber werden beschlagnahmt oder unter Behördenaufsicht abgeschlachtet. Proben aus Blut, Urin, Leber und Muskelfleisch werden entnommen und tiefgekühlt per Hubschrauber nach Bayern geflogen. Dort übernimmt ein Spezialinstitut die Analysen.

Wird die Justiz Exempel statuieren? Das Landgericht Münster verurteilt einen Veterinär zu zwei Jahren Gefängnis auf Bewährung und entzieht ihm für drei Jahre die Berufslizenz. Es wirft ihm vor, Hand in Hand mit windigen Firmen verbotene Arzneimittel vertrieben zu haben. Gesamtwert der Antibiotika und Hormone: 240000 DM.

In einem ähnlichen Fall werden Geldstrafen und Verlust der Approbation über zwei Tierärzte verhängt. Beobachter neigen zu der Ansicht, die Mediziner fänden angesichts ihrer schweren Verfehlungen zu milde Richter. Solche Urteilsschelte hört man nach derartigen Prozessen öfter.

## Verkaufsidee im Fleischerladen: Darf's desinfizierter Aufschnitt sein?

Spätestens seit dem Herbst 1985 werden deutsche Fleischermeister immer wieder von Hausfrauen gefragt, ob denn ihre Wurst auch kein krebsverdächtiges Formaldehyd enthält? Über diesen gesundheitsschädlichen Stoff wird seit langem diskutiert. Niemand mag ihn, doch alle haben ihn im Haus, meist in Spanplatten bei Möbeln. In zahllosen Schulen, Kindergärten und Büros gab und gibt es deshalb Aufregung. Wer will schon den ganzen Tag über Formaldehyd einatmen. Und nun auch noch in der Wurst ...

Aktueller Anlaß: In Rheinland-Pfalz fallen den Lebensmittelkontrolleuren mehrere Metzger auf, die ihre Waren mit der gefährlichen Chemikalie anreichern, um sie haltbar zu machen. Amtlichen Angaben zufolge sollen sie beim Schlachten ein im Handel zugelassenes Desinfektions- und Reinigungsmittel verwendet haben, das eine Firma aus dem Raum Stuttgart bundesweit vertreibt.

Ist das Mett der Meister denn so hundsmiserabel, daß sie meinen, es desinfizieren zu müssen? Soll Formalin im Hack künftig Trichinen und Salmonellen bannen? Neue bahnbrechende Möglichkeiten beim Kampf gegen Parasiten und Bakterien in der Wurstmaschine?

Behörden sind den panschenden Handwerkern durch einen anonymen Tip auf die Schliche gekommen. Die Staatsanwaltschaft leitet ein Ermittlungsverfahren ein, und die zuständige Kreisverwaltung in Pirmasens macht die verdächtigen Betriebe vorübergehend dicht. Niemand soll die verseuchten Würste verzehren. Doch wieviel Menschen haben davon schon gegessen? Um die öffentliche Diskussion zu dämpfen, fügen amtliche Stellen ihren Warnungen gleich hinzu, bei zahlreichen untersuchten Proben liege die Formaldehydkonzentration »unterhalb der vom Bundesgesundheitsamt als bedenklich eingestuften Grenzen«.

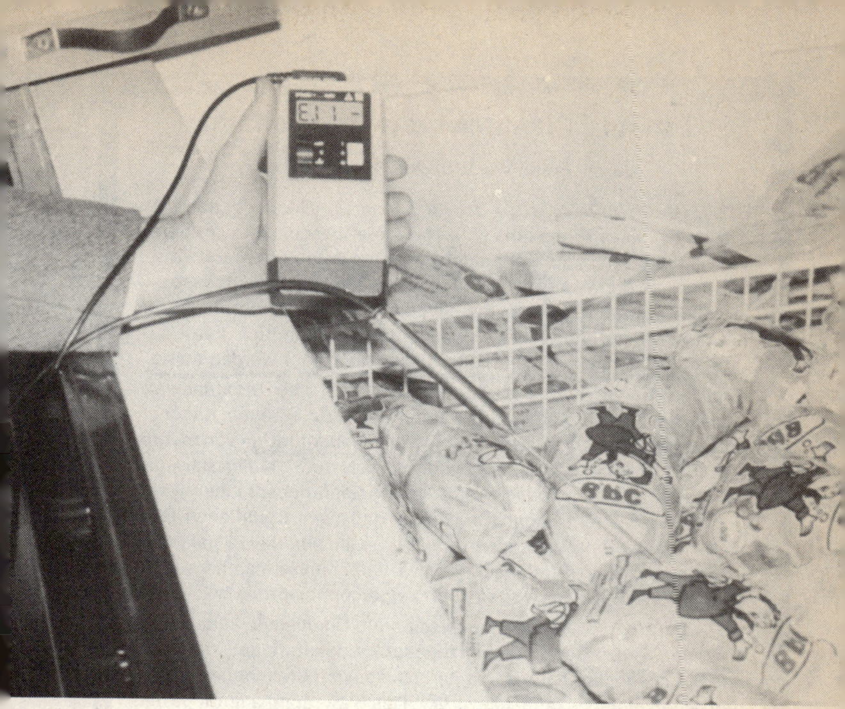

*Heiße Spuren: Fleisch von Schwein und Flattermann in der Truhe.*

Nun, seit der Einstufung der Chemikalie als Krebserreger durch eine Sachverständigen-Kommission bei der EG dürften auch alle Gesundheitsämter in der Provinz wissen, daß es bei Formaldehyd solche »Grenzen« nicht geben kann und darf, weil schon die geringste Spur in Lebensmitteln ein Risiko ist.

Die Vorkommnisse in rheinland-pfälzischen Metzgereien lassen vermuten, daß der Stoff auch noch in anderen Nahrungsprodukten auftauchen könnte? Meist ist es ja so. Ganz neu ist Formaldehyd für den Bereich der Fleisch- und Wursterzeugnisse übrigens nicht: Bereits früher wurde die Chemikalie an Räucherwaren, Würsten und Schinken festgestellt. Nur erfuhren es Verbraucher in der Regel nicht. Sie waren auch noch nicht so umweltsensibel wie heute.

## Erneut „Chemiewürste" aufgespürt

**Alarmierende Werte in drei Bundesländern**

STUTTGART/MAINZ (red) - Erneut haben die Gesundheitsbehörden des Kreises Pirmasens eine Metzgerei geschlossen, in deren Waren die Chemikalie Formaldehyd festgestellt wurde. Die Werte betrugen an den Wurstoberflächen bis zu 378,5 (in Wurstmasse unter 50) Milligramm pro Kilo. Sie sind nach amtlichen Informationen auf die Verwendung eines giftigen Desinfektionsmittels zurückzuführen, mit dem die Haltbarkeit der Würste erhöht werden sollte.

Auch in Baden-Württemberg ermittelt jetzt die Staatsanwaltschaft, nachdem Untersuchungsämter bei Wurst, Därmen, Knochen und anderen Räucherwaren in mindestens jeder fünften von mehreren hundert Proben Formaldehydspuren bis zu 67 Milligramm pro Kilo entdeckten. Die Funde — so erklärten Behördensprecher — hingen unter anderem damit zusammen, daß beim natürlichen Räuchervorgang durch Verbrennen von Sägemehl bereits Formaldehyd in geringen Mengen freigesetzt werde. Jetzt müsse man herausfinden, inwieweit der Stoff zusätzlich beigemengt worden sei.

Obwohl eine EG-Expertenkommission die Chemikalie kürzlich als eindeutig kanzerogen (krebserzeugend) eingestuft hat, hält sich das Bundesgesundheitsamt in Berlin bisher mit Stellungnahmen zu den neuen Fleischskandalen zurück. Das BGA räumt allerdings ein, daß manche Metzger offenbar die Formaldehydlösungen zur Frischhaltung ihrer Würste benutzten.

Im hessischen Sozialministerium wird ebenfalls in Sachen Formaldehyd ermittelt. Man müsse unterscheiden, ob der Stoff in der nicht zum Verzehr bestimmten Wurstpelle oder in der Wurstmasse selbst auftauche, betonte ein Sprecher. Bei den von der Industrie an die Fleischerbetriebe gelieferten Därmen dürfe Formaldehyd in gewissen Grenzen zur Konservierung benutzt werden, nicht aber beim Fleisch. Die bis Mitte November registrierten Werte lägen unter 50 Milligramm. Überraschungen schließe man nicht aus.

Unzufrieden sei man mit der bisherigen Behandlung der ganzen Angelegenheit durch das Bundesgesundheitsministerium, das den Länderbehörden noch keine eindeutige Stellungnahme gegeben habe. „Bonn hüllt sich dauernd vornehm in Schweigen, und wir stehen da mit unseren unbeantworteten Fragen," kritisierte der Sprecher des Ministeriums, der zugleich auf entsprechende Lücken in der gültigen Fleischverordnung verwies. Währenddessen laufen auch in anderen Bundesländern Untersuchungen.

## Breitband-Chemikalie Formaldehyd: Krebsverdacht

Chemischer Steckbrief: Formaldehyd (HCHO); Ameisensäurealdehyd; farbloses, stechend riechendes und in Alkohol lösliches Gas. Kann dieser Stoff Krebs verursachen? Die Frage, die Bundesgesundheitsamt, Bundesgesundheitsministerium und die Toxikologen der Deutschen Forschungsgemeinschaft in einer jahrelang geführten, heftigen Diskussion nicht eindeutig klären konnten oder wollten, wird im Oktober 1985 von einer Expertenkommission der Europäischen Gemeinschaft mit einem eindeutigen Ja beantwortet. Dieser Stoff ist ein Gift und gilt als ausgesprochene Breitband-Chemikalie. Erstaunt vernehmen Verbraucher, daß es sowohl in Bonn als auch in der Industrie Kräfte gibt, die diese Erkenntnisse noch immer nicht konsequent in die Praxis umsetzen wollen.

Formaldehyd denaturiert (zerstört) Eiweißkörper, hemmt Fermente und tötet Bakterien. Er wird unter anderem zur Desinfektion, Konservierung von Kosmetika und Lebensmitteln (!) sowie zur Herstellung von Klebstoffen und Spanplatten verwendet, also weitestgehend in der Möbelindustrie. Die äußerst breite Einsatzpalette führt bis 1985 zu einem industriellen Jahresbedarf von rund 500000 Tonnen in der Bundesrepublik. 14 Firmen stellen Formaldehyd her, der als Formalin, Lysoform, Methanal oder Formal in Verkehr gebracht wird. Dies erklärt auch den Widerstand von Handel und Industrie gegen wirksame Einschränkungen bei der Vermarktung. Hinzu kommt: Mehrere hunderttausend Arbeitsplätze hängen von der Herstellung und Verwendung ab.

Seit langem sind den Behörden akute Gefahren und Belastungen durch Formaldehyd bekannt, wie Schleimhautreizungen, Atembeschwerden und Allergien. Die Leiden wurden ignoriert.

## Falscher Braten vom »Kängu-Reh«: Wer mit den Wölfen heult, macht Kasse

In der Kunst der Fleischverwandlung unter blumigen Namen sind die Deutschen mit Abstand Weltmeister. Ein besonders trübes Kapitel moderner Lebensmittelkriminalität: In keinem anderen Land gab und gibt es so viele Gerichts- und Ermittlungsverfahren um falsch bezeichnetes Fleisch; viele hundert Verfahren allein wegen Betrugs mit Känguruh. Die Jagd auf australische Beuteltiere brachte Polizei und Justiz bundesweit auf Trab. Kaum jemand, der es sich nicht irgendwann ahnungslos einverleibte. Dieser wohl umfangreichste Fleischkrimi aller Zeiten ist aber noch nicht zu Ende. Das Känguruh hat einen unkontrollierbaren, weitverzweigten Markt. Es ist allgegenwärtig, meist unter Pseudonym ...

Ein spektakulärer Mammutprozeß geht im Oktober 1984 zu Ende. Ein Jahr lang (70 Verhandlungstage werden gezählt) steht die »Känguruh-Mafia« vor dem Mainzer Landgericht, ehe die Wirtschaftsstrafkammer ihr letztes Urteil spricht: 28 Monate Gefängnis für einen Großhändler von der Saar wegen fortgesetzten gemeinschaftlichen Betrugs, Urkundenfälschung und erschwindelter Subventionen. Nach den Feststellungen des Gerichts hat er mit mehreren tausend

*Geschnetzeltes vom Beuteltier: Selbst erfahrene Metzger können Känguruh leicht mit Rind verwechseln, wenn sie es nur am Stück erhalten. Eine Heidelberger Firma (hier eine Montage aus ihrem Reklameposter) hat Spezialgeräte für elektrophoretische Analysen entwickelt, mit deren Hilfe Lebensmittelkontrolleure und Staatsanwälte Beweismaterial gegen Etikettenschwindler sammeln können. Das Prinzip ist einfach: Wie Menschen durch ihren Fingerabdruck, so können auch Tiere durch ihre Eiweißkörper (Proteine) voneinander unterschieden werden. Sie wandern im elektrischen Feld und hinterlassen für jede Art spezifische Muster. Und die sind zum Beispiel beim Känguruh anders als beim Reh oder Rind.*

So erkennt es jeder.
So erst die Kripo.
MEDIPHOR®, Analysegerät zur Trennung von Proteinen.

Zentnern falsch deklarierter Ware seine Abnehmer um 1,3 Millionen DM geprellt und außerdem beträchtliche Ausfuhrvergünstigungen kassiert.
Freiheitsstrafen erhalten ebenso die meisten Mitangeklagten. Aus Hamburg, Bremen und Trier stammen sie, darunter ein Veterinärarzt, der gefälschte Papiere durchgehen ließ und so den gigantischen Coup erst ermöglicht haben soll. Mit mindestens 4400 Tonnen Exotenfleisch hat die Mafia 15 Millionen DM Gewinn gemacht. Kommentar des Vorsitzenden Richters Wieland: »In dieser Branche kann einer anscheinend nur dann konkurrenzfähig bleiben, wenn er mit krummen Mitteln arbeitet und mit den Wölfen heult.«
Monatelang haben Mainzer Staatsanwälte zusammen mit Kripo, Zoll- und Steuerfahndung anderer Bundesländer in dieser Strafsache ermittelt. Ihre Unterlagen füllen fast 500 Aktenordner. Der Leitende Oberstaatsanwalt Werner Hempler (er hat auch zahlreiche Weinskandale bearbeitet) schildert den Tatkomplex so:
Etwa eine Million Kilogramm Esel-, Maulesel- und Pferdefleisch aus nicht zugelassenen Schlachtereibetrieben in Brasilien, Marokko, Uruguay, Kanada und den USA, das über Zwischenhändler in Frankreich, Belgien, Holland und den USA in die Bundesrepublik eingeführt wurde, sei als Rind- und Schweinefleisch in Lebensmittelfabriken abgesetzt worden.
Ferner seien 250000 Kilo Känguruh aus teilweise nicht zugelassenen australischen Betrieben über luxemburgische und holländische Mittelsmänner nach Deutschland importiert und hier »als Rinder-, Schweineverarbeitungsfleisch sowie Wildfleisch und Wildedelfleisch an Verarbeitungsfirmen und Endabnehmer weiterverkauft« worden.
Drittens seien 180000 Kilo salmonellenverseuchtes Känguruh »teils als Rind-, teils als Wildverarbeitungsfleisch« in Wurstfabriken gelandet. Und schließlich wurden noch 140000 Kilo von Antilopen und Chinesischen Blauschafen aus Südostasien in der Bundesrepublik als »Rehteile oder Rehkeulen« ausgeliefert.

15 Beschuldigte gibt es in dem Verfahren. Lauter Händler, Importeure, Spediteure, drei Veterinäre und eine Frau. Gegen acht Beteiligte wird Haftbefehl erlassen, sechs befinden sich schon in Untersuchungshaft, und einer begeht Selbstmord, als er merkt, daß das Spiel aus ist. Die Rechtsvertreter der Verdächtigen versuchen, dem Oberstaatsanwalt eine Dienstaufsichtsbeschwerde anzuhängen, weil er die Öffentlichkeit gleich zu Beginn eingehend informiert. Die Advokaten blitzen ab.

Ausgangspunkt der Nachforschungen, die rund um den Erdball laufen, ist laut Polizeibericht »die Sicherstellung von 12000 Kilo unsauberen, teilweise angefaulten Gefrierfleischs in einer norddeutschen Wurstfabrik.« Als Lieferant

*Jagd auf Känguruhschwindler: Oberstaatsanwalt Werner Hempler (Mainz).*

wird eine Hamburger Nahrungsmittelgesellschaft ausgemacht. Die gesamte ungenießbare Fracht wird dort vom Zoll beschlagnahmt und versiegelt. Der Firmenchef, zugleich alleinvertretungsberechtigtes Vorstandsmitglied, läßt die angeblichen Rinderfilets jedoch klammheimlich wieder entfernen, »um sie dem Zugriff der Behörden zu entziehen«. Umsonst. Die Ware wird erneut ausfindig gemacht und eindeutig als Pferde- und Eselsfleisch aus Lateinamerika und dem Orient erkannt. Bei der Firmendurchsuchung stellen die Fahnder umfangreiches Belastungsmaterial sicher, das sie auf die Spur einer weltweit arbeitenden Organisation führt, in der jeder seine Spezialaufgaben hat.
Wichtige Schlüsselfigur: ein Veterinärarzt bei der Zollabfertigung Trier, die für die Kontrolle der Einfuhren zuständig ist. Über diesen Kanal laufen also die »gutgetarnten Einfuhrgeschäfte mit vielerlei Fleischsorten, die aus dem Tiergarten der Arche Noah stammen könnten«, wie es ein Beamter ausdrückt. Am Schluß der langen Wanderung, stets mit Umweg über Trier, wird aus Esel, Känguruh und allen anderen Gattungen dann Rind und Schwein, beziehungsweise edles Reh.
Die Methode ist verwirrend, so daß sie Unbeteiligten nicht ohne weiteres auffallen kann: Das gelingt auf den einzelnen Zwischenstationen mit immer wieder neu ausgestellten Rechnungen. Um abzulenken, schlagen die Transporteure weite Bögen. »Karussell« oder Kreisverkehr nennen die Detektive das. Ihr Eindruck:
»Zoll- und Einfuhrformalitäten übernimmt jedesmal die gleiche Spedition. Bei fast allen Geschäften wird ein Trierer Händler als Vermittler zwischengeschaltet und erhält hohe Provision, ohne daß echte kaufmännische Notwendigkeit für diese Verfahrensweise ersichtlich wird. Oft verkauft der eigentliche Importeur die Ware noch vor ihrer Ankunft an diese Trierer Firma, die sie unmittelbar nach dem Eintreffen wieder an den Importeur zurückverkauft.«
Die an den Trierer Kaufmann überwiesenen Summen sollen vor allem einen Zweck erfüllen: Er hat gute Beziehungen zu

* * * * * * * * * * * * * * * * * * * * * *

## Vorahnung

*»Das Messer blitzt, die Schweine schrein,*
*Man muß sie halt benutzen.*
*Denn jeder denkt: Wozu das Schwein,*
*Wenn wir es nicht verputzen?*
*Und jeder schmunzelt, jeder nagt*
*Nach Art der Kannibalen,*
*Bis man dereinst Pfui Teufel sagt*
*Zum Schinken aus Westfalen.«*

*(Wilhelm Busch)*

* * * * * * * * * * * * * * * * * * * * * *

Veterinären der Einfuhrstelle beim Zoll und kann zwecks risikoloser Abfertigung angemessen schmieren ... 20000 DM »Fahrtkostenerstattung« für den Herrn Doktor.

Das Einhuferfleisch (Esel, Maulesel, Pferd) hätte schon deshalb nicht importiert werden dürfen, weil es aus illegalen Schlachtereien in Marokko, Brasilien oder der Türkei stammt oder aber weil die Gesundheitspapiere nicht stimmen. Gefällige Beamte korrigieren diese kleinen Schönheitsfehler diskret und individuell, um die Transaktionen nicht zu stören.

Mit ihren Referenzen können sich die Schieber wirklich sehen lassen: Die Kantine des Volkswagenwerks Wolfsburg ordert zwölf Tonnen bestes Bullenfleisch und kriegt (was der Küchenchef nicht wissen kann) Saftiges vom Esel. Als im VW-Werk Lebensmittelpolizei auftaucht, haben die Arbeiter bereits zweieinhalb Tonnen falschen Braten verspeist.

Känguruhlieferungen gehen als »Wildedelfleisch« oder »Wildgulasch« an Schulen, Gaststätten, Hotels, Krankenhäuser, Alten- und Behindertenheime. Auch die Bereitschaftspolizei in Mainz, die Mitarbeiter im Offenbacher Rathaus, das Personal des Südwestfunks sowie die Abgeordneten und Kabinettsmitglieder im Landtagsrestaurant von Rheinland-Pfalz lassen sich Geschnetzeltes vom Beuteltier ahnungslos munden.

Oberstaatsanwalt Hempler zieht sich den Groll sämtlicher Beuteltiergeschädigten zu, als er darüber aufklärt, »daß Känguruhs in Australien ausschließlich als Tierfutter, nicht aber für die Ernährung der weißen Bevölkerung verwendet werden, und daß die dortigen Wildexportbetriebe daher meist auch Tierfutter produzieren«. Hempler berichtet, was er direkt aus Australien weiß:
»Für den Export wird in diesen Betrieben überwiegend Fleisch ohne Knochen von Känguruhs nach Art der Rindermanufakturen erzeugt. Die knochenlosen Teile werden in Pappkartons gefüllt und gleichzeitig eingefroren. Manchmal wird der Longissimus-Muskel separat als Teilstück verpackt und als Filet bezeichnet. Er ähnelt in dieser Form stark einem von der Faszie (Bindegewebe) befreiten Rinderfilet ohne Spitze. Wegen dieser Ähnlichkeit sowie einer gewissen Übereinstimmung der Farbe mit Rindermanufakturfleisch kann Känguruh (soweit es nicht gekennzeichnet ist) bei oberflächlicher Kontrolle durchaus mit Rindfleisch verwechselt werden.« Hempler kennt auch den Preis: fünf Mark pro Kilo für deutsche Großabnehmer. Da lohnt sich der Etikettenbetrug ...
Anderen Importeuren, die nach eigenen Angaben Känguruh nur korrekt an Hotelküchen und Krankenhäuser verkaufen (»Wir geben den richtigen Namen an, was die Kunden hinterher damit machen, interessiert uns nicht«), kommt die Mainzer Geschichte natürlich sehr ungelegen. Ein Hamburger Wildhändler möchte »durch Presseveröffentlichungen entstandene Vorurteile abbauen«, wie er sagt: Es gebe »kein gesünderes und besseres Fleisch als Känguruh«. Im übrigen sei man einfach gezwungen, die Tiere wegen ihrer starken Vermehrung in Australien zu

jagen und das Fleisch für den menschlichen Verzehr zu verwerten.
Als Anregung fügt er eine Rezeptsammlung bei, die der Koch eines der bekanntesten Hamburger Nobelhotels eigens für ihn »kreiert, zusammengestellt und gezaubert« habe: Klare Känguruhschwanzsuppe, Gebratene Känguruhkeule, Navarin und Salat vom Känguruh.
Unerwartet wird Pfeffer und Salz für diese Delikatessen von ganz anderer Seite nachgereicht: Die australische Gewerkschaft der Arbeiter in der Fleischindustrie erklärt öffentlich, wie gesundheitsgefährlich der Genuß von Känguruhbraten sei. Über die Jagd nach den Tieren, die oft Salmonellenträger sind, werden grauen- und ekelerregende Einzelheiten bekannt, die den westlichen Exekutionen von Robbenbabys in keiner Weise nachstehen: Viele Tiere sind nur angeschossen und leben noch, wenn sie bei glühender Hitze auf den Lastkraftwagen gestapelt werden, zum Abtransport in die nächste Viehfutterfabrik.
Die australische Regierung bestätigt, daß die Abschußquote auf zwei Millionen Tiere im Jahr eingeschränkt worden sei (bisher waren es drei Millionen). Rund 2000 gewerbliche Jäger dürften sich an den Treibjagden beteiligen, weil sonst die Existenz der Farmer auf dem Spiel stehe, deren Felder die Herden heimsuchen . . .
Energisch protestieren deutsche Naturschützer, weil ihrer Meinung nach »das australische Wappentier die blutigen Ausrottungsfeldzüge von Scharen von Jägern und Wilddieben nicht mehr lange überleben wird«. In den letzten Jahren sei die Zahl der Känguruhs von 60 auf zehn Millionen zurückgegangen. Von der Bundesregierung wird ein Importstopp für Häute und Fleisch aus Australien verlangt.
In einem internen Schreiben informiert das Bundesgesundheitsministerium die obersten Landesveterinärbehörden, daß es in der Bundesrepublik Absatzschwierigkeiten für das Fleisch gebe. Auch habe man gehört, daß der Salamiwurst bis zu sieben Prozent Känguruh ohne Deklaration zugesetzt würden, was aber nach den Leitsätzen des Deutschen

Lebensmittelbuchs nicht statthaft sei. Das Ministerium regt an, »der illegalen Einfuhr und Verwendung mehr noch als bisher Beachtung zu schenken«.
Probleme gibt es mittlerweile in Australien selbst: Wegen betrügerischer Praktiken und Bestechlichkeit staatlicher Beamter beim Känguruhexport wird eine amtliche Untersuchungskommission eingesetzt. Der Wirtschaftsminister in Canberra bietet infolge der dabei bekanntgewordenen Enthüllungen an, seinen Hut zu nehmen, behält ihn aber dann doch auf.

## Zivildienstler enttarnen »Wildragout«

Fleisch vom australischen Känguruh hat jahrelang unter falschem Namen deutsche Kochtöpfe unsicher gemacht und macht es wohl auch noch. Wie das Leben so spielt: Es sind keine Profis, keine amtlichen Lebensmittelprüfer, die ihm erstmals auf die Spur kommen, sondern Laien auf diesem Gebiet, junge Menschen. Zivildienstleistende (ZDL) einer Bremer Privatklinik werden im Mai 1982 gewahr, daß das »Wildragout« der Patientenmenüs weder von Rehen noch Hirschen aus heimischen Wäldern stammt, sondern vom Wappentier der Australier. Der Küchenchef des Hauses hat es billig und unauffällig erstanden, um es als Wildgericht mit pikanter Note zu verbrutzeln. Niemand soll davon erfahren. Die jungen Leute kriegen rein zufällig die Lieferpapiere in die Hand, und da steht es deutlich drauf: Känguruh. Achselzucken, als sie den Koch zur Rede stellen: Was er sich bloß dabei gedacht habe? Das sei doch glatter Betrug. Desinteresse auch bei der Verwaltung: Immer diese Wehrdienstverweigerer. Geht sie doch überhaupt nichts an, was auf den Speisezettel kommt.
Die Ersatzdienstler starten zuerst eine Flugblattaktion in der Klinik, damit Patienten und Schwestern vom Wild-Wechsel auf ihren Tellern erfahren. Die Bremer Presse greift die Story auf, die kein Jägerlatein ist, die Agenturen, der Rundfunk, und schon ist sie im ganzen Bund bekannt. Die Känguruh-Affäre aus der Hansestadt, von einer ZDL-Gruppe ans Tageslicht gebracht, eskaliert zu einem der größten Fleischskandale der Nachkriegszeit.
Daß die Zivildienstler daraufhin am Arbeitsplatz Ärger bekommen – wer hätte etwas anderes erwartet? Daß ihnen aber nicht ein einziger Amtsträger für ihr anständiges Verhalten ein Dankeschön sagt, das ist schon eine echte Unverschämtheit. Später heimsen andere die Meriten ein. Nicht nur in Bremen.

Nach diesem Vorfall werden auf einmal überall Känguruhs zur Strecke gebracht. Wahllos herausgegriffen, nur ein paar Beispiele:
Peinlich für das Stuttgarter Rote Kreuz, als es dabei ertappt wird, daß sein fahrbarer Mittagstisch »Essen auf Rädern« nicht ganz koscher ist: Die DRK-Großküche hat Känguruh als »Wildgulasch« portioniert und einigen hundert kranken, behinderten Mitbürgern in die Wohnungen bringen lassen. Daß sich ein angesehener Wohlfahrtsverband auf so etwas einläßt, erregt im gesamten Bundesgebiet Aufsehen. Etikettenschwindel in der Sozialverpflegung, für die Alten und Schwachen, die Ärmsten der Armen, das ist schon eine böse Sache. Die Urheber sollten sich schämen ...
Das Stuttgarter Ernährungsministerium bestätigt, daß in Baden-Württemberg bisher 130000 Kilo exotisches Fleisch unter irreführenden Bezeichnungen wie »Rehrücken« oder »Hirschgulasch« von Firmen und Gemeinschaftsküchen vermarktet worden seien. Mehrere Unternehmen müssen Bußgelder zahlen. Ein Händler erhält einen Strafbefehl über 24000 DM. Bei einer Großhandelskette zieht der Wirtschaftskontrolldienst der Polizei 1500 Kilo falsches »Hirschgulasch« aus dem Verkehr.
Das Amtsgericht Tauberbischofsheim verurteilt einen Kaufmann zu 9000 DM Strafe: Sein illegales Gulasch verschwand in einer Fabrik für tiefgekühlte Fertiggerichte, die sich aber unwissend zeigt. Sie habe die Lieferung für ganz normales Wild gehalten.
Im bayerischen Landtag wird über die im Freistaat entdeckten Manipulationen diskutiert: Im Passauer Raum tauchen Dosen mit »Rehrollbraten« auf, die aus Schleswig-Holstein stammen sollen. Hundertprozentig Beuteltier. Im Landkreis Cham ist es von einem Hersteller verwurstet worden. Die Regensburger Staatsanwaltschaft greift ein.
In Göttingen werden Kontrolleure auf unwahrscheinlich preisgünstiges Wildfleisch aufmerksam, das sich schließlich als Känguruh entpuppt. Die Serie nimmt kein Ende. Afrikanischer Springbock als »Reh« (hier muß der Importeur

630000 DM Strafe zahlen), australischer Büffel (100000 DM) und sowjetischer Elch (10000) als Keule und Braten vom »Hirsch«, brasilianisches Pferd als »Rinderfilet« – das alles kommt immer wieder vor. In Niedersachsen drückt ein Gauner ungenießbarer Ware ein ungewöhnliches Siegel auf, um einen Amtsstempel vom Veterinär vorzutäuschen: die Adlerseite von einem Fünfmarkstück aus seinem Portemonnaie. Beim Fleischbetrug kennt Phantasie keine Grenzen ...

## »Zuviel Schleimhaut vom Schlund« für hungernde Afrikaner

Es gibt einen Trick, mit dem man in Deutschland steinreich werden kann. Er ist fast so alt wie die soziale Marktwirtschaft und stirbt vermutlich nie aus: Bei der Einfuhr aus Drittländern in die Europäische Gemeinschaft wird bessere Ware vom Empfänger zu schlechterer Qualität erklärt, so daß er beim Grenzübertritt geringere Abgaben an den Fiskus entrichten muß. Je nach Geschäftsumfang bringt ihm das unter Umständen ein Vermögen ein.

Im Sommer 1985 fällt nordrhein-westfälischen Kriminalisten eine Firmengruppe auf, die sich auf Fleischimporte aus Lateinamerika und dem Ostblock spezialisiert hat: Für die Grenzkontrollen der Bundesrepublik werden die durchwachsenen Viertel von Schwein und Rind mit der Bezeichnung »Innereien« wie Herz und Zwerchfell versehen. Und weil die Zöllner am Schlagbaum bei ihren Stichproben nur selten in den Tiefkühllastzügen nachsehen, was wirklich drin ist, können die Schieber über zehn Millionen DM an hinterzogenen Abgaben verbuchen.

Dabei operieren sie keineswegs allein. Der Staatsanwalt muß auch noch ein Strafverfahren gegen Tierärzte einleiten, die es mit Gesundheitskontrollen und getürkten Papieren nicht so genau nehmen und die zwielichtigen Geschäfte dadurch erst ermöglichen.

In diesem Fleischkrimi spielt schließlich noch ein Hotelzimmer irgendwo im Kohlenpott eine wichtige Rolle, wo die Import-Export GmbH & Co. KG ein komplettes Fälscherbüro unterhält: Dort werden Unterlagen für Behörden präpariert. Und was noch zu erwähnen ist: Die »Innereien« verwandelt sie nach jeder Reise wieder in das zurück, was sie ursprünglich waren: saftige Steaks zu saftigem Preis. Damit sich die Sache auch lohnt.

Man kann sich ebenso in umgekehrter Richtung durch

Subventionsschwindel bereichern. Für Ausfuhren besserer Ware in Länder, die nicht zur EG gehören, buttert der Staat gleichfalls beträchtliche Gelder zu, um das Preisgefälle von hüben nach drüben etwas auszugleichen. Da liegt es nahe, daß die Betrüger Minderwertiges zu Höherwertigem falschdeklarieren, um die öffentlichen Kassen zu schröpfen. Ein norddeutscher Handelsmann geht den Zollfahndern im Juli 1985 mit diesem Strickmuster ins Garn.

Vielleicht wäre er gar nicht mal aufgefallen, hätte er es nicht auf einem Gebiet zu toll getrieben, das immer wieder den Argwohn der Finanzbehörden erregt: Es ist die soziale Masche, die ihm zum Verhängnis wird. Er hat sich das Vertrauen sozialer Hilfsorganisationen erschlichen, um sich von deren Spendenkuchen (bundesweit sammeln karitative Vereine pro Jahr rund drei Milliarden DM) ein Stück abzuschneiden.

Es sind kleinere Verbände, die er sich für seine Projekte aussucht. Sie haben auf ihren Opferkonten viel Geld für die Hungernden in Polen und in der Dritten Welt verbucht, denen sie Nahrungsgüter schicken wollen. In der praktischen Abwicklung solcher Aktionen fehlt ihnen Erfahrung. Der Exportprofi dagegen weiß, wie man das macht und wo man die preisgünstigsten Fleischkonserven bekommt. Nur über ihn.

Für die Polenhilfe vermittelt er viele Tonnen »bester Konservenwurst«, die sich jedoch im Empfängerland als reif für die Müllkippe erweist. Übelster Fraß, den die polnischen Behörden sofort beschlagnahmen und vernichten. Dank der Ausfuhrvergünstigungen verbucht der Absender dennoch beachtlichen Gewinn.

Ein anderer Wohlfahrtsverband aus Niedersachsen ordert bei ihm etliche tausend Dosen »Rindfleisch im eigenen Saft« in der Annahme, dies sei genau das Richtige für die armen Leute in Eritrea, dem Krisengebiet im Norden Äthiopiens. Daß ihnen der Inhalt der Büchsen plötzlich verdächtig vorkommt, verdanken sie keineswegs ihrem eigenen Scharfsinn: Es ist der Zoll, der sich bei den Wohltätern für die

Lieferscheine und Abrechnungen ihres Partners interessiert: Dringender Verdacht auf Subventionsbetrug.
Die Konserven werden nun gründlicher untersucht. Den Laboranten im Kreisveterinäramt wird schon beim Öffnen übel, »weil das Zeug so komisch riecht und gar nicht wie Rindfleisch aussieht«. Die Analyse ergibt: Das Spendengut besteht vorwiegend aus »zuviel Bindegewebe, Knorpel, Sehnen und Schleimhaut vom Schlund«. Fragt sich nur, von welcher Tierart.
Solche Ware ist natürlich innerhalb der EG nicht für menschlichen Verzehr zugelassen. Den Export an Länder der Dritten Welt können die Behörden dagegen nicht untersagen. Dafür gibt es kein Gesetz. Was später aus den Hilfssendungen wird, ob sie schließlich doch irgendwo auf der Welt in einem unterversorgten Flüchtlingscamp ankommen, ist nicht bekannt.

Auch diese Fälle stammen aus den Gerichtsakten des Jahres 1985:
Das Hamburger Landgericht verurteilt den 35jährigen Kaufmann N. zu 28 Monaten Haft, weil er gemeinsam mit Komplizen (die flüchtig sind und nach denen gefahndet wird) minderwertige Ware als bestes Rindfleisch deklariert und nach Afrika exportiert. Drei Millionen DM Ausgleichssubventionen für die Betrüger. Da ihre Firmen mittlerweile pleite sind, ist auch von dem Geld nichts mehr übrig. Und wo nichts ist, kann der Staat sich nichts zurückholen.
Der Angeklagte berichtet, wie alles vor sich ging: Man machte es ihm bei der Zollabfertigung leicht. Den Beamten fällt bei ihren Routinekontrollen nicht auf, daß die Container nach Übersee mit Rinderpansen, Schweinepfoten und Putenabfall vollgestopft sind. Nur die oberste Schicht – als Attrappe gewissermaßen – enthält brauchbares Fleisch vom Rind, so wie auf den Exportpapieren angegeben. Alles weitere ist ganz einfach. Verschiffung nach Übersee, nach Togo und an die Elfenbeinküste, wo Helfershelfer den Rest besorgen. Für Schmiergeld ist dort alles möglich.

Je fünf Jahre Gefängnis verhängt das Stuttgarter Landgericht gegen zwei Händler aus Bayern und Baden-Württemberg. Ihnen gelingt es, 1,2 Millionen Kilo einwandfreies Rindfleisch aus der Tschechoslowakei einzuschmuggeln. Derselbe Trick: Beim Hauptzollamt in Trier wird es offiziell als »Schlachtabfall« vorgeführt, um Vorteile bei den Einfuhrabgaben herauszuschinden. Fast zehn Millionen DM Steuerhinterziehung, rechnet der Staatsanwalt aus. Zwei für deutsche Fahnder unerreichbare Briefkastenfirmen im Steuerparadies Liechtenstein sind bei dem Wirtschaftscoup ebenfalls mit von der Partie. Sie machen wahrscheinlich das beste Geschäft an der Sache.

In einem Parallelfall ermittelt die Münchner Justiz: Hier geht es um zehn Millionen Kilo entfettetes und entsehntes Rindfleisch aus Rumänien. Tiefkühlware, hervorragende Qualität. Zu Brei zerkleinert (Fachausdruck: »gebadert«), läßt sie sich gut verwursten. Da sie von den Importeuren auf amtlichen Unterlagen als »Zwerchfellmuskulatur« ausgewiesen wird, darf sie der Fiskus nur als minderwertigen, wenn auch »genießbaren Schlachtabfall« einstufen. Rund 30 Millionen Zollhinterziehung, schätzen die Behörden. Doch das sind nur ein paar Nullen mehr im deutschen Subventionskrimi ...

## Putenschnitzel aus Knochenputz: So zart, daß es auf der Zunge zergeht...

Egal, ob im Supermarkt oder Gasthaus: Nicht jedes Schnitzel aus der Tiefkühltruhe trägt seinen Namen zu Recht. Oft besteht es nur aus kleinsten, nicht mal millimetergroßen Fleischteilchen, die in Fabriken maschinell zusammengepreßt (geformt) und verklebt werden. Es sind Schnitzel aus sogenanntem »Formfleisch«, so zart, verdächtig zart, daß sie einem fast auf der Zunge zergehen ...

Erst seit 1984 gibt es verbindliche Kennzeichnungsvorschriften für Formfleisch: Dazu wurden im Deutschen Lebensmittelbuch die Leitsätze für Fleisch und Fleischerzeugnisse geändert. Die Deutsche Lebensmittelbuch-Kommission, eine Institution beim Bundesgesundheitsministerium, soll – wie es dort heißt – »die Verkehrsauffassung aller am Umgang mit Lebensmitteln beteiligten Kreise in Leitsätzen beschreiben«. (Unter »Verkehrsauffassung« sind redlicher Handelsbrauch und berechtigte Verbrauchererwartungen zu verstehen, unter »beteiligten Kreisen« Wissenschaft, Überwachungsstellen, Verbraucher und Lebensmittelwirtschaft. Die Leitsätze gelten »neben den Rechtsvorschriften als objektivierte Sachverständigengutachten, ein wichtiges und anerkanntes Hilfsmittel zur Beurteilung von Lebensmitteln«.)

Daß die Öffentlichkeit bundesweit erstmals 1984 hellhörig wird, daß sie erfährt, was dieses ominöse Formfleisch überhaupt ist, verdankt sie aber keineswegs Bonner Aufklärung und schon gar nicht den Experten in der Lebensmittelbuch-Kommission. Wie bei so vielen Gelegenheiten, helfen auch diesmal wieder süddeutsche Fahnder nach.

Eigentlicher Anlaß: Ein einsames Cordon bleu, das irgend-

*Jede zweite Probe »von musartiger Beschaffenheit«: Süddeutsche Fahnder wittern Formfleisch.*

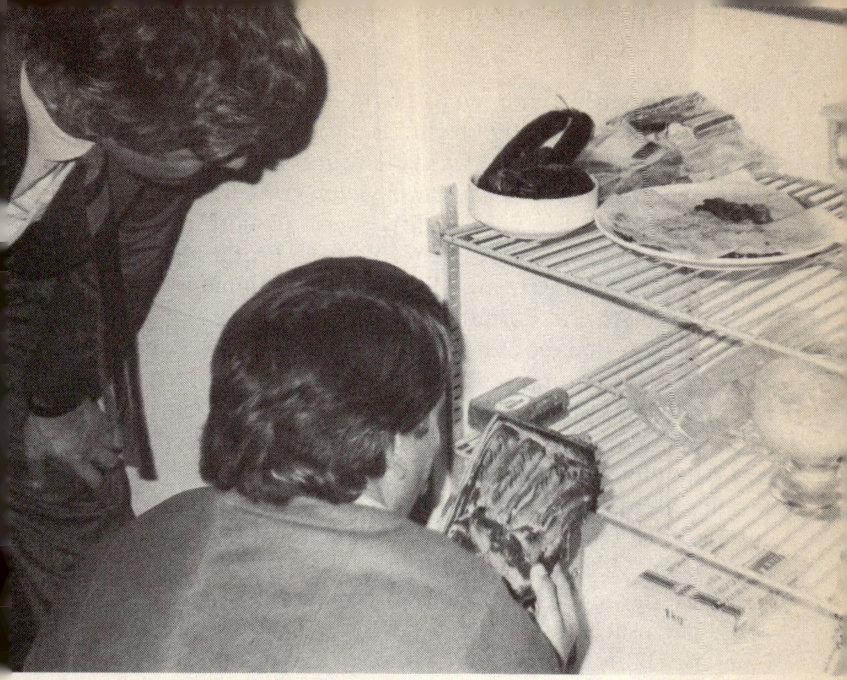

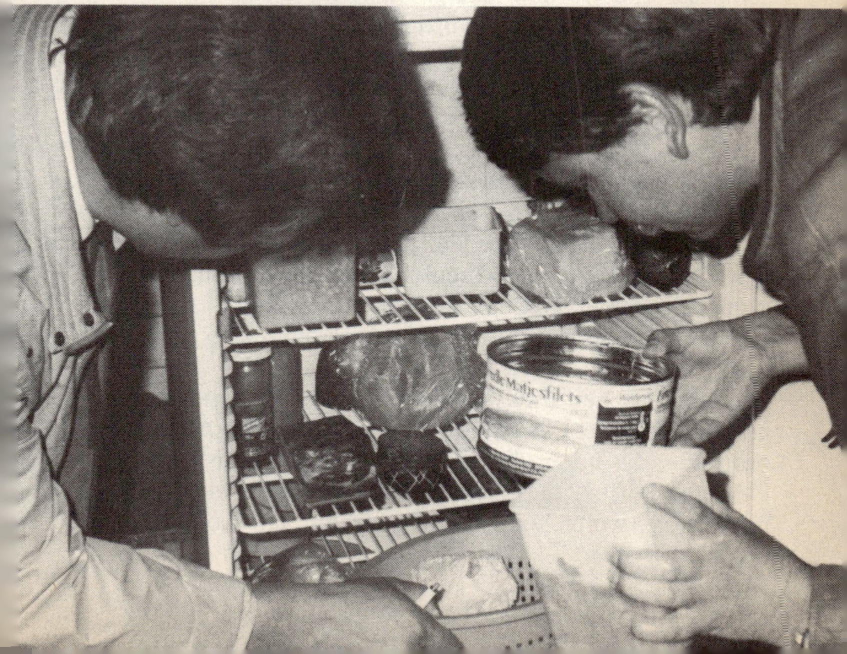
Matjesfilets

wo in Schwaben im defekten Kühlschrank einer Kneipe liegt und ziemlich verdächtig riecht. Beim näheren Hinsehen merken die Prüfer, daß es gar kein echtes Cordon bleu ist. Dann nämlich müßte es »aus zwei gleich großen Schnitzeln bestehen (möglichst vom Kalb), meist paniert und mit Schinken und Käse dazwischen«. Was die Prüfer aber hier finden, ist Bastelfleisch, aus Miniteilchen zusammengesetzt. So läuft die Aktion Formfleisch an.

Jetzt nehmen sich die Wirtschaftskontrolleure der Landespolizei im Regierungsbezirk Stuttgart rund 600 Betriebe vor, in denen Formfleisch unter recht bunten Bezeichnungen angeboten wird. Auch Betriebskantinen, Krankenhaus- und Altenheimküchen suchen sie auf. (Denn gerade in der sozialen Gemeinschaftsverpflegung machen ortsfremde, oft ausländische Unternehmen mit Formfleischangeboten dem heimischen Metzgerhandwerk Konkurrenz, weil man dort aus Kostengründen nicht ganz so wählerisch ist.) Resultat des Blitzeinsatzes:

Über die Hälfte aller in den staatlichen Labors untersuchten Schnitzel und Cordon-bleu-Fertiggerichte sind nicht vom Stück, sondern nur aus winzigen Teilchen zusammengepreßt, wie sie zum Beispiel in Unmengen bei der Resteverwertung von Puten- und Hähnchenschlachtereien anfallen. In der Branche nennt man so was deshalb auch »Knochenputz« ...

Nach der Methode lassen sich von den passenden Tierarten Sauerbraten, Rouladen, ja nahezu sämtliche Fleischprodukte formen. Damit das Ganze auch zusammenhält, werden als Kittsubstanzen »Fremdplasma« (Blut) und Eiweiß (von Tier und Pflanze) verwendet. Einen ähnlichen Effekt erreicht man bei gepreßtem Dosenschinken aber auch mit Lake.

Die süddeutschen Untersuchungsämter sprechen von »musartiger« (breiiger) Beschaffenheit zahlreicher Formfleischprodukte; das heißt: die wurden fabrikmäßig aus dem Brei kleinster Muskelstückchen plastisch geformt, ein Verfahren, das sich weitgehend durchgesetzt hat. Die Kontrolleure stellen in diesem Zusammenhang grobe Verstöße gegen die Hackfleischverordnung fest.

Verbraucherorganisationen wenden sich energisch dagegen, daß der Kunde mit Formfleisch oft regelrecht geleimt wird. Ihr Rat: Das Kleingedruckte auf den Fertigpackungen genau studieren: Dort muß erkennbar sein, wenn die Ware nur »Mini« ist. Formfleisch. Alias Knochenputz. Vielleicht vom Flattermann . . .

## Ohne Speck und Schwarte in Aspik Dosenschinken: Wer wird denn da geleimt?

Wer kann sich schon was unter »Steaklets« vorstellen? Das Oberlandesgericht Koblenz, von dem zahlreiche verbraucherfreundliche Urteile stammen, hält diese Bezeichnung nach einer Anfang 1985 bekanntgewordenen Entscheidung nicht für informativ. Sie gebe keinen Hinweis auf die Zubereitungsform, so daß der Kunde sich unter einem Steaklet kaum ein Produkt aus zerkleinertem Fleisch, wohl aber ein »kleines Steak« vorstelle. Der Verbraucher werde irregeführt, wenn eine Tiefkühlfirma Steaklets anbiete, hinter denen sich tatsächlich »fein zerkleinertes Rindfleisch« verbirgt. Und zwar auch dann, wenn dies in winziger, unauffälliger Schrift aus dem Packungsaufdruck zu ersehen sei. Solche Erzeugnisse dürfen sich nach Auffassung des Gerichts nur dann »Steak« nennen, wenn aus der Bezeichnung unmißverständlich hervorgehe, daß es sich um zerkleinertes Fleisch handle, etwa »Beefsteak Tatar« oder »Hacksteak«. Wird der Kunde mit Produkten geleimt, die aus kleinen Teilchen zusammengepreßt und miteinander verklebt sind? Verbraucherschützer befürchten das.

Auch das zweite Formfleisch-Urteil des OLG Koblenz (Aktenzeichen: 1 Ss 232/83) verdient in diesem Zusammenhang besondere Aufmerksamkeit: Hier geht es um Kochschinken in Dosen, hergestellt in Dänemark, vertrieben von einer deutschen Firma. Deren Geschäftsführer und Mitgesellschafter wird von einem Amtsgericht wegen Verstoßes (fahrlässige Ordnungswidrigkeit) gegen das Lebensmittel- und Bedarfsgegenständegesetz (§ 17 LMBG) zu einer Geldbuße von 3000 DM verurteilt und legt dagegen beim Oberlandesgericht Rechtsbeschwerde ein. Die Beschwerde wird vom Ersten Strafsenat des OLG als unbegründet vor diesem Hintergrund verworfen:

Der Geschäftsmann erwirbt von einer dänischen Fabrik eine

Partie mit gekochtem Schinken (zusammen 120 000 Dosen). Aufschrift der Büchsen: »Dänischer gekochter Vorderschinken ohne Speck und Schwarte in Aspik.« Dazu das Bild eines teilweise aufgeschnittenen Vorderschinkens, so daß der Käufer davon ausgehen muß, ein echtes Stück von diesem appetitlichen Vorderschinken sei auch in der Dose drin.
Die Ware kommt in den Handel und wird durch die Lebensmittelüberwachung einer südwestdeutschen Kreisverwaltung beanstandet, die aus einer Supermarktfiliale eine der Büchsen als Probe zieht. Dabei wird festgestellt, daß sie in Wirklichkeit keinen einheitlichen Schinken, wohl aber »einen aus mehreren Muskelbäuchen zusammengefügten Preßschinken enthält, wobei auf den Anschnitten (der Prüfer) mehrere teils bohnengroße, teils bis zu 80 Millimeter lange, gepökelte Muskelteile festzustellen« sind. Im Metzgerhandwerk, das wenig von Formfleisch hält, nennt man solche Ware »Bastelschinken«.
Die Richter sehen in diesem Tatbestand »die irreführende Bezeichnung oder Aufmachung eines Lebensmittels«, die nicht der »berechtigten Verbrauchererwartung« entspricht. Aufgabe des LMBG (§ 17) sei es aber, »den Verbraucher vor Täuschung zu schützen«. Und weiter:
Nach der geltenden Verkehrsauffassung müsse Vorderschinken nun einmal aus dem Fleisch des Teilstücks Schulter hergestellt sein, »wobei der ursprüngliche Gewebsverbund weitgehend erhalten geblieben sein muß«. Also Schinken am Stück und nicht in winzigen Teilen. Der Kaufmann habe aber nur sogenannten »Preßschinken« vertrieben: »Ein nachgemachtes Schinkenerzeugnis, geformt aus gröberen, entsehnten und entfetteten Muskelstücken«. Genau dies aber erkennt der Kunde auf der Packung nicht.
Hier lassen die Richter keine Zweifel aufkommen, und das gilt für den Lebensmittelmarkt insgesamt: »Grundsätzlich trifft jeden, der in der Kette von der Herstellung bis zur letzten Weitergabe des Lebensmittels an den Verbraucher beteiligt ist, die Verpflichtung, dafür zu sorgen, daß Be-

schaffenheit und Bezeichnung eines Lebensmittels in Einklang mit den gesetzlichen Bestimmungen stehen.« Ein deutliches Wort.

An die Sorgfaltspflicht des Herstellers und Verkäufers von Lebensmitteln seien »strenge Anforderungen« zu stellen, nicht nur im Blick auf die Bestimmungen zum Schutz der Gesundheit, sondern auch zum Schutz gegen Täuschung des Verbrauchers. Ein Importeur sei verpflichtet, seine eingeführte Ware selbst zu prüfen, davon werde er keinesfalls entbunden, wenn er sich auf die angebliche Zuverlässigkeit des ausländischen Lieferanten berufe: Er habe sich selbst »durch regelmäßige und gründliche Untersuchungen von der ordnungsgemäßen Beschaffenheit und zutreffenden Bezeichnung der Ware zu überzeugen«.
Nun ist im Handel der Preßschinken aus Dänemark seit vielen Jahren bestens bekannt: Die Dänen gelten weltweit als Erfinder des Formfleischs. Alles, was ihnen bei der Fleischproduktion zum Wegwerfen zu schade war, aber noch genießbar erschien, haben sie schon frühzeitig zu attraktiv aussehenden Produkten zusammengepreßt (geformt), ehe andere auf die Idee kamen. Fachleute sehen im allgemeinen bereits beim Blick auf die Preisliste, was sie in Dänemark ordern: kompakte oder geformte Fleischerzeugnisse.
Bei dem in Koblenz verhandelten Fall hat der deutsche Einkäufer zwar drei Dosen zur Probe in einem Chemielabor untersuchen lassen, aber nur auf ihre biologisch-chemische Zusammensetzung, nicht auf Übereinstimmung zwischen Inhalt und äußerer Warenbezeichnung. Erschwerend kommt hinzu, daß der Kaufmann zu einem früheren Zeitpunkt Zweifel äußerte, ob die Beschriftung des Kochschinkens den deutschen lebensmittelrechtlichen Bestimmungen entspricht. Im übrigen hatte ihm Dosenschinken schon einmal, vor Jahren, gerichtlichen Ärger eingebracht. Demnach kann er nicht ganz so ahnungslos gewesen sein, wie er vor Gericht glauben machen will.

Leider sind Entscheidungen wie beim Koblenzer Oberlandesgericht in der Bundesrepublik nicht die Regel. Zu häufig ergeht bei juristischen Entscheidungen in Sachen Etikettenschwindel eher Milde vor Recht. Sehr zum Nachteil des Verbrauchers.

## Schlüsselerlebnis auf Bali: Wie Meeresschildkröten massakriert werden

Verzweifelt kämpfen Tierschützer weltweit für die Rettung der bedrohten Kreatur. Bilder von der Massentötung niedlicher Robbenbabys gehen den Leuten unter die Haut. Die durch menschliche Habgier und Gedankenlosigkeit vorangetriebene Ausrottung der Meeresschildkröten interessiert keinen. Da wird für zwei Deutsche, das Ehepaar Günther und Brigitte Peter aus Korntal bei Ludwigsburg, der Urlaub in Indonesien zum Schlüsselerlebnis. Auf Bali beobachten sie Massaker an Reptilien: Deren Panzer, das kostbare Schildpatt und ihr Fleisch werden nach Europa, Japan, Australien und den USA exportiert. Das Gros, so erfahren die Peters, nehme die Bundesrepublik ab.
Wieder daheim, rütteln sie Behörden, Politiker und Verbände wach, um zum Protest gegen das wahnsinnige Abschlachten aufzurufen. Viele unterstützen die Peters bei ihren Unterschriftsaktionen und spenden Geld für die neu ins Leben gerufene Aktion »Rettet die Meeresschildkröten«. Andere haben für das Sporttaucherehepaar nur ein mitleidiges Lächeln übrig. Einflußreiche Kreise aus Handel und Wirtschaft machen Schwierigkeiten, drohen mit Prozessen und stellen den beiden ein Bein nach dem anderen. Die Intrige hat System. Ein gewaltiger Markt gerät ins Wanken: Immerhin wird Schildpatt, aus dem man zum Beispiel Luxus-Brillengestelle machen kann, mit Kilopreisen bis über 10000 DM gehandelt. Und vom Fleisch der Schildkröten wird eine ganze Industrie dick und fett. Aber die Peters geben nicht auf. Mit Hilfe anderer Organisationen rufen sie die größte Tierschutz-Bürgerinitiative ins Leben, die es in der Bundesrepublik je gab. Weltweit gibt es Sympathie und aktiven Beistand...

*Schildpatt und Fleisch für Europa: Schlachttag in Indonesien.*

Welchen Umfang der Markt in der Bundesrepublik zu jener Zeit hat, wird an diesem Beispiel deutlich: Ein Importeur bestätigt, daß er mit einer einzigen Lieferung 106 Tonnen Schildkröten-Steakfleisch erhält. Er behauptet, es stamme aus legalen Farmbeständen, was die Tierschützer jedoch anzweifeln. 106 Tonnen, das bedeutet den Tod von 18000 Tieren am Ursprungsort, den Cayman Islands. Der Importeur: »Wir stellen einen erfreulichen Trend zum gesunden Schildkrötenfleisch in Deutschland fest.« Es sei als Gulasch (8 DM Einkaufspreis pro Kilo frei Haus) bei Krankenhäusern, Unimensen und Betriebskantinen sehr beliebt.
Süddeutsche Tierschützer machen damals die Probe aufs Exempel. Sie melden sich unter Zeugen telefonisch als angebliche Klinikeinkäufer bei einem Bremer Unternehmen ...

*Frage:* Hier XY vom Krankenhaus Sowieso. Haben Sie Schildkrötenfleisch für uns auf Lager?
*Antwort:* Ja. Das Kilo derzeit zwischen 8,80 und 26 DM, je nach Qualität. Lieferung in Dosen. Abnahme mindestens 500 Kilo.
*Frage:* Gut, können Sie uns 500 Kilo zu 8,80 liefern?
*Antwort:* Leider nicht mehr, erst wieder Ende des Jahres. Aber Sie können Schildkrötenfilets zu 10,70 DM haben ...
*Frage:* Wenn das so günstig ist, nehmen wir eventuell 1000 Kilo. Geht das?
*Antwort:* Natürlich. Sofort ...

Werden deutsche Behörden, wird die Regierung von der Fleisch-Mafia mit gefälschten Papieren hereingelegt, wie die Initiatoren der Rettungsaktion vermuten? Das Bundesernährungsministerium bestreitet 1984, es habe die widerrechtliche Einfuhr von Meeresschildkrötenprodukten gestattet oder sich »von den Importeuren durch unrichtige Bescheinigungen täuschen lassen«. Es versichert ferner, daß »1982 und von Januar bis November 1983 keinerlei legale Schildkrötenfleischeinfuhren mehr stattfanden«. (Während

**Mercatura**
Handelsgesellschaft mbH

Member of
PETER C. DE ROTHSCHILD
International Group of Companies

Mercatura Handelsgesellschaft mbH · Dijonstr. 4 · D-2800 Bremen 1

Herrn
Georg S[redacted]
Römerstr. 2
[redacted]

Dijonstraße 4
D-2800 Bremen 1
Telefon (04 21) 44 40 55

Cable: Mercabre Bremen
Telex: 2 46 527 merca d

Ihr Zeichen/Your ref.:
Unser Zeichen/Our ref.: Ger/mh

TURTLE STEAK

Datum/date 1. April 1982

Sehr geehrter Herr S[redacted]

bezugnehmend auf unser heutiges Telefonat bedanken wir uns zunächst recht herzlich für Ihr Interesse an unserem Produkt TURTLE STEAK.

Zu Ihrer Anfrage können wir Ihnen nachstehendes Angebot unterbreiten:

TURTLE STEAK Filet, nicht portionierte Stücke, 1 Karton zu 5 lbs = 2,3 Kg,
10 Kartons in einem Umkarton.

| | | | |
|---|---|---|---|
| Bei Abnahme von | 500 Kg | DM 11,10 | pro Kg |
| | 1.000 Kg | DM 10,70 | pro Kg |

Die Preise verstehen sich frei Kühlhaus Bremerhaven zuzüglich der gesetzlichen Mehrwertsteuer.

Nachstehend einige Referenzadressen zu Ihrer Information:

Dibona, Eto, Langnese Markenvertriebe, Ettlingen etc.
Universität Bielefeld, Studentenwerk Gießen, Studentenwerk im Saarland etc.
Universitätskliniken im Landeskreis Homburg, Orthopädische Anstalten Volmarstein etc.

Bitte finden Sie beiliegend einiges Informationsmaterial zu Ihrer gefälligen Kenntnisnahme.

Gern hören wir wieder von Ihnen und stehen bei eventuellen Rückfragen jederzeit zur Verfügung.

Mit freundlichen Grüßen

Mercatura Handelsges.m.b.H.

H. Gerber, Verkauf

Anlagen wie erwähnt.

Bankkonten: Bankverein Bremen AG, Bremen (BLZ 290 201 00) Nr. 266 378 — Deutsche Bank AG, Bremen (BLZ 290 700 50) Nr. 456 2006
Bankhaus Neelmeyer AG, Bremen (BLZ 290 200 00) Nr. 10300 — Sitz der Gesellschaft: Bremen, HRB 7603 — Gerichtsstand: Bremen
Geschäftsführer: Julius Heuberger, J.-Torsten Bausch

*Turtle Steak: Frei Kühlhaus Bremerhaven.*

dieser Zeit werden jedoch nachweislich größere Mengen auf dem deutschen Markt angeboten. Demnach wären sie also sämtlich illegal.) Bonn weiter: Jeder Handel mit gezüchteten Meeresschildkröten sei »ohnehin auf absehbare Zeit ausgeschlossen, weil es weltweit keine im Sinne des Washingtoner Artenschutzübereinkommens anerkannten Zuchtfarmen gibt«.

Was dennoch passieren und anscheinend trotz regierungsamtlicher Beteuerungen nicht ausgeschlossen werden kann, teilt Landwirtschaftsminister Ignaz Kiechle dem Bundestagspräsidenten unter Aktenzeichen 623-0803 in einem Brief persönlich mit: »Aus anderen EG-Staaten wurden 20,25 Kilogramm Schildkrötenfleisch in Form von Schildkrötensuppe in die Bundesrepublik verbracht, und zwar aus den Niederlanden. Da diese Lieferung illegal war, wurden die zuständigen Landesbehörden gebeten, die Ware zu beschlagnahmen.« Also doch, wenn auch eine vergleichsweise geringe Menge.

Was noch alles illegal (oder mit amtlicher Duldung?) in die Bundesrepublik »verbracht«, was zuweilen beschlagnahmt oder bei Grenzkontrollen übersehen wird, zeigen die Peters und befreundete Organisationen im November 1985 bei Ludwigsburg auf einer bundesweit beachteten Artenschutzausstellung. Erschütterndes Beweismaterial einer rücksichtslosen Ausbeutung der Tierwelt haben sie aus aller Welt und unter erheblichen Opfern zusammengetragen. Sie klagen an. Bewußtseinsänderung bei Industrie, Handel und Verbraucher ist ihr Ziel. Nach jahrelangem Kampf ziehen sie bescheiden Bilanz: Zumindest beim Fleisch von Meeresschildkröten haben sie dieses Ziel vorerst erreicht.

## Weltweiter Artenschutz: Kein Fleisch von bedrohten Tieren

Jahrelang kämpften vor allem deutsche Tierschützer verzweifelt gegen die skrupellose Vermarktung der vom Aussterben bedrohten Meeresschildkröten. Nicht nur wegen ihrer kostbaren, farbenprächtigen Panzer (Schildpatt), sondern auch wegen ihres Fleischs wurden (und werden) die Tiere stark dezimiert. Das Washingtoner Artenschutzübereinkommen (WA, genauer Titel: »Übereinkommen über den Handel mit gefährdeten Arten freilebender Tiere und Pflanzen«) vom 3. März 1973 verbietet das. Nur auf diese internationale Initiative ist es zurückzuführen, daß sich bestimmte Arten (wie Jaguar, Leopard, Mississippi-Alligator) etwas erholten. Alle zwei Jahre findet eine Konferenz der Vertragsstaaten statt, die in einem komplizierten Konsultations- und Prüfungsverfahren entscheidet, ob und welche Arten wieder ganz oder teilweise zur Vermarktung zugelassen werden. (Allein die Bundesrepublik führt jährlich schätzungsweise im Wert von rund einer Milliarde DM Tierprodukte ein, die unter das Abkommen fallen. Sie könnte mehr für das WA tun.)

Über 60 Staaten haben das WA bisher unterzeichnet, das aus einem umfangreichen Vertragstext und drei Ergänzungen (Anhang) mit genauer Angabe der bedrohten Arten besteht.

Anhang I nennt sämtliche von der Ausrottung gefährdeten Arten, für die äußerst strenge Richtlinien gelten.

Im Anhang II werden alle Pflanzen- und Tierarten angegeben, die durch den weltweiten Handel in ihrem Bestand bedroht sein könnten.

Der Anhang III enthält nationale Listen, in die jedes Unterzeichnerland Arten eintragen kann, die es selbst schützen möchte. Für Aus- und Einfuhrstaaten gibt es Regeln, die aber oft nicht eingehalten werden.

# »Fröhliche Pfingsten und guten Appetit«

In der mehrjährigen Skandalchronik zur rücksichtslosen Vermarktung von Meeresschildkröten streichen Tierschützer den 20. Mai 1983 rot an. An diesem Tag diskutiert der Deutsche Bundestag über die illegale Einfuhr der Reptilien. Dazu eine kleine Auswahl von Zitaten:

□ *Dr. Bard (Grüne):* Der politische Skandal besteht für uns darin, daß die Bundesrepublik dadurch, daß sie die Hauptabnehmerin ist, darin verwickelt ist. Die Bundesregierung hat diese Gefahr offensichtlich nicht erkannt, oder sie versucht, sie zu verharmlosen ... Das Bundesamt für gewerbliche Wirtschaft hat offensichtlich kein Interesse daran, die Echtheit von Begleitpapieren zu überprüfen, und geht recht fahrlässig mit den Einfuhrpapieren um ... Es ist heute inzwischen wohl klar, daß das Fleisch eben nicht nur von den auf den Farmen gezüchteten Tieren stammen kann, sondern daß diese Farmen Tausende von Eiern aus der freien Wildbahn entnehmen ...

□ *Dr. von Geldern (Parlamentarischer Staatssekretär beim Ernährungsministerium):* Sie haben gesagt, die Bundesrepublik Deutschland sei ein Hauptabnehmer von Schildkrötenprodukten. Das ist objektiv falsch ... Es muß vielmehr festgestellt werden, daß wir in vorbildlicher Weise im Sinne des Washingtoner Artenschutzübereinkommens handeln ...

□ *Paintner (FDP):* Entscheidend ist, ob es gelingt, durch ausreichende Kontrollmöglichkeiten den Vollzug des Abkommens sicherzustellen ... Tatsache ist, daß ... im Jahre 1981 noch 125828 Kilo Schildkrötenfleisch in die Bundesrepublik Deutschland eingeführt wurden, und 1982 die Einfuhr total zum Erliegen kam.

□ *Dr. Hartenstein (SPD):* Hauptgründe für den Artenschwund sind ... die Zerstörung der Lebensräume ... die Verschmutzung der Meere, aber auch die blindwütige Bejagung und das massenhafte Abschlachten. Gerade darum handelt es sich bei der Tragödie der Meeresschildkröten ... Wie konnte es geschehen, daß eben 1981 nicht weniger als 125828 Kilo Schildkrötenfleisch in die Bundesrepublik eingeführt wurden, eine Menge, für die allein 30000 Tiere sterben mußten?

□ *Herkenrath (CDU):* Die Frage, ob man hier (Anm.: bei den Zuchtfarmen in der Karibik) mit Verboten arbeiten könne, ist für mich schon dadurch beantwortet, daß ich glaube, daß Verbote dieses Problem nicht lösen werden. Genausowenig wird ein Verbot des Imports in die Bundesrepublik Deutschland die Gesamtproblematik lösen können. Denn was hilft es, wenn wir hier auf Schildkrötensuppe verzichten, sie uns aber zum Beispiel im Grenzverkehr mit Frankreich oder anderswo verschaffen können? Ich persönlich erkläre, daß ich gern bereit bin, auf die Schildkrötensuppe, die ich schätze, zu verzichten – ich glaube, ich kann das für die ganze Fraktion erklären –, wenn dann garantiert ist, daß die Meeresschildkröten nicht mehr vom Aussterben bedroht sind ... Ich wünsche Ihnen nun fröhliche Pfingsten und dem einen oder anderen, daß er den Appetit an der Schildkrötensuppe nicht verloren haben möge.

□ *Monate danach ruft – wie zahlreiche andere Vereine und Organisationen – die Verbraucherzentrale Hamburg öffentlich zum Boykott auf:*
»Produkte aus Schildkrötenfleisch gelangen leider immer noch auf unseren Markt ... Wenn das nächste Festessen geplant wird, sollte die Schildkrötensuppe oder die ›Lady Curzon‹ nicht dazugehören. Bei diesen als Delikatesse gelobten Schildkrötensuppen handelt es sich wohl eher um einen kulinarischen Scheingenuß, denn das Produkt besteht in der Hauptsache aus reiner Rinder- oder Kalbsbrühe,

verfeinert mit Kräutern und als Einlage Schildkrötenfleischstückchen. Die Hauptkomponente sind die Kräuter.
Die Verbraucherzentrale Hamburg hat festgestellt, daß sogar einige Vertreter der First-Class-Küche Schildkrötensuppe aus ihren Speisekarten gestrichen haben. Es bleibt zu hoffen, daß noch mehr Köche so handeln. Die Verbraucher sollten angesichts der gesetzlich unzureichenden Maßnahmen ein Zeichen zum Schutz dieser über 250 Millionen Jahre alten Tierart setzen und auf den Kauf von Produkten aus Meeresschildkröten verzichten.«

*Kroko geht gut: Tiefgefrorene Kaimane.*

## Rezept vom Bundesamt für Ernährung: Filet vom Krokoschwanz mit Showeffekt

Werden auch Deutsche bald grillen, was Eingeborene in manchen Gegenden Afrikas gelegentlich am Spieß braten: deftige Schwanzteile von Krokodilen? Beim Bundesamt für Ernährung und Forstwirtschaft (BEF) in Frankfurt spricht man sich für eine solche Erweiterung des Fleischmarktes aus, sehr zum Ärger engagierter Tierfreunde. Sie werfen der Stelle weitgehende Untätigkeit und Halbherzigkeit vor, wenn es um den Schutz bedrohter Lebewesen geht. Das mit dem Bundesernährungsministerium in Bonn eng verzahnte Amt ist interessanterweise für den Vollzug des Washingtoner Artenschutzübereinkommens (WAA) zuständig, dem über 60 Staaten beigetreten sind. Deshalb stoßen die Frankfurter Vorschläge (die sich übrigens weitestgehend mit Ideen der Lederindustrie decken) auf lebhafte Resonanz.
In einer Art Gutachten mit Rentabilitätsberechnungen setzt sich der für Artenschutz zuständige Ressortbeamte der Behörde, Diplomlandwirt Detlef Ulrich, für die Ankurbelung der Produktion von erlesenem Leder und Fleisch in exotischen Krokodilfarmen (»Ranching-Farmen«) ein, in denen seltene Nilkrokodile, Mississippi-Alligatoren, Spitzmaul-(Panzer-) und Stumpfkrokodile, Krokodil-Kaimane, Leisten- und Mindorokrokodile gezüchtet werden sollen. Unter anderem heißt es in dem 14 Seiten starken Konzept, das mit amtlichem Briefkopf verschickt wurde:

*»Die Bedeutung von Krokodilfarmen liegt nicht nur im ökologischen Bereich des Artenschutzes, sondern zu einem wesentlichen Teil in der Möglichkeit einer Gewinnerzielung und -maximierung für den einzelnen Betrieb und somit auch für den Staat (Steuer- bzw. Devisenaufkommen). Einnahmen für eine Krokodilfarm ergeben sich außer aus dem Verkauf von Häuten (Haupteinnahme) und Fleisch (Krokodil-*

*schwanzfleisch als Delikatesse), auch aus dem Absatz von Zuchtexemplaren zum Aufbau anderer Farmen...«*

Solche Massenzuchten gibt es bereits in Papua-Neuguinea (35000 Felle pro Jahr), Florida und Louisiana/USA (40000), Zimbabwe (9000), Kenia, Abidjan/Elfenbeinküste und besonders zahlreich in Südafrika. Nicht vergessen wird in dem BEF-Papier die finanzielle Seite dieser nicht nur biologisch-naturwissenschaftlich, sondern in erster Linie gewinnorientierten Anlagen:

*»So gilt... ein Farmpreis für die Rohhaut des Nilkrokodils von ca. 7,50 DM pro laufendem Zentimeter Bauchhaut. Die schlachtreifen ca. 1,30 bis 1,50 Meter langen Krokodile liefern von diesem verwertbaren Material im Durchschnitt 40 bis 60 Zentimeter. Bei lebenden Zuchtkrokos können heute je nach Alter und Größe Farmpreise von 500 DM für Jungtiere ab 1,20 Meter (2,5 Jahre) bis zu über 3000 DM für geschlechtsreife Tiere ab 3 Meter erzielt werden.«*

Also eine für die Investoren äußerst vielversprechende Angelegenheit. Die Massentierhaltung dürfte demnach bei profitabler Vermarktung ständig nicht nur kostbares Leder, sondern auch tonnenweise Fleisch der gehäuteten Tiere abwerfen, das in modernen Schlachthäusern zerlegt und dann tiefgekühlt nach Europa geflogen werden muß. Mit Sicherheit kommt die Krokomast nicht ohne entsprechende Pharmachemie aus, um farbenprächtige Häute zu produzieren und die Kreaturen in den engen Becken seuchenfrei zu halten.
Beim Aufbau einer wirtschaftlichen Krokodilfarm (»Eine Farm muß rentabel sein und letztlich unter kaufmännischen Gesichtspunkten geführt werden«) mißt der Artenschutzexperte des Bundesamtes nach eigenen Worten dem »Show-Effekt« eine große Rolle bei. Denn erfahrungsgemäß seien die »Einnahmen durch Eintrittsgelder von an Reptilien interessierten Besuchern (Touristen) beträchtlich«. Bei

jährlich bis zu 80000 Besuchern (wie im südlichen Afrika) seien Eintrittsgelder von 3 bis 6 DM pro Person zu kalkulieren. In diesem Zusammenhang denkt Ulrich daran, »den Gästen Fazilitäten zum Beispiel in Form eines Imbißstandes und einer Getränkeausgabe sowie Souvenirartikel (von der Postkarte bis zur Ledertasche) anzubieten«.
Sollen Afrikareisende gleich vor Ort die gerösteten Krokoschwanzhappen verkosten? Wahrscheinlich doch. Wohin sonst mit dem vielen Fleisch, das beim Häuten der Tiere gewissermaßen als Nebenprodukt anfällt? Wenn schon ein »gutgeführter Farmbetrieb mittlerer Größe« 6000 Krokodile benötigt und das Schlachthaus gleich nebenan (bei maximal 20000 zerlegten Krokos pro Jahr) für das nötige Frischfleisch sorgt?
Offensichtlich sollen die Delikatessen aus der Alligatorenmast nicht ausschließlich dem menschlichen Verzehr dienen, denn: »In laufenden Betrieben werden zusätzlich auch die Kadaver der geschlachteten Krokodile als Futter verwertet...« Beim Bundesamt für Ernährung wird eben praktisch gedacht.
Bei den Verkostern so ausgefallener Speisen fallen die Testergebnisse bisher recht unterschiedlich aus. Dem einen liegt der Krokobraten »wie Kalbfleisch mit Fischgeschmack« im Magen, andere finden ihn »würzig, herzhaft und zart«. Tierfreunde halten das Ganze für geschmacklos: Hier werde letztlich »Artenschutz für den Kochtopf« propagiert. Doch sie sind ja einiges gewöhnt.

Der Frankfurter Zoologe Professor Dr. Bernhard Grzimek befürchtet aus leidvoller Erfahrung, bei den Krokoimporten werde es Betrügereien geben wie bei Meeresschildkröten und anderen seltenen Arten. Auch Zollfahnder bestätigen, daß bei solchen Einfuhren immer wieder Papiere gefälscht werden, um Millionengewinne abzusahnen. Im übrigen gibt es bereits jetzt im einschlägigen Handel der Bundesrepublik eine illustre Auswahl an ausgefallenem Exotenfleisch.
Nach einer von Journalisten in Großstädten durchgeführten

Umfrage gibt es kaum ein Tier, dessen Fleisch auf besonderen Wunsch und auf Bestellung bei darauf spezialisierten Vermarktern nicht erhältlich ist, vom »Schlangen-Grillgut« bis zur Bärenkeule. Einen Zwei-Zentner-Bären aus dem Ostblock kann man für rund 1500 DM plus Mehrwertsteuer in einem großen Berliner Kaufhaus ordern. Tiefgefroren. Illustre Schnitzel von Straußenvögeln (auch solches Fleisch versenden die Farmen weltweit) werden in manchen Lokalen bereits für 20 DM serviert. Zum kompletten Menü gehören Mandelbällchen und passender Nachtisch. Schlemmer-Restaurants, das ist bekannt, decken sich mit ungewöhnlichen Angeboten vor allem auf den Märkten von Straßburg und Mailand ein, den Hochburgen für Extravagantes, wo es nahezu alles gibt.
Sogar bratfertige Teile von Löwe und Tiger werden in der Bundesrepublik auf Wunsch besorgt. Von einem süddeutschen Importeur ist bekannt, daß er sich gern für werbewirksame Public-Relations-Aktionen mit tiefgefrorenen Raubkatzen fotografieren läßt. Auch in Eis erstarrte Springböcke und Kaimane gehören dann aufs Bild. Die Branche spricht in diesem Zusammenhang gern von »Überschuß-Tieren«, die ja sowieso »wegmüssen«. Hauptsächlich sind damit betagte Großkatzen aus Zirkusunternehmen und Zoologischen Gärten gemeint, die wegen ihres hohen Alters fürs Marketing uninteressant geworden sind; sie brauchen eben zuviel Futter und bringen nichts mehr ein.
Zu teuer sind sie fürs Gnadenbrot in einem Veteranen-Asyl. Also bleibt ihnen nur noch die letzte große Nummer. Bei einem Schlachtermeister irgendwo in unserer Republik ...

Folgende Seite: *»Überschußtiere« für Schlemmerlokale: Tiefgekühlter Leopard.*

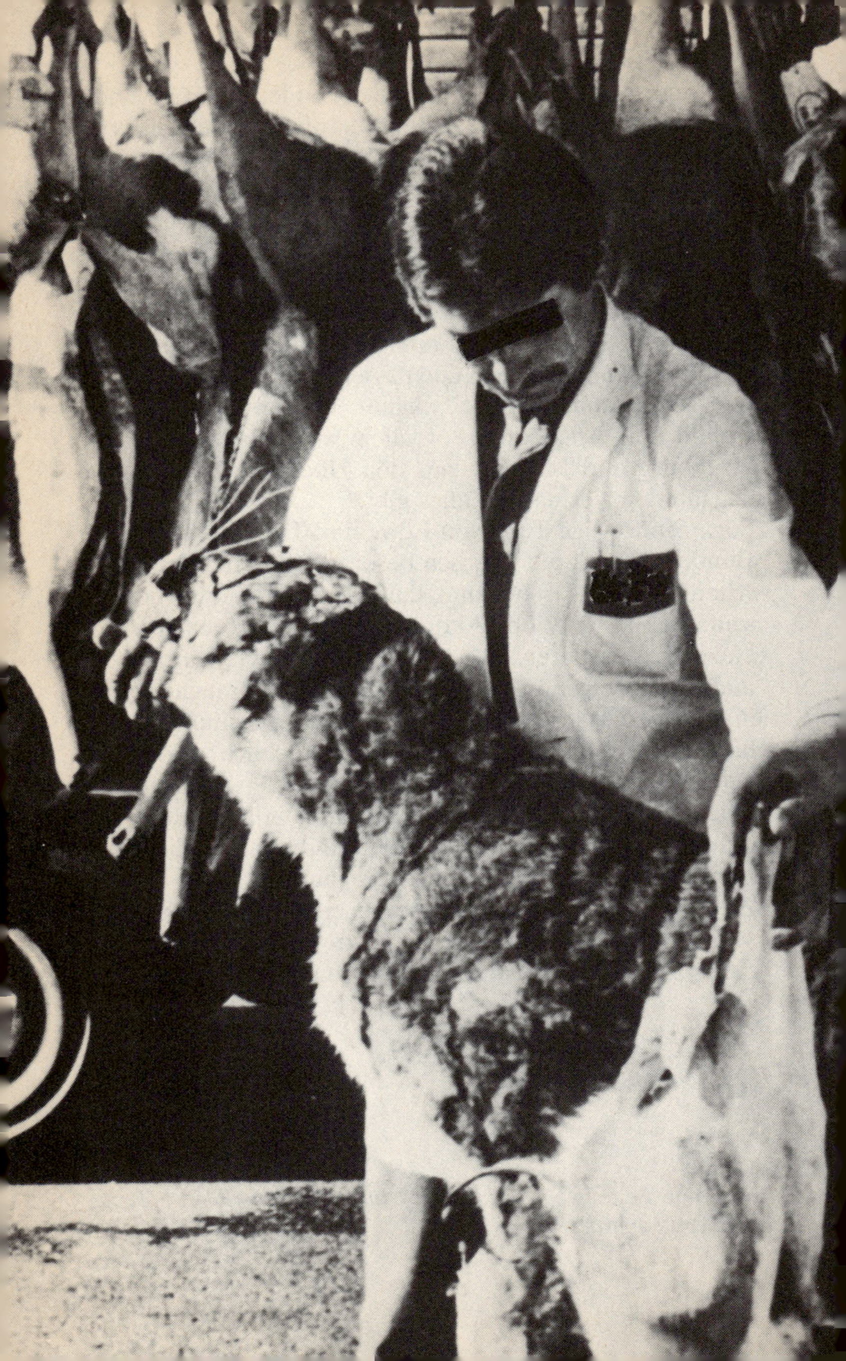

## Soll wie Vergleichbares vom Kaninchen schmecken: Biberratte mit Rotkohl gefällig?

Die schleswig-holsteinische Landwirtschaftskammer möchte deutsche Speisezettel um eine weitere Komponente bereichern: Schenkel und Bauchstück von einem pummeligen Nager namens Nutria. Denn nicht nur mit dessen gelblich- bis tiefbraunem Fell sollen sich Landwirte und Hobbyzüchter ein Zubrot verdienen. Vielmehr schätzt man in der Kammer die ursprünglich aus Südamerika stammenden Vierbeiner auch wegen ihres Fleisches. Angesichts der verkorksten EG-Politik sieht man in ihnen eine echte Produktionsalternative für mittlere und kleinere Agrarunternehmen. Nutrias, bekannter als Biberratten oder Sumpfbiber, gehören zoologisch zur Gattung der Trug- und Ferkelratten. Die Landwirtschaftskammer Westfalen-Lippe wirbt ebenfalls fleißig: Biberrattensuppe mit Leberknödeln und Nutria nach Waidmannsart hätten Testpersonen bei einer Gratismahlzeit wie Vergleichbares vom Kaninchen gemundet, erfährt man von den Münsteraner Funktionären.

Bisher können sich Feinschmeckerlokale aber noch nicht besonders für diese Spezialitäten erwärmen. Zumindest tauchen Nutrias offiziell nicht auf ihren Speisekarten auf. Wer sie dennoch anpreist, kann damit schweren Schiffbruch erleiden. Wie eine Gaststätte im Weserbergland: Als der Wirt seinen Gästen mit ausgefallenen Sachen wie »Biber Orange« und »Castor des Marais« Appetit auf Nutria machen will, greift der Pleitegeier zu: Die üppigen Häppchen, mit Rosenkohl, Rotkohl und Apfelsinenscheiben unterlegt, dazu Quark und Cremesoße mit Pfifferlingen – sie kommen beim Publikum einfach nicht an. Was ursprünglich als Kassenschlager gedacht war, führt statt dessen sang- und klanglos in den Ruin.

Auf einem Bauernhof in der Nähe von Kiel werden die Tiere mit dem mageren Hängebauch eigens für Schlankheitsfanatiker gehalten. Bio-Fleisch vom Hof: Nutrias sind anspruchslose Grasfresser. Leute in der Stadt, mit einem Hang zum Ungewöhnlichen, lassen sich damit frei Haus beliefern. In Baden-Württemberg sind Biberratten auch schon mal in knackiger Kochwurst verschwunden, als heimlicher Lohnauftrag eines Pelztierfarmers bei einem Metzger: Der Schwindel kommt auf einer Schlemmerparty heraus, als der Gastgeber seinen Freunden Lyoner aus Nutriahack auftischt. Ärger hatte die Lebensmittelpolizei im Ländle auch schon mit Hasenbraten vom gleichen Tier.

Allem Anschein nach wandert das Fleisch dieser Wesen vor allem auf den grauen Markt. Ein Züchter in Hessen, hauptberuflich im öffentlichen Dienst, ist der beste Beweis: »Ich kann gar nicht soviel liefern, wie man von mir will.« Die Biberratten hat er in einen ausgedienten Schweinestall einquartiert, wo der Mist vieler Jahre an den Wänden klebt. Seine Ware, die er wegen ihrer Zartheit für Ragout fin empfiehlt, geht per Post styroporverpackt nach Bayern. Er sagt, in die Gastronomie.

Äußerst umstritten ist die Haltung der Tiere, wenn es ihnen am nötigen Auslauf fehlt. Subtropische Feuchtlandschaften sind ihr natürlicher Lebensraum. In Freiheit würden sie Höhlen in Uferböschungen buddeln und Nester aus Zweigen bauen, zu Wasser und zu Land. Sauergräser, Schilf, Muscheln und Schnecken mögen sie als Nahrungsgrundlage. In Gefangenschaft fehlt ihnen das.

Der Deutsche Tierschutzbund bemängelt zu Recht viel zu enge Ställe. Entzündete, blutige Pfoten, hohe Raten von Totgeburten, Kannibalismus und das Einkerben der Schwimmhäute mit einem Messer zur Markierung – dies seien leider keine Ausnahmefälle bei der Farmhaltung: »Je Pelzmantel werden etwa 30 Felle verarbeitet. Aber kein Verbraucher kann sich guten Gewissens in einem Produkt zeigen, dem die Leiden einer großen Anzahl von Tieren anhaften.«

Die Pelztierzüchter (sie nennen sich lieber »Farmer«) sprechen von »Fellernte«, wenn sie ihren Lieblingen das Lebens-

*Falscher Hase: Biberratte (Nutria).*

licht ausblasen. Hier merkt der Tierschutzbund an: »Es ist wenig wahrscheinlich, daß bei Akkordarbeit, beziehungsweise einer Vielzahl zu tötender Tiere die nötige Sorgfalt bei jedem Einzeltier angewandt wird.« Diese Formulierung ist juristisch geschickt für das gewählt, was wirklich passiert.

Der Geschäftsführer des Zentralverbandes Deutscher Pelztierzüchter, Dr. Reinhard Scheelje (Hannover), schreibt in seiner Broschüre über Sumpfbiber unter anderem dies:

*»Alle Veröffentlichungen über geeignete Tötungsmethoden bei Pelztieren gipfeln immer wieder in der Forderung nach ›humanen, schmerzlosen und schnellen Verfahren‹ zum Töten der Tiere. Grundsätzlich gilt, daß ein Tötungsverfahren dann als tierschutzgerecht anzusehen ist, wenn es ohne Angst und Erregungsphasen und ohne Schmerzäußerungen schnell zur Bewußtseinsausschaltung führt und der Tod (Herzstillstand) im bewußtlosen Zustand eintritt. Die Frist zwischen Bewußtseinsausschaltung und Herzstillstand ist dabei nur von nachrangiger Bedeutung. Die Erfüllung dieser Forderung kann besonders bei der Tötung größerer Tierzahlen Schwierigkeiten bereiten, da die notwendige Kontrolle des einzelnen Tieres beim Töten mitunter problematisch wird.«*

Als Methode Nummer eins empfiehlt Scheelje »das Töten durch Keulen mittels Schlag mit einem harten Rundholz« besonders bei jenen Tieren, deren Fleisch verwertet werden soll:

*»Das Tier wird hierbei mit der einen Hand am Schwanz hochgehalten. Die Keulung durch Schlag auf den Schädel mit der anderen Hand führt bei richtiger Anwendung des Schlages zur sofortigen Bewußtlosigkeit infolge Gehirnerschütterung und umfangreicher Gehirnblutungen ... In der Regel blutet bei einem genügend kräftigen Schlag das Tier durch die Nase aus, ist die Blutung zu gering, kann mit einem spitzen, schmalen Messer durch ein Ohr schräg nach unten gestoßen oder auch die Halsader durchschnitten werden. Da dann bei starken Gehirnblutungen die Bewußtlosigkeit lange anhält und schließlich in den Tod übergeht, ist das Pelzen unmittelbar nach der Keulung und Entblutung der Tiere während des Pelzens nicht tierschutzwidrig.«*

Wirklich nicht? Wenn man dem Tier zwar bei Bewußtlosigkeit (wer weiß das genau?), aber doch lebendigem Leib das Fell über die Ohren zieht? Der Sachverständige Scheelje weiß noch eine zweite Methode: »Die Betäubung mittels

Bolzenschußapparat oder Pistolenschusses in das Gehirn.« Der Rest so ähnlich wie Methode eins.
Biberratten können Krankheiten haben, die auch für Menschen gefährlich sind: Die *Rodentiose* (Nagetiertuberkulose, Pseudotuberkulose) wird durch Bakterien (Pasteurella rodentium) übertragen. Erscheinungsbild: vergrößerte Milz mit Nekrosen (lokaler Gewebstod), krankhafte Veränderungen an Darm, Leber und Nieren.
Auch *Salmonellose bei Nutrias ist auf den Menschen übertragbar. Typische Parasitenkrankheiten (Kokzidiose, Rundwürmer-, Bandwürmer- und Leberegelbefall)* können die Bestände dezimieren. Vereinzelt wurde *Trichinose* beobachtet. Trotzdem wehren sich Nutriazüchter gegen die Trichinenuntersuchung bei ihren Schlachttieren. Hauptursache dürften nicht zuletzt die an den Veterinär zu zahlenden Gebühren sein, die den finanziellen Verdienst bei der »Fellernte« schmälern.
Trotz dieser unbestreitbaren Gesundheitsrisiken propagieren Nutriazüchter verstärkt die Fleischverwertung, die bei über 50 Prozent der Körpermasse möglich sein soll. Das Fleisch sei eiweißreich, kalorienarm und wird deshalb von ihnen mit Kalbfleisch verglichen. Es schmecke und rieche fast wie Wildbret. Die verhältnismäßig große Nutrialeber rühmen sie als »erlesenen Leckerbissen«.
Im staatlichen Veterinäramt Münster werden Kostproben so beurteilt:
»Das Fleisch zeigt in rohem Zustand eine blaßrote oder hellrote Farbe, eine feine Faserung sowie eine festelastische Konsistenz. Der Geruch war angenehm fleischartig und ohne die bei Wildfleisch häufig festzustellende strenge Komponenz ... Das in reinem Pflanzenfett in der Pfanne gebratene Fleisch zeigte einen würzig-aromatischen Geruch und Geschmack, den mehrere Personen als kräftiger als beim Kaninchenfleisch bezeichneten.
Die Geschmackskonsistenz wurde allgemein als zart, aber fester als beim Kaninchen beschrieben, das Fleisch der Keulen als besonders saftig und die Bauchlappen als etwas

trockener und faseriger eingestuft. Einen besonders positiven Eindruck hinterließ das Verkosten der Nutrialebern. Die im ungebratenen Zustand blaßbeigen bis gelblichen Lebern ließen schon aufgrund der Farbe auf Fettlebern schließen. Sie wurden von den Testpersonen, die diese Innerei an sich schon sehr schätzen, als ausgesprochen mild, fein und delikat im Geschmack bezeichnet und mit Geflügellebern verglichen.«

Die Veterinäre aus Münster kommen in ihrem in einer Zeitschrift »zur Hebung und Förderung der Pelztierzucht« veröffentlichten Gutachten zu dem Schluß, »daß der Nutria es wert ist, in stärkerem Maße als bisher in den Verkehr gebracht zu werden«. Denn: »Nach Absetzen des Kopfes, des Schwanzes und der Läufe sowie weitgehender Entfernung des subkutan gelegenen Fettgewebes im Nacken- und Keulenbereich macht der ausgeweidete Schlachtkörper dieses Tieres einen auch optisch ansprechenden Eindruck.«

Neutrale Lebensmittelprüfer macht die »Optik« eher mißtrauisch: Biberrattenfleisch ist nämlich kaum mit bloßem Auge von Kaninchenfleisch zu unterscheiden, schon gar nicht in tiefgekühltem Zustand. So ist auch hier Etikettenschwindel vorprogrammiert. In der Tat ist dies schon wiederholt passiert: Was Hausfrauen ihren Familien als Wildbret auftischten, war nicht echt. Quasi falscher Hase aus dem Biberrattenstall . . .

*Guter Riecher gefragt: Aromaforscher der Bundesanstalt für Rebenzüchtung in Landau/Pfalz.*

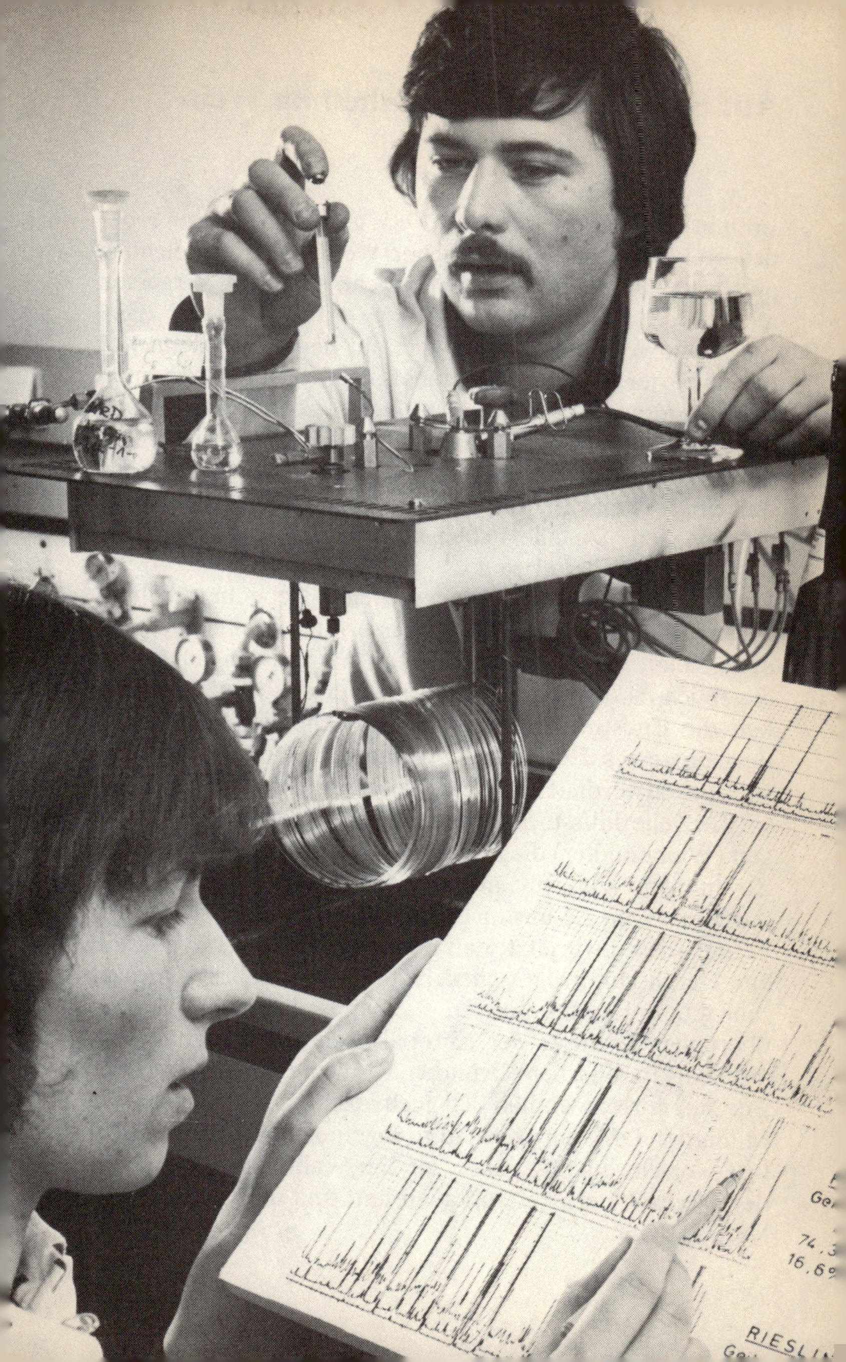

## Auf Suche nach der Wahrheit im Wein

Im Jahr des Diethylenglykols, 1985, prägen die Weinwerber den Reklamespruch: »Deutscher Wein ist unvergleichlich und paßt zu allem, was man nicht so leicht vergessen möchte.«

Ungewollt treffen sie den Nagel auf den Kopf; denn wer diesen bisher schwersten Giftanschlag vergessen kann, muß dem Säuferwahn verfallen sein. Der Glykolskandal ist eine österreichisch-deutsche Coproduktion: Die Österreicher haben gepanscht und gescheffelt, einige Deutsche (wirklich nur einige?) machten mit. Viele haben davon gewußt und geschwiegen. Sie alle haben die Wahrheit, die im Wein liegen soll, in ihm ertränkt.

Das Verbrechen hat uns einiges gelehrt. Nebenbei erfuhren wir, daß es nicht nur Glykol, Wasser und Zucker sind, mit denen man Wein versetzen kann. Wir wissen jetzt: Das angeblich rassige, blumige, süffige Getränk ist in Wirklichkeit die Endstufe eines raffinierten, chemischen Herstellungsprozesses. Ein Produkt, das erst Dutzende von Fremdsubstanzen verdauen muß, ehe es auf den Markt geworfen wird. »Kellerhilfsstoffe« nennen die professionellen Önologen (Weinkundler) diese Zutaten-Apotheke, deren genaue Zusammensetzung mit all ihren möglichen gesundheitlichen Auswirkungen sie uns nicht verraten.

Ferner wissen wir jetzt, daß wir uns die 27 Liter Wein, die ein Durchschnittsdeutscher laut Statistik jährlich trinkt, sehr teuer erkaufen müssen. 2,5 Milliarden Liter aus dem übervollen Weinsee der Europäischen Gemeinschaft, die aus marktpolitischen Gründen vernichtet oder verspritet werden, müssen wir nämlich auch noch finanzieren. Mit 1,2 Milliarden DM, um es genau zu sagen. Auch diese grenzenlose Verschwendung gehört zu den Wahrheiten, an denen der Weinzahn schwer zu kauen hat, und die man nicht so leicht vergißt.

## Diethylenglykol: Süßes Gift

Der mit Diethylenglykol verseuchte Wein wird immer wieder »Frostschutzwein« genannt. Das ist nicht ganz richtig, weil dieser Stoff nur in sehr seltenen Ausnahmefällen als Gefrierschutz herhalten muß: Etwa in Mitteln, die Vereisung und Beschlagen von Auto- oder Schaufensterscheiben verhindern sollen. Verwechselt wird er mit dem ebenfalls toxischen Mono- oder Ethylenglykol, einem Glycerinersatz, der sich als Frostschutz (Glysantin, Genantin) oder Heizbadflüssigkeit eignet.

Diethylenglykol (Diglykol) dagegen ist ein technisches Lösungsmittel für Farbstoffe, ein Weichmacher für Leim, Papier, Gelatine und Zellglas (Folienmaterial wie Cellophan). Zum Trocknen von Erdgas, Feuchthalten von Tabak und als Stabilisator für Emulsionen (Schneideöle) verwendet die Industrie Diglykol. Es wird bei minus 10,5 Grad Celsius flüssig und siedet bei 245 Grad.

Aus mehreren Ländern, so aus den USA und Japan, sind Todesfälle durch Diglykol (kleinste Dosis 14 Gramm) belegt. Diese gefährliche Chemikalie erzeugt bei Vergiftung Übelkeit, Erbrechen und Verstopfung der Harnkanälchen (Anurie), wirkt narkotisch und kann Leber, Nieren, Gehirn und Zentralnervensystem schädigen.

Sie schmeckt scharf-süßlich und wurde wohl hauptsächlich deshalb in österreichische Weine gemischt. Hinzu kommt ihre gute Löslichkeit in Wasser. Die Methode an sich ist nicht neu: Wiederholt gab es in der Bundesrepublik Weinpanschereien mit Glycerin, dem dreiwertigen Alkohol, der dem Diglykol verwandt ist. Bleibt anzumerken, daß man diese Chemikalie im Handel frei kaufen kann. Da sie nicht in der Gefahrgutverordnung aufgeführt ist, muß beim Erwerb auch kein Verwendungszweck angegeben werden.

## Bonn muß es wissen: Giftwein wird nur feiertags geschlotzt

Man kann Wetten darauf abschließen: Immer wenn mit unserer Umwelt oder Nahrung etwas oberfaul ist, schieben sich Bundes- und Landesbehörden gegenseitig den Schwarzen Peter zu. Keiner will etwas gewußt haben, aber alle wissen, wer etwas gewußt hat. Das sind diesmal die Österreicher. Bonn sagt, es sei von den Österreichern zu spät über das Glykol im Wein eingeweiht worden. Die Österreicher sagen, sie hätten Bonn und vor allem die rheinland-pfälzische Landesregierung in Mainz frühzeitig gewarnt. Und Mainz sagt, es habe Bonn sofort informiert. Bonn behauptet, das stimmt nicht. Und schon geht das Spiel von vorne los. Man klopft Sprüche, statt zu handeln.

Es ist gar nicht so schwer nachzuweisen, daß der Kreis derer sehr groß sein muß, die beizeiten über die Superpanscherei mit dem Rebengold im Bild waren. Alte Füchse unter den Händlern hören das Gras wachsen: Im Winter 84/85 wird gemunkelt, im feschen Burgenländer, da sei so ein chemisches Dreckszeug drin. Parole: Aufgepaßt, damit wird's einen Haufen Ärger geben. Dieser und jener hält sich daraufhin mit Großaufträgen bei Prädikatsweinen zurück. Den Kunden rät man verstärkt zu trockenen Lagen. Bei denen geht man das geringste Risiko ein.

Jeder, der sich einigermaßen auskennt, ist sich seit langem im klaren, daß mit dem ewigen Süßling aus der Alpenrepublik irgend etwas nicht stimmen kann. Die Massen, die in der Bundesrepublik zu Spottpreisen verramscht werden, die können niemals bei den Nachbarn vis-à-vis herangereift sein, weil die auch nicht mehr Sonne haben als wir.

Schon 1981 fließt etwa ein Viertel aus ihren Traubenpressen ab ins Ausland, meist nach Deutschland. Mehr als 200000 Liter gießen sich Bundesbürger allein im ersten Halbjahr 81 hinter die Binde. Manche Flasche ist darunter, die niemals

Wachau und Burgenland sah. Man munkelt, daß sie vielleicht vom Balkan kommt. Die Gumpoldskirchner können davon ein Liedchen singen, wieviel Schwindler sich widerrechtlich mit ihrem traditionsreichen Etikett die Taschen füllten und damit ihren Export kaputtmachten. Anderen österreichischen Weingegenden erging es nicht besser.
Vor aller Augen passiert das. Der Winzer Arnold Friderichs aus Cochem an der Mosel schickt bereits 1983 mehrere Briefe an die Mainzer Regierung, und zwar direkt an den Ministerpräsidenten Vogel und den damaligen Weinbauminister Meyer, die er konkret auf Panschereien in Österreich aufmerksam macht. Die hohen Herren aber nehmen ihren Landsmann nicht ernst.
Auch Josef Wiesler, Landwirtschaftsminister im Burgenland, hat es schon damals gewußt: Soviel Prädikatsburgenländer, wie ihn die Deutschen schlucken, der kann niemals echt sein. Oder Erich Mauß vom österreichischen Weinbauverband, der eine Sauwut auf alle Schlitzohren hat, die den guten Ruf der 16000 Burgenländer Winzer systematisch ruinieren.
Die Glykolkatastrophe trifft Insider des Marktes also keineswegs unvorbereitet. Nur Naivlinge wundern sich, als plötzlich die Gerüchteküche zum Skandal überbrodelt. Wo es doch erst so aussieht, als hätten oberste Bundes- und Landesbehörden mit ihrer geübten Taktik wieder mal Erfolg: Man verharmlost das Problem ganz einfach und sagt den Schnüfflern von der Presse, da seien nur ein paar Hektos nicht okay. Darüber wird sich keiner aufregen. So was kommt in dieser Branche schließlich alle naselang vor.

Auf dem internen Dienstweg, per Fernschreiber, berichtet das Bundesgesundheitsministerium den obersten Länderbehörden, was ihm die österreichische Handelsdelegation in Frankfurt mitgeteilt hat. Von alledem erfährt die Öffentlichkeit zunächst kein Wort. »Etwa 3000 Hektoliter mit Diethylenglykol verfälschten Weines« sollen nach Deutschland gelangt sein. Das Bonner Telex hört sich harmlos an: Es handle sich nur um ein Prozent des österreichischen Jahresexports in die Bundesrepublik, und wahrscheinlich sei das Gros nach Rheinland-Pfalz gegangen. Auch könne man die verfälschten Partien leicht an ihren Flaschenetiketten erkennen, darin sei das Glykol »in so geringen Mengen enthalten, daß eine akute gesundheitliche Gefährdung nicht zu befürchten ist«. Hat sich das Ministerium wirklich so schlecht informiert, oder weiß es vielleicht doch mehr und will es nur nicht sagen?

Die Tendenz ist eindeutig: »Darüber hinaus werden diese Weine, die als ›Eisweine‹ und ähnlich in den Verkehr gebracht wurden, nur in geringen Mengen und zu besonderen Anlässen getrunken.« Wer also Gift aus teueren Flaschen nur an Feiertagen schlotzt, braucht nach Bonner Lesart um Leber und Nieren nicht zu bangen. Aber das Ministerium hat den Durst der Deutschen auf Eiswein unterschätzt . . .

Gut 50 Tage gehen ins Land. Staatsanwälte, Kripo und ein paar süddeutsche Lebensmittelfahnder haben inzwischen den dringenden Verdacht, daß viel mehr hinter der Geschichte steckt, als höhere Stellen zugeben wollen. Es ist nicht zu übersehen: Wieder mal haben starke Mächte aus Wirtschaft und Politik die Hand im Spiel.

Hier werden Zahlen manipuliert, die amtlichen Angaben können niemals stimmen. Sonst wäre die Branche nicht so nervös. Stichprobenuntersuchungen lassen das Schlimmste ahnen: Bei fast jeder dritten Analyse stoßen Laborchemiker auf das Gift. Wenn das so weitergeht und alles totgeschwiegen wird, steht vielleicht die Gesundheit von Millionen Menschen auf dem Spiel. Ein unheimlicher Gedanke.

Ein Journalist, dem besagtes Bonner Fernschreiben zugespielt wird, geht der Sache nach. Er ruft am Morgen des 4. Juli die österreichische Handelsdelegation in Frankfurt an: Nummer 720866. Eine Dame am Apparat. Sie verbindet mit »unserem Herrn S., der Ihnen das am besten sagen kann«. Der Herr S. will erst nicht raus mit der Sprache. Es seien

++++++++++++++++++++++++++++++++++++++++++++++++++++++++++++++++++++++

betr.: weinueberwachung
------
hier: glykol in oesterreichischen weinen
-----

nach mitteilung der oesterreichischen handelsdelegation in frankfurt sollen nach feststellungen der oesterreichischen staatsanwaltschaft etwa 3000 hektoliter mit diaethylenglykol verfaelschten weines nach deutschland gelangt sein. dies entspreche etwa 1 o/o der durchschnittlich jaehrlich nach deutschland gelieferten menge.

die oesterreichischen behoerden stehen in engem kontakt mit dem ministerium fuer landwirtschaft, weinbau und forsten des landes rheinland-pfalz in mainz, da moeglicherweise in dieses bundesland der hauptteil der ware gegangen ist. die rheinland-pfaelzischen behoerden haben den oesterreichischen behoerden die telex-nummern der in deutschland fuer die weinueberwachung zustaendigen behoerden mitgeteilt, damit gegebenenfalls auch mit diesen direkt verbindung aufgenommen wird.

nach hier vorliegenden informationen sollen sich die verfaelschten partien leicht an den auf den etiketten angegebenen weinguetesiegelnummern erkennen lassen, die die oesterreichischen behoerden von sich aus nennen. diese chargen sollen von den deutschen firmen wieder nach oesterreich zurueckgesandt werden.

die oesterreichischen behoerden untersuchen angeblich jetzt die bei der weinguetesiegel-vergabe deponierten rueckstellproben so dasz auf eine aufwendige untersuchung aller oesterreichischen weine in der bundesrepublik auf verfaelschte erzeugnisse verzichtet werden koenne.

das zur verfaelschung der weine verwendete glykol, das leber- und nierenschaedigungen hervorrufen kann, ist nach mir vorliegenden informationen nur in so geringen mengen enthalten, dasz eine akute gesundheitliche gefaehrdung nicht zu befuerchten ist. darueber hinaus werden diese weine, die als ''eisweine'' u. ae. in den verkehr gebracht wurden, nur in geringen mengen und zu besonderen anlaessen getrunken.

ueber die ggf. von ihnen getroffenen masznahmen sowie in dieser angelegenheit gewonnenen erkenntnisse bitte ich mich zu unterrichten.

der bundesminister fuer jugend,
familie und gesundheit
416 - 6420 - 4
im auftrag

peters

+++++++++++++++++++++++++++++++++++++++++++++++++++++++++++++++++++++-+

TELEX TELEX TELEX TELEX TELEX TELEX

*»Keine akute Gefahr«: Per Fernschreiben gab Bonn Glykol-Vorwarnung.*

doch »nur ein paar Hektoliter hergeliefert worden, mit so einem Äthylenglykol ... Und da ist so wenig von dem Zeug drin, daß man sogar bereit ist, eine Ausnahmegenehmigung in einzelnen Fällen zu geben.«
Wieviel Hektoliter sind es? »Na ja, vielleicht so 12500 bis 15000 ... Aber schaun S': Bisher hat kein Mensch gewußt, daß man den Wein auf diesen Stoff überhaupt untersuchen müßte ... Es ist halt ein Novum. Der eine macht's mit Zucker, der andere hat eben was anderes dreingemacht ... Bitte, tun Sie der Sache keine besondere Bedeutung beimessen ...« Man habe die verdächtigen Partien übrigens längst zurückgezogen und werde sie in Essig verwandeln.
Was der Herr S. denn davon halte, daß die Bundesregierung nur von 3000 Hektolitern spreche und daß der deutsche Verbraucher in Wirklichkeit mit einem Vielfachen der Menge hinters Licht geführt werde? Das könne man doch nicht einfach in der Presse unterschlagen?
Der Herr S. sieht das ganz anders: Bittschön, die Angelegenheit sei »so klein und so wenig diffizil, daß die österreichische Weinwirtschaft kaum noch einen Satz verliert über die ganze Geschichte, und das Gesundheitsministerium (in Bonn) das auch zur Kenntnis nimmt«. Herr S. hält »überhaupt nichts davon, das zu publizieren. Denn damit scheuchen wir erst das ganze Thema auf. Es bringt nämlich nichts ...«
Wie er denn das meine mit dem Ministerium? Ob er den Eindruck habe, daß man dort auch lieber schweigen wolle? Das sei so: Bonn habe »die Sache abgedreht an die Länder, an Rheinland-Pfalz, Bayern und so weiter. Und das österreichische Landwirtschaftsministerium hat Bonn informiert und gesagt: Hier ist etwas schief- und falsch gelaufen ... Eine kleine Affäre, ein wirklich kleiner Fisch ... Es geht doch darum, daß man jetzt nicht das Kind mit dem Bad ausschüttet, und daß man aus einem Floh einen Elefanten macht. Denn das ist alles schon restlos abgeklungen, ist vollkommen abgewürgt bis zum letzten ...«
Höchstens ausnahmsweise könne es passieren, »daß viel-

leicht irgendwo in einer Stellage noch eine Flasche gefunden wird, wo von einer Lieferung im Februar etwas drin ist ...«

Für die Handelsdelegation aus Wien scheint das Problem damit gelöst. Oder doch nicht?

Der »kleine Fisch« holt Luft, um Wellen zu schlagen. Mächtige Wellen. Sie schwappen über auf Stadt und Land. Kaum ein Supermarkt bleibt davon verschont. Was Diethylenglykol ist, weiß bald jeder. Der Skandal wird just in dem Moment publik, als Politik und Handel ihn schon heimlich, still und leise begraben wollen.

## Deutsche Quellen zum Aufmotzen ungünstiger Lagen?

Woher haben die Österreicher ihre Glykolmassen bezogen? Liegen die Quellen in der Bundesrepublik? Haben hiesige Firmen direkt oder indirekt beim Abzapfen der Giftchemikalie mitgeholfen? Alles zerbricht sich darüber den Kopf, obwohl man ganz einfach an das Zeug rankommt. Erstens fällt es in Mengen bei der Erdölverarbeitung an, wie der andere Giftalkohol, das (Mono-)Ethylenglykol. Zweitens wird es von vielen großen und kleineren Unternehmen produziert, die es auch weitgehend wieder selbst verwenden. Und drittens kann man Diglykol im Handel frei kaufen, ab 200 Liter aufwärts, unter 1,50 DM pro Kilo. Die Panscher schweigen sich über die Herkunft der Chemikalie zunächst aus, doch kann man davon ausgehen, daß es vermutlich nicht bei einem bekannten Hersteller direkt bezogen wurde. Das hätte auffallen können.
Der Deutsche Verbraucherschutzverband (DVS) erwähnt in einer Anfang August 1985 in Wiesbaden abgegebenen Stellungnahme drei marktbeherrschende Konzerne. Wörtlich: »Als Produzenten und Lieferanten von Diethylenglykol wissen diese nur zu genau, an wen und für welche Zwecke die Chemikalien verkauft werden.«
Und weiter: Die bisherige Haltung der Politiker, Behörden und Weinfunktionäre, »die alle Schuld den Österreichern zuschieben wollen und sich selbst nur als bedauernswerte Opfer sehen«, sei eine verantwortungslose Täuschung der Öffentlichkeit, ein unwürdiges Schauspiel, eine erbärmliche Lumperei. Es werde sogar massiv versucht, diese Lebensmittelverbrechen als eine Art Kavaliersdelikte hinzustellen, indem man der Bevölkerung »zum Abreagieren ein paar schwarze Schafe« vorführe und die niederschmetternden Ergebnisse der Weinanalysen nicht lückenlos preisgebe. Paradoxerweise lege man auf einmal Höchstwerte für Gly-

kol im Wein fest, was der nachträglichen »Legalisierung eines Deliktes« gleichkomme. Denn das Vorhandensein dieses Stoffes im Wein – ganz gleich in welcher Konzentration – sei auf die bewußte, absichtliche Zugabe der Substanz zurückzuführen und nach geltendem Recht strafbar. Ungeachtet der Herkunft des Glykols im Endprodukt, ob aus Verschnitt mit österreichischen Importen oder durch direkten Zusatz, handle es sich eindeutig um kriminelle Machenschaften. Dabei würden die Verbraucher nicht nur finanziell, sondern auch in fahrlässiger Weise gesundheitlich geschädigt.
Der DVS geht noch einen Schritt weiter: »Wir fordern die Verbraucher gerade jetzt, da viele Winzerfeste anstehen, eindringlich zu einem massiven Boykott von Wein auf, um so endlich Politiker, Behörden und Weinfunktionäre zum Handeln zu zwingen und die dringend notwendigen Verbesserungen durchzusetzen. Die Verbraucher sollen so lange keinen Wein mehr kaufen und trinken, bis eine offizielle Positivliste erstellt ist, die umfassende und genaue Auskunft über die Gesamtqualität eines Weins im Hinblick auf Zukkerzusatz, Schwefel- und Sorbinsäuregehalt, Pestizidrückstände etc. gibt. Die entsprechend notwendigen Untersuchungen durch unabhängige Institute sind von den Winzern und Händlern zu veranlassen und zu bezahlen.« Nur ein frommer Wunsch?

Müßte nicht eine solche Regelung ganz im Sinn der ehrlichen, der sauberen Winzer sein, die ihren Kunden endlich reinen Wein einschenken könnten? Jedenfalls sehen die Wiesbadener keinen Grund, warum nicht alle Zusatzstoffe und Rückstände deutlich auf Etikett und Preislisten stehen sollen. Negativlisten, wie sie zur Zeit herausgegeben werden und tagtäglich in der Presse stehen, solche Listen, die sich auf den einen Schadstoff Glykol beziehen, seien zwar als erste Maßnahme erforderlich, »tragen aber eher zur Verwirrung bei, denn die Untersuchungen sind ja bei weitem nicht flächendeckend«.

Dem Bundesgesundheitsamt in Berlin wirft der DVS vor, unverantwortlich zu handeln, weil es sich bei den Angaben, welche Glykolmengen schädlich seien, bisher zurückhalte. Britische Toxikologen – so weiß die Organisation – geben beispielsweise die für Erwachsene tödliche Dosis mit 80 Milligramm pro Liter an. Nierenschädigend sind aus englischer Sicht bereits 30 Milligramm. Dem BGA wird geraten, schnellstens die mögliche Entstehung schädlicher Folgeprodukte des Glykols im Stoffwechsel zu erforschen, ebenso eventuelle Kombinationswirkungen mit anderen Substanzen sowie schädliche Langzeitwirkungen.
Was deutsche Stellen bisher unternommen hätten, sei im wesentlichen »so konzipiert, daß die Branche vor allzu großen finanziellen Schäden bewahrt wird, der Gesundheitsschutz der Verbraucher aber ist zweitrangig«. Diese Einstellung zeige sich gleichfalls am bestehenden Weingesetz und den üblichen Produktionsmethoden:

*»Ein ganzes Arsenal oft gefährlicher und gesundheitsschädlicher Chemikalien wird sowohl im Weinberg (Pestizide gegen Unkraut, Würmer, Insekten, Pilze) als auch im Keller (Reinigen von Pumpen und Schläuchen; beim Wein selbst: Filtern, Entsäuern, Konservieren, Klären, Schönen, Schwefeln usw.) von den Winzern selbst eingesetzt. Diese Chemiekosmetik trägt dazu bei, daß auch Ernten ungünstiger Lagen aufgemotzt werden können (Vergrößerung der Anbauflächen) und daß in der Bundesrepublik 80 Prozent Prädikatsweine und nur 20 Prozent Tafelweine erzeugt werden, obwohl durch Klima und Boden bedingt das Verhältnis genau umgekehrt sein müßte. Quantität statt Qualität.*
*Diese Mengen können aber gar nicht abgesetzt und konsumiert werden. Die Deutschen müßten ein Volk von Trinkern sein, um überhaupt nur ein Viertel der inländischen Produktion aufzubrauchen ...«*

Aus Brüssel verlautet in diesen Tagen, daß die Europäische Gemeinschaft 1985 etwa 2,5 Milliarden Liter Wein durch

Destillation vernichten will. Die EG ertrinkt im Meer ihrer Lagen. Die deutschen Steuerzahler müssen allein zur Verspritung mindestens 400 Millionen DM beisteuern, die EG-Steuerzahler insgesamt 1,2 Milliarden DM. Was für eine katastrophale Überschuß-Mißwirtschaft...

Die Bonner Arbeitsgemeinschaft der Verbraucher (AGV) rechnet aus, daß in diesem Jahr die unverkäuflichen EG-Schnapsvorräte auf über zehn Millionen Hektoliter anwachsen werden, weil der Weinalkohol trotz der ungeheueren Subventionen weit kostspieliger bleibe als gleichwertiger synthetischer Alkohol. Alles in allem habe Brüssel für 1985 Weinsubventionen von 2,2 Milliarden DM eingeplant, von denen 700 Millionen DM auf die Bundesrepublik entfallen. Neuer Rekord: Die mit Steuern abgedeckten EG-Weinbauverluste haben sich damit in den letzten fünf Jahren verzehnfacht. Was in diesem Jahr in Sprit verwandelt werden soll, entspricht übrigens der dreifachen Menge einer normalen deutschen Weinernte. Da komme noch einer mit...

*Liebeserklärung trotz Giftanschlag: Seit der Glykolaffäre wirbt das Deutsche Weininstitut (Mainz) bundesweit mit diesem Aufkleber um Sympathie.*

## Mainz hätte gern ein paar Ausnahmen gemacht: Tagebuch des Weinskandals

□ 6. Juli 1985: In Stuttgart wird bekannt, daß bei einer Stichprobenuntersuchung fünf von 19 Flaschen Burgenländer die Chemikalie Diethylenglykol enthielten. Das Regierungspräsidium zieht daraufhin 15000 Flaschen des österreichischen Imports aus dem Verkehr und nennt Markennamen: Ruster Spätlese, Ruster Auslese (beide Burgenland), St. Georgener Auslese, Rust Neusiedlersee Beerenauslese, Frauenkirchner Scheurebe Eiswein.
Begründung der Amtshandlungen: Lösungs- und Frostschutzmittel im Wein seien nicht nur eine Zumutung für Verbraucher, sondern auch eine echte Gesundheitsgefahr. Baden-württembergische Kontrollbehörden erhielten, ehe sie losschlagen konnten, gezielte Hinweise aus der heimischen Weinwirtschaft.
□ 8. Juli: Erstmalig wird überregional über den sich bundesweit andeutenden Skandal berichtet: Der Westdeutsche Rundfunk und Radio Bremen teilen ihren Hörern mit, daß mindestens 15000 Hektoliter Rebensaft in Österreich mit der Giftchemikalie gefälscht und zum größten Teil in die Bundesrepublik exportiert worden seien. Eigenartigerweise hätten die 1,8 bis 2 Millionen Flaschen mit Prädikatsweinen (Spätlesen, Beerenauslesen, Eiswein usw.) unerkannt die Kontrollen vereidigter Sachverständiger durchlaufen und zu allem Überfluß auch noch Gütesiegel erhalten. Ein Armutszeugnis für die Prüfer.
Nach Auffassung des Bundesgesundheitsamtes bestehen erst bei einem Glykolgehalt von mehr als 100 Milligramm im Liter Wein gesundheitliche Bedenken, eine Information, die bei Verbraucherschützern auf scharfe Kritik stößt Sie meinen: Gift ist Gift und gehört überhaupt nicht in Lebensmittel. Ergänzend erfahren sie vom Bremer Gesundheitssenator, daß es nicht nur um Abfüllungen des Jahrgangs 1983

geht, sondern auch um ältere Weine, bis hin zu den '78ern. Behörden gehen dazu über, Listen der verseuchten Marken zu veröffentlichen. Verbraucher bringen scharenweise ihre österreichischen »Mieslinge« in die Geschäfte zurück. Viele Supermärkte tauschen um oder geben ihren Kunden das Geld zurück.

□ 10. Juli: Sämtliche Medien berichten nun in großer Aufmachung und kritischen Kommentaren über den Weinskandal. Diglykol, so heißt es, könne zu schweren Nieren-, Leber- und Gehirnstörungen führen.

Unter dem Druck der Öffentlichkeit sieht sich nun auch das Bundesgesundheitsministerium zu einer Warnung vor dem Genuß der Weinsorten aus Österreich gezwungen. Jetzt endlich sagt das Ministerium, was es bereits seit Monaten aus österreichischen Quellen weiß, und was es den Länderbehörden im Mai fernschriftlich mitgeteilt hat. Die Keller-Alchimisten werden angeprangert. Die Bundesbürger räumen ihre Bestände aus. Niemand ist sich mehr sicher, ob seine Vorräte sauber sind.

Das Landwirtschaftsministerium in Wien versichert, es habe bereits am 25. April deutsche Behörden über die kriminellen Vorgänge im Burgenland aufgeklärt. Alarmierende Einzelheiten werden über Ermittlungen bekannt:

Das bayerische Innenministerium stellt in 30 bis 50 Prozent der Weine aus dem Burgenland und vom Neusiedler See Diglykol fest. In Rheinland-Pfalz werden 1,2 Millionen Flaschen beschlagnahmt. In Schleswig-Holstein, wo die Ämter zunächst »keinen Handlungsbedarf« für ähnliche Maßnahmen sehen, beeilt man sich jetzt – wie auch in den übrigen Ländern –, mit den Untersuchungen nachzukommen. Hamburg fordert die Verbraucher offiziell zur Rückgabe an die Händler auf. Mehrere Supermarktketten nehmen österreichische Marken ganz aus den Regalen. Im Burgenland beginnt das laute Jammern. Die Weinwirtschaft befürchtet dort »weitreichende Folgen«.

□ 11. Juli: Wien vergleicht die Wellen der Entrüstung in Deutschland mit dem schottischen Seeungeheuer von Loch

Ness: Die Medien wollten, sensationslustig wie sie seien, das Sommerloch ausfüllen. Die Wiener widerlegen sich selbst, indem sie ihre eigenen, den Deutschen früher gegebenen Zahlen korrigieren: 15000 Hektoliter seien nach Österreich zurückgeholt und außerdem 12500 Hektoliter in der Bundesrepublik beschlagnahmt worden. Das ist fast das Zehnfache der ursprünglich nach Bonn gemeldeten Menge...
Allgemeine Verwunderung über neue Erkenntnisse: Mehrere Firmen in Rheinland-Pfalz, Baden-Württemberg und Norddeutschland hätten von dem Betrug seit langem gewußt, aber nichts dagegen unternommen, um nicht ihren eigenen Geschäften zu schaden. In einem Fall habe sich sogar eine Kellerei darüber beschwert, daß die verseuchten Weine überhaupt untersucht würden.
Beim Bundesgesundheitsamt beurteilt man die Lage jetzt weit kritischer als am Anfang: Die Panscherei sei »ein krimineller Akt«.
□ 12. Juli: In Bonn wird bestätigt, daß das rheinland-pfälzische Weinministerium im Mai beim Bundesgesundheitsamt eine Ausnahmegenehmigung für Wein mit 0,5 Gramm Glykol pro Liter beantragt hat. Das BGA habe abgelehnt.
□ 13. Juli: In Baden-Württemberg untersuchen 150 Beamte über tausend Betriebe auf giftigen Rebensaft. Bei zunächst 52 Marken werden sie fündig. 300000 Flaschen, die in Einzelfällen bis zu 9,7 Gramm Glykol pro Liter enthalten, werden aus dem Handel genommen oder beschlagnahmt. Weil die länderübergreifende Zusammenarbeit bisher zu wünschen übrig läßt, schlägt das Stuttgarter Gesundheitsministerium vor, die Kontrollen bundesweit besser zu koordinieren. Bei den Gesundheitsämtern und Regierungsstellen sollen »Weintelefone« zur Information der Bürger eingerichtet werden.
Aus Österreich verlautet, der Skandal habe dort bereits für mehrere hundert Millionen Schilling wirtschaftlichen Schaden angerichtet. Der Export sei weitestgehend zusammengebrochen. Immerhin gingen allein 1984 von rund 480000

Hektolitern fast 75 Prozent in die Bundesrepublik. Bundeskanzler Sinowatz bittet seinen Amtskollegen Kohl in Bonn um Hilfe »gegen die pauschale Verteufelung österreichischer Weine«, wie er sagt. Kohl entgegnet, daß für ihn Verbraucherinteressen den Vorrang hätten; in seinen Augen seien die Panscher Verbrecher, die der Gesundheit ihrer Mitmenschen Schaden zufügten. (Letzteres sagt er freilich nicht zu Sinowatz, sondern im deutschen Fernsehen.) Von Kohl, der gern in Österreich Urlaub macht, weiß man, daß er eine Schwäche für dortige Prädikatsweine hat. In diesen Tagen bekennt sich allerdings in der Bundeshauptstadt kein Politiker zu solchen Gewohnheiten: Er müßte befürchten, daß man an seinem Weinverstand zweifelt.
Es sind nicht nur die Deutschen, die den Österreichern nichts mehr abkaufen wollen: Aus allen Teilen der Welt kommen Stornos. In London heißt es, rotweißroter Rebensaft sei wie pures Gift. Die Wiener »Kronen-Zeitung«: »Europas Wein-Mafia will uns ruinieren.« Andere Blätter wundern sich darüber, daß das deutsche Finanzministerium strengere Zollkontrollen für österreichische Weinimporte verfügt habe. Meldungen über vereinzelte Vergiftungen bei Konsumenten in der Bundesrepublik werden angezweifelt. Das Wiener Landwirtschaftsministerium muß sich den Vorwurf gefallen lassen, bis jetzt nur die Namen zweier Panscher genannt zu haben (die jedoch weiter exportieren dürfen). Einer dieser Beschuldigten meint öffentlich: »Da sind noch viel größere Betriebe reinverwickelt.« Bei mindestens 90 Prozent der Exporteure seien Hausdurchsuchungen gemacht und Material beschlagnahmt worden, was aber tunlichst verschwiegen werde, um nicht noch mehr Unruhe zu stiften. Es gebe in Österreich etwa 30 solcher Unternehmen; bei 28 habe man verdächtige Ware sichergestellt.
Die Ruster Weinbauern antworten mit Demonstrationen. Außerdem veranstalten sie in der Bundesrepublik eine Werbekampagne für ihre (sie sagen: »durch wenige schwarze Schafe«) in Verruf geratenen Produkte. Kostenpunkt der Aktion: 570000 DM. Sie nützt ihnen nicht viel.

ANZEIGE

## „Warnung vor dem Genuß österreichischer Weine“

In den deutschen Medien wurde eine Mitteilung des Bonner Gesundheitsministeriums verbreitet, die vor dem Genuß österreichischer Prädikatsweine warnt, nachdem solche mit unerlaubten Zusätzen versehen sind (Diaethylen-Glykol, genannt Frostschutz).

Wir werden jetzt laufend von unseren Kunden gefragt, wie es diesbezüglich mit unseren Weinen steht. Dazu möchten wir zum Ausdruck bringen, daß wir zutiefst über derartige Manipulationen einiger österreichischer Firmen (sicher eine Minderheit) bestürzt sind und erklären rechtsverbindlich, daß unsere Weine vollkommen unverfälscht sind. Unsere Linie ist es, die Weine in ihrer naturbedingten Eigenart zu belassen, nur deshalb ist es uns gelungen, mit unseren Erzeugerabfüllungen zufriedene Kunden in der BR-Deutschland zu erwerben.

Falls Sie unsere Weine – vor allem vollkommen trockene Kreszenzen – und unser Haus noch nicht kennen, fordern Sie bitte unsere Preisliste an, es erfolgt kein Vertreterbesuch. Ab 1 Karton (6 Flaschen) liefern wir franko ihrer Wohnadresse.

Oder Sie fragen bei jenen Weinspezialgeschäften in der BR-Deutschland an, die unsere Erzeugerabfüllungen führen.

**Winzergenossenschaft „Wachau“**
**A-3601 Dürnstein 22, Österreich**

*Zutiefst bestürzt: Österreichische Weinwerbung.*

□ 16. Juli: Ein Hanauer Rechtsanwalt erstattet wegen Vergiftung und Körperverletzung Anzeige gegen Unbekannt. Auch Bundesgesundheitsminister Geißler und den Präsidenten des Bundesgesundheitsamtes, Großklaus, zeigt er an: Wegen Strafvereitelung im Amt. Der Jurist wirft beiden vor, ihre Behörden hätten viel zu spät auf schon im Februar und März erhaltene Informationen reagiert. Regierung und BGA weisen diese Angriffe zurück.
Der Bundesverband der deutschen Weinimporteure tritt in Bonn dem Verdacht entgegen, daß Frostschutz-Auslesen auch in der Bundesrepublik verschnitten worden sein könnten. (Wenige Tage später kommt heraus, daß auch in deutschen Weinen Diglykol gefunden wurde. Pressekommentar: So ist das, wenn man mit dem Finger auf andere zeigt, dann zeigen drei Finger auf einen selbst zurück...)
Die in die Enge getriebene Landesregierung in Mainz gibt plötzlich Versäumnisse bei der Information der Öffentlichkeit zu: Erste Informationen vom 25. April habe man nicht an die übrigen Bundesländer weitergeleitet, weil der zuständige Beamte die Lage falsch einschätzte. Erst am 13. Mai seien dann über Bonn die Warnungen an die Länder gegangen. Das Saarland steht mit seiner Auffassung nicht allein, daß das Bundesgesundheitsministerium in seinem fraglichen Fernschreiben »die Sache heruntergespielt habe«, indem es eine akute Gesundheitsgefährdung der Bevölkerung durch die Glykoleinfuhren verneinte.
□ 18. Juli: Das Chemische Untersuchungsamt Braunschweig meldet einen besonders schlimmen Fund: 16,1 Gramm Diglykol pro Liter in einer österreichischen Trokkenbeerenauslese, in einer weiteren Flasche desselben Abfüllers 14 Gramm.
Es gibt Schwierigkeiten mit Untersuchungsmethoden: Gas-Chromatographen, anderweitig in der Lebensmittelkunde seit langem bewährt, sind offensichtlich doch nicht der Weisheit allerletzter Schluß beim Aufspüren von Inhaltsstoffen im Wein, vor allem von Glykol. Massenspektrometer sind wesentlich moderner und präziser, kosten aber auch

mehr: zwischen 200000 und einer Million Mark. Zahlreiche staatliche Labors müßten unbedingt in personeller und materieller Hinsicht besser ausgestattet werden. Privatleute neigen schon aus Kostengründen eher dazu, ihre Vorräte nichtbehördlichen Lebensmittelchemikern anzuvertrauen: Pro Analyse zahlen sie dort zwischen 100 und 200 Mark.

□ 20. Juli: Jetzt warnen die Österreicher vor lebensgefährlichem Eiswein der Marke »Stifterl« im eigenen Land: In einer Sorte wurden 16 Gramm Diglykol pro Liter ermittelt, eine Dosis, die tödlich sein kann. Inhaber deutscher Kellereien sprechen in Koblenz von einem »Jahrhundertverbrechen«. Das Vertrauen beim Konsumenten sei angeschlagen wie nie zuvor. Der in Deutschland angerichtete Schaden wird auf mindestens zehn Millionen DM beziffert.

Währenddessen werden aus Wien fast täglich Verhaftungen von Verdächtigen gemeldet, darunter angesehene Exportunternehmer. Vertreter österreichischer Bauernverbände äußern den Verdacht, daß die Panscher im politischen Bereich Hintermänner haben, weil die Affäre in ihrem wahren Ausmaß so lang vertuscht worden sei. Möglicherweise gebe es irgendwo im Land eine heimliche Kunstweinfabrik.

□ 24. Juli: In einem Bielefelder Labor errechnet man den Wert von 19 Gramm Glykol pro Liter Auslese. Auf der Liste der in der Bundesrepublik veröffentlichten Giftweine ist dies Nummer 441. In den kommenden Monaten wird die Zahl fast ins Astronomische klettern . . .

In die laufenden Ermittlungen werden das Bundeskriminalamt und Interpol eingeschaltet: Sie sollen herausfinden, ob zwischen mehreren Todesfällen vergangener Jahre und dem Glykolskandal ein Zusammenhang besteht. Der Verdacht bleibt unbewiesen. Einer der »Verstorbenen« meldet sich quicklebendig: Im Hörfunk gibt der Münchner Kaufmann E. Interviews über frühere Weinerfahrungen. (Ein Wiener Blatt und Agenturen hatten die Meldung verbreitet, er sei 1981 den Folgen einer Weinvergiftung erlegen.)

Vorübergehend wird erstmals ein deutscher Importeur verhaftet, dann aber mit Auflagen wieder auf freien Fuß gesetzt. Die Staatsanwaltschaft Wiesbaden geht dem Vorwurf nach, er habe zwei Jahre lang in Rheinland-Pfalz rund 400000 Liter Wein aus Österreich mit gefälschten Gütesiegeln und Exportpapieren gewinnbringend abgesetzt. Auf dem Weg von Österreich nach Hessen seien aus dem Billigtropfen (Einkaufspreis: 50 Pfennig pro Liter) auf wundersame Weise Spätlesen (Verkaufspreis eine Mark) und Eiswein (3,50 DM) geworden.

□ 26. Juli: Neue »Rekordmeldung« aus Österreich: Das Wiener Gesundheitsministerium hat in einer Beerenauslese Welschriesling 1981, die im Burgenland abgefüllt worden sein soll, die Superdosis von 48 Gramm Diethylenglykol im Liter diagnostiziert und warnt vor höchster Vergiftungsgefahr. Gleichzeitig wird die Verhaftung eines niederösterreichischen Steuerfachmanns bestätigt, der den Panschern zur Verwendung der Giftchemikalie geraten haben soll.

□ 27. Juli: Immer mehr schwappt der Weinskandal auf deutsche Marken über: Untersuchungsämter in der Bundesrepublik finden unabhängig voneinander Glykol in den Abfüllungen verschiedener Betriebe, und zwar von der Qualitätsstufe »Kabinett« an aufwärts. Es fällt jedoch auf, daß deutsche Behörden sich bei der Bewertung dieser Funde und bei der Namensveröffentlichung von Firmen bemerkenswert zurückhalten. Nicht nur in Österreich wird denn auch sofort vermutet: Hier hat die Lobby den Daumen drauf. Das muß einen nicht erstaunen: Die deutsche Weinwirtschaft, die gerade aufwendige Werbefeldzüge plant, will sich nicht über Gebühr blamieren.

Immer lauter wird der Ruf nach schärferen Kontrollen. Das deutsche Weingesetz (1971 bei seiner Verabschiedung nannte es die damalige Gesundheitsministerin Käthe Strobel »das beste der Welt«) läßt zusätzliche Straf- und Überwachungsvorschriften zu, die aber Bund und Länder erst noch beschließen müssen. Die CDU/CSU verlangt in einem Neun-Punkte-Katalog eine einheitliche Fachaufsicht für die bisher noch länderunterschiedliche Weinkontrolle. Grüne und SPD fordern die Bekanntgabe aller Zusatzstoffe auf dem Flaschenetikett. Branchenkenner fürchten: Wenn das durchgeht, wird man vor lauter Zusatzstoffen die Flasche nicht mehr sehen.

Lobenswerte Initiative der Berliner Verbraucherzentrale, die juristische Unklarheiten beseitigen will. Da für zahlreiche verseuchte Weine ein behördliches Veräußerungsverbot besteht, muß dies rückwirkend ebenso für die früher gelieferte Ware gelten, meint sie. Zwar haben sich gesetzliche Gewährleistungsansprüche der Käufer sechs Monate nach Lieferung verjährt, doch dürfe dies nicht bedeuten, daß der Schaden auf Verbraucher mit Weinvorräten abgewälzt werde. Die Zentrale bietet Interessenten einen Musterbrief für Reklamationen an.

□ 30. Juli: Wien will »das schärfste Weingesetz der Welt« noch in den kommenden Monaten verabschieden, kündigt Kanzler Sinowatz an. Strenge Qualitätskontrollen sollen umgehend eingeführt werden. Beabsichtigt seien ein Aufzuckerungsverbot für Qualitätsweine, Beschränkung der Höchsterträge, genaue Herkunftsbezeichnungen und nur noch Flaschenabfüllungen bei Spitzenweinen, die bisher in Tankwagen exportiert werden dürfen: Diese Pläne sind kaum veröffentlicht, da werden sie auch schon von der österreichischen Weinwirtschaft kritisiert, von denselben Leuten, die soeben noch drakonische Schritte zum Schutz gegen Panscher verlangten...

□ 3. August: Österreichische Stellen wollen die »Gefährlichkeit des Glykols« besser erforschen. »Damit Menschen nicht zu Schaden kommen«, wolle man die Chemikalie an Tieren ausprobieren. Der Deutsche Tierschutzbund protestiert: Es helfe Bürgern mit ramponierter Gesundheit durch Glykolwein jetzt wenig, wenn dieselben Schäden auch noch bei Tieren erzeugt würden.

□ 14. August: Erstmalig werden auf politischer Bühne personelle Konsequenzen gezogen: In der Mainzer Landesregierung tritt der zuständige Staatssekretär im Weinbauministerium, Ferdinand Stark, zurück. In der Weinbauabtei-

lung des Ministeriums werden außerdem zwei Beamte von ihren Ämtern entbunden. Sie legen dagegen Widerspruch ein: Durch ihre Anwälte wollen sie beweisen, daß sie die Ministeriumsspitze »frühzeitig und eingehend unterrichtet« hätten.
Das Land Niedersachsen baut die Weinüberwachung aus. Die täglichen Glykolanalysen werden im staatlichen chemischen Amt Braunschweig von 50 auf 100 gesteigert. Zusätzlich wird eine Arbeitsgruppe gebildet: Lebensmittelchemiker, Chemietechniker und ein Weinbauingenieur gehören ihr an. Das »Weintelefon« des Amtes erhält mehrere tausend Bürgeranrufe. Rege Nachfrage ebenso bei den Namenslisten gepanschter Rebensäfte.
□ 20. August: Der Hamburger Senat erläutert der Bürgerschaft (Parlament der Hansestadt), warum er auch beim Weinskandal »angemessene Rücksichtnahme auf die berechtigten Interessen des Handels« üben muß. »Behördliche Eingriffe dürfen grundsätzlich erst vorgenommen werden, wenn Verstöße gegen lebensmittelrechtliche Bestimmungen mit hinreichender Sicherheit festgestellt worden sind.« Diese vornehme Rücksichtnahme könnte eine Erklärung dafür sein, daß der Hamburger Behördenapparat nicht immer der schnellste ist, wenn es um die Aufdeckung von Lebensmittelkriminalität geht.
□ 14. September: Die beschlagnahmten Bestände füllen riesige Lager. Wohin nun mit den Glykolweinmassen? Der Regierungsbezirk Stuttgart läßt in einer Heilbronner Firma fast eine Million Flaschen zu ungenießbarem Industriealkohol verspriten. Sie müssen vorher sämtlich per Hand entkorkt werden, wozu man Schüler und Studenten engagiert, die ihr Taschengeld aufbessern wollen. Vater Staat beseitigt auf Steuerkosten großzügig, was Wirtschaftskriminelle angerichtet haben. Mit Rückständen, so heißt es, habe man nach der Destillation keine Schwierigkeiten. Die Brühe, die übrig bleibt, wird einfach in die Kläranlagen abgelassen.

*Geld zurückverlangen und Arzt aufsuchen: Hamburger Ratschläge.*

Staatliche Pressestelle

Freie und Hansestadt Hamburg

10. Juli 1985

**Gesundheitsbehörde warnt vor dem Verbrauch österreichischer Prädikatsweine**

Die Hamburger Gesundheitsbehörde fordert alle Verbraucher auf, mögliche Vorräte an österreichischen Prädikatsweinen vorerst nicht zu verwenden.

Die Gesundheitsbehörde ist darüber informiert worden, daß rund 3.000 Hektoliter österreichischen Weines - rund ein Prozent der jahresdurchschnittlich nach Deutschland gelieferten Menge - mit Diethylenglykol verunreinigt sein sollen. Derzeit ist nicht bekannt, welche Mengen davon nach Hamburg gelangt sind. Es steht auch noch nicht fest, um welche Jahrgänge und Lage es sich handelt. Festzustehen scheint bisher nur, daß vornehmlich Prädikatsweine (Spätlese, Auslese, Beerenauslese und Eiswein) in Betracht kommen.

Bis die Einzelheiten geklärt sind, rät die Gesundheitsbehörde von einem Verbrauch sämtlicher österreichischer Prädikatsweine ab, da gesundheitliche Beeinträchtigungen durch Diethylenglykol - insbesondere Störungen der Nierenfunktion - nicht auszuschließen sind. Sobald die betroffenen Weine näher eingegrenzt werden können, wird die Gesundheitsbehörde dies bekanntgeben.

Verbrauchern, die erst in den letzten Tagen österreichische Prädikatsweine gekauft haben, empfiehlt die Gesundheitsbehörde, diese Produkte dem Einzelhändler zurückzugeben und das Geld zurückzuverlangen. Verbrauchern, die nach dem Genuß solcher Weine Beschwerden verspüren, rät die Gesundheitsbehörde, einen Arzt aufzusuchen.

Kontrolleure der Hamburger Lebensmittelüberwachung informieren augenblicklich alle Handelsketten und fordern alle Händler auf, österreichische Prädikatsweine vorerst aus dem Sortiment zu nehmen. Wo die Lebensmittelkontrolleure noch Bestände antreffen, werden amtliche Proben gezogen. Laboruntersuchungen sind aber auch Aufgabe des Handels, da nach dem Lebensmittelgesetz jeder Händler nur einwandfreie Ware in Verkehr bringen darf.

In Lübeck dürfen verschreckte Bürger ihre Giftauslesen gleich in die Toilette kippen. Der Senat, der sonst gern Umweltbewußtsein demonstriert, hat nichts gegen solche »Direktverspritung«. Er traut seinem kommunalen Klärwerk zu, daß es die haushaltsüblichen Glykolmengen leicht verkraftet. Was den Lübeckern recht ist, ist den Berlinern billig: Der dortige Senat hat gleichfalls »keine Bedenken, mit Glykol kontaminierten (verschmutzten) Wein in das Abwassernetz abzugeben«.
So was kann danebengehen. In Österreich, im Burgenland, da kippen nicht nur freie Gewässer, sondern ganze Kläranlagen vor lauter Giftwein regelrecht um. In Gols, dem Ursprung mancher Chemieabfüllung, riecht die Kanalisation penetrant nach Wein. Und auf einem Kanal schwimmen tote Fische in Richtung Neusiedler See. Zuviel Glykol für Forelle blau im Naturschutzgebiet.
□ 27. September: Politiker aller Wein-Bundesländer stimmen nun Lobeshymnen auf ihre Winzer an, von denen doch die allermeisten eine saubere Weste hätten. Bayerns Landwirtschaftsminister Eisenmann bricht eine Lanze für edlen Tropfen aus dem Frankenland, der bis jetzt über jeden Glykolverdacht erhaben sei. Dies beweise doch, sagt er, daß sich die Weinbauern dort »nicht nur mit Worten für Güte und Eigenständigkeit ihrer Produkte einsetzen«, sondern auch mit Taten. Diesmal gibt es bei der Prämiierung auf der historischen Festung Marienberg drei Staatsehrenpreise, 178mal Gold, 502mal Silber, 539mal Bronze für heimische Gewächse.
Mit zwei Millionen DM will Rheinland-Pfalz seinen durch die Glykolaffäre »unschuldig in Bedrängnis geratenen Winzern« unter die Arme greifen. Im Bundesrat bringt Mainz zusammen mit Nordrhein-Westfalen einen Antrag ein, der den deutschen Weinabsatz wiederbeleben soll. Während die Westfalen hauptsächlich die Interessen der Verbraucher im Auge haben, will man in Mainz mehr Sicherheit für über 100000 Arbeitsplätze im dortigen Weinbau schaffen. Die wichtigsten Forderungen an den Bundesrat: Bessere Im-

portkontrolle, Verringerung der Zollstellen und Beschränkung der Einfuhren aus Drittländern auf Flaschenwein (statt Transport in Tankwagen).
Gegen Punkt drei legen postwendend die deutschen Glas- und Etikettenhersteller ihr Veto ein: Denn wenn die Italiener, Spanier, Franzosen, Österreicher und so weiter künftig ihre Spätlesen schon per Flasche und nicht mehr im Großcontainer nach Deutschland bringen, dann bedeutet dies für die hiesigen Glasfabriken und Etikettendrucker Umsatzverluste auf dem interessanten Markt. Ob dann nicht doch alles beim alten bleibt?
Ex-Bundesgesundheitsminister Geißler dagegen fängt garantiert etwas völlig Neues an: Der Politiker, unter dessen Verantwortung die gigantische Panscherei nur schwer ans Tageslicht kam, ist unter die Hobbywinzer gegangen und hat sich fünf Ar Land mit Rebstöcken zugelegt. Zum Abschied aus Bonn überreicht er jedem Kabinettskollegen einen Korb mit Kostproben aus der Pfalz, wo er nun eigene Trauben ernten will.
□ 28. September: Dramatische Zuspitzung in Österreich: Ein Kellereiinspektor, der zu den prominentesten staatlichen Prüfern gehört, hat sich erschossen. Der 54jährige sollte vor dem Untersuchungsrichter als Kronzeuge für die bevorstehenden Panscherprozesse aussagen. Behörden deuten den Selbstmord eiligst als Folge von Arbeitsüberlastung: Josef M., dessen Heimat das Burgenland ist, sei mit den -zig Verhaftungen und Hunderten von Strafanzeigen innerlich nicht fertig geworden.
Seine Freunde hingegen berichten von massiven Drohungen einer »berüchtigten Weinmafia«, die es seit langem auf den unbestechlichen Beamten abgesehen habe. M. hatte eng mit Fahndern in Deutschland zusammengearbeitet, um österreichische Wirtschaftskriminelle zur Strecke zu bringen. Jetzt nimmt er möglicherweise wertvolles Belastungsmaterial mit ins Grab ...
□ 15. Oktober: Die Serie der Weinprozesse in Österreich ist angelaufen. In der Kärntner Landeshauptstadt Klagenfurt

hat sich ein 55jähriger Hotelier aus Feld am See – nicht direkt als Fälscher, sondern als Verkäufer – zu verantworten. Die Anklage wirft ihm vor, Glykolwein an seine Gäste ausgeschenkt zu haben, den die Kellereiinspektoren bereits erkannt und amtlich versiegelt hatten. Der Wirt kommt mit einer fünfstelligen Geldstrafe davon.

☐ 17. Oktober: Im ersten Prozeß gegen einen der Giftmischer muß sich vor dem Kreisgericht Krems in Niederösterreich der 24jährige Weinhändler Otto Hotzy verantworten. Die Vertreter der internationalen Presse sind angerückt, deutsche und österreichische Kamerateams. Nach wenigen Stunden schon ist die Verhandlung beendet. 15 Monate Gefängnis für Hotzy. Auf Bewährung, denn er ist geständig und nimmt das Urteil sofort an.

Er erzählt dem Gericht, wie er's gemacht hat, um die Geschmacksrichtung seiner Abnehmer zu treffen, die hauptsächlich in Wien sitzen: Pro Liter Wein ein Gramm Diethylenglykol. Doch weil die Blume noch längst nicht so angenehm gewesen sei wie beim Jahrhundertwein 1983, habe er auch noch Trockenstärkesirup nachgegossen, bis das Gesöff seinen Erwartungen entsprach.

Insgesamt 40000 Liter Weißwein und 7000 Liter Rotwein hat er auf diese Weise zusammengebraut, knapp die Hälfte davon kaufte man ihm auch sofort ab. Den Rest wäre er, wie er sagt, sicher auch noch leicht losgeworden. Doch im Mai kreuzten plötzlich die Prüfer in seinem Weingut in Hadersdorf am Kamp auf. Sie sahen die Bescherung.

Hotzy hat die Tricks, wie man aus minderwertigem Rebensaft Prädikatswein macht, von seinem verstorbenen Vater gelernt. Der Senior war ein Meister der Produktion von »reinem« Kunstwein, ohne einen Tropfen Traubensaft. Er hat das Rezept dem Sohn vererbt: Glyzerin (dem Glykol verwandt) plus Zucker, Kalisalze, Weinsäure, Wasser, Milchsäure und ein paar weitere Chemikalien. Das brachte dem Vater damals zwanzig Monate Gefängnis ein.

Der Sohn kündigt an, daß er sich nach dem Glykolurteil aus der Branche zurückziehen werde. Obwohl er alles zugibt, schaltet sich der Anwalt nochmals ein. Er möchte seinen Mandanten vor Gericht nicht als Betrüger sehen. Er fragt, wo denn die angeblich Geschädigten, die Verbraucher seien? Es gebe keine Geschädigten, denn sie hätten Hotzys Wein ja »nur genossen«. So kommt auch der Advokat noch zu seiner Schau.

Für die Justiz ist Hotzy unter den Glykolsündern nur ein kleiner Fisch. Die großen Fälle mit wesentlich mehr krimineller Energie, sie stehen noch an. Einige der Beschuldigten müssen hinter schwedische Gardinen und werden kräftig zur Kasse gebeten. Für Milde – das ist der Justiz klar – würde die Öffentlichkeit kaum Verständnis haben. Bleibt abzuwarten, ob die strengen Urteile wirklich abschrecken. Wer weiß, was nach Glycerin und Glykol noch alles kommt?

Eins muß man den Österreichern lassen: Bei der Aburteilung der Schuldigen legen sie ein forsches Tempo vor. Die Ermittlungen der Staatsanwaltschaft wurden rasch und sorgfältig geführt, die Anklageschriften in relativ kurzer Zeit fertiggestellt. Niemand wird ihnen nachsagen können, sie hätten die juristischen Konsequenzen aus dem Skandal verzögert.

□ 25. Oktober: Das Bundesgesundheitsministerium macht erneut Inventur. Die aktualisierte Liste nennt jetzt 1250 österreichische und 69 deutsche Weine, in denen bisher Glykol festgestellt wurde. Die deutschen Glykolweine stammen im wesentlichen von fünf Großabfüllern und deren Tochterfirmen.

Zusatz: Die Chemikalie wurde bis jetzt auch in sieben italienischen Traubensäften, einem Likör und einem Fruchtwein aus Österreich, einem deutschen und vier italienischen Schaumweinen, sowie fünf Weinen aus Ungarn und einem Wein aus Frankreich gefunden. Bonn: Fortsetzung folgt!

## Giftwein mit Sprengstoff: Natriumazid

Österreichische Behörden kommen im Spätherbst 1985 durch Geständnisse inhaftierter Weinpanscher einem weiteren Giftanschlag auf die Spur: Diesmal haben die Betrüger die Chemikalie Monobromessigsäure und das noch gefährlichere Natriumazid zur Konservierung ihrer Abfüllungen benutzt. Rund 100000 Liter werden sofort beschlagnahmt und Hauptverdächtige festgenommen. Die gemessenen Konzentrationen liegen teilweise bei 1,5 Milligramm pro Liter. Das Bonner Bundesgesundheitsministerium erfährt frühzeitig von der neuen Affäre, geht den Hinweisen jedoch nicht sofort nach.

Monobromessigsäure kann auf Menschen nervenschädigend wirken. Natriumazid ($NaN_3$) ist ein farbloses, kristallin explosibles Salz der Stickstoffwasserstoffsäure ($HN_3$), das in Pulverform in wäßriger Lösung stark alkalisch reagiert. Zum Preis von rund 110 DM pro Zehntelliter ist es im Handel. Es wirkt stark keimtötend. Technisch dient es unter anderem zur Herstellung des Initialsprengstoffs Bleiazid.

Medizinisch gilt Natriumazid als schweres Fermentgift, das bereits in geringen Mengen zu Übelkeit, Erbrechen, Kopfschmerzen und Durchfall führt und in höheren Dosen tödlich sein kann. Man nimmt an, daß es den Zellstoffwechsel unterbricht und Atemlähmung auslöst. In der Fachliteratur sind Todesfälle beschrieben.

Vor allem kleinere Winzerbetriebe haben die Chemikalie benutzt, die keine technischen Einrichtungen für physikalische Weinkonservierung (kurze Erhitzung) besitzen. Bereits im Jahr 1960 wurde in Österreich Natriumazid bei der Herstellung von Kunstwein verwendet, es ist also seit langem einschlägig bekannt.

## Spruchweisheit aus dem Pieroth-Imperium: Weingeist kann auch vernebeln

Macht der Nachbar krumme Sachen, trägt man selbst weiße Weste zur Schau. In der zweiten Julihälfte 1985, als das Malheur der Österreicher zunehmend die deutschen Umsätze drückt, entschließt sich der Stabilisierungsfonds für Wein in Mainz zu einer Werbekampagne in Übersee. Er will Amerikanern und Japanern schmackhaft machen, wie proper die eigenen Spätlesen sind, damit im Ausland beim Studium gleichsprachiger Etiketten und Preislisten klar zwischen österreichischem Miesling und echtem deutschen Riesling unterschieden wird.
Der Fonds ist eine öffentlich-rechtliche Einrichtung, die sich mit umsatzgestaffelten Beiträgen aus der Weinwirtschaft finanziert und darüber hinaus vom Bund und Land Rheinland-Pfalz finanziell unterstützt wird. Appell an alle Winzer: Sie sollen sich gerade jetzt – »ohne mit dem Finger nach Österreich zu zeigen« – solidarisch verhalten, um größeren Schaden von den eigenen Reihen abzuwenden. Von Aktionen nach dem Motto »Unser Wein ist garantiert nicht gepanscht«, wie sie einige Gebietsgenossenschaften planen, rate man dringend ab, weil die Zielgruppen dies als den Versuch einer Profilierung auf Kosten anderer auslegen könnten. Spätestens beim nächsten eigenen Weineklat würde sich das bitter rächen.
Die Mainzer hätten sich ihre Mühe sparen können. Während sie noch an ihrem Konzept für Fernost und die Vereinigten Staaten tüfteln, flattert ihnen eine Katastrophenmeldung auf den Tisch, die alle ihre schönen Pläne über den Haufen wirft: Süßes Gift nun auch im lieblichen Hessentröpfchen. Ein historischer Augenblick.
Das chemische Untersuchungsamt des Landes Rheinland-Pfalz in Mainz und das staatliche Lebensmitteluntersuchungsamt in Wiesbaden haben in einer »83er Framershei-

## Der Riese wankt: Pieroth in der Krise

Mit ihrem Umsatz von 641,5 Millionen DM liegt die Pieroth-Gruppe aus Burg Layen bei Bingen 1984 an der Spitze der deutschen Weinhandelsunternehmen. Ein Jahr später erlebt sie durch den Glykolskandal die schwerste Krise in der fast 300jährigen Geschichte des Hauses. Die Giftchemikalie wird nicht nur in österreichischen, sondern auch in deutschen Abfüllungen gefunden, die Pieroth vertreibt. Die Negativschlagzeilen bringen Riesenverluste, allein 30 Millionen DM durch Rückholaktionen für verdächtige Marken. Vorerst weitere 20 Millionen DM Minus durch Auftragsstornierungen im In- und Ausland. Es scheint unvermeidlich: Kurzarbeit, Entlassungen. Hunderte von deutschen Winzerfamilien, die mit Pieroth zusammenarbeiten, werden das ebenfalls spüren. Tiefgreifende Änderungen auch in der Führungsspitze.

Kuno Pieroth (Jahrgang 1937) ist geschäftsführender Gesellschafter der Ferdinand Pieroth Weingut-Weinkellerei GmbH, Burg Layen. Er entwickelte gemeinsam mit seinem Bruder Elmar das System des Direktvertriebs zur Perfektion: 2000 Weinsorten im Angebot, Aktionsradius 21 Länder der Welt. Zahlreiche Tochterfirmen, die gemeinsam mit der Muttergesellschaft die Unternehmensgruppe bilden. Elmar Pieroth legte seinerzeit nach der Wahl zum Wirtschaftssenator von Berlin den Aufsichtsratsvorsitz nieder und trat die Stimmrechte ab.

Im August 1985 schreibt Kuno Pieroth einen Brief an Kunden: »Ich bedauere zutiefst, daß durch diese Österreichischen Weine auch einige nichtösterreichischen Weine in meinem Haus infiziert wurden.« (Zuvor hat ein langgedienter Kellermeister der Firma gestanden, zwei Prädikatsweine mit österreichischen Weinen verschnitten zu haben.)

mer Kreuzweg, Huxelrebe Auslese« und einer »83er Albiger Petersberg, Optima Beerenauslese« (beide Anbaugebiet Rheinhessen und beide mit zehnstelliger amtlicher Prüfnummer) 0,2 Gramm Diglykol pro Liter ausfindig gemacht. Dazu das Mainzer Umweltministerium: »Entsprechend der toxikologischen Beurteilung von Diethylenglykol-Verfälschungen im Wein begegnet ein solcher Gehalt bei täglichem Genuß gesundheitlichen Bedenken.«
Handfesten wirtschaftlichen Bedenken begegnet man zur gleichen Stunde dort, wo diese ersten Glykolsünden auf deutschem Territorium aufgeflogen sind: In der Schaltzentrale des Pieroth-Imperiums auf Burg Layen, beim bedeutendsten Weinmulti in der Bundesrepublik, herrscht Katerstimmung. Einem Firmensprecher zufolge kann sich niemand vorstellen, wie das Gift in die Flaschen kam. Beim Tochterunternehmen Niederthäler Hof seien beide Weine

*Beerenauslese mit Prädikat und einem Schuß Glykol.*

»nur acht beziehungsweise zehn Tage im Haus gewesen oder abgefüllt worden«. Leider müsse festgestellt werden, »daß unser Vorlieferant uns diesen Wein so geliefert hat«.
Und wenn Presseleute die Pieroth-Kellermeister darauf ansprechen, kommt ebenfalls die Antwort: Von dem »Scheißdreck« (Glykol) befinde sich bestimmt kein einziges Gramm in der Firma. Dann aber doch das sensationelle Geständnis: Einer von ihnen gibt gegenüber Fahndern zu, zwei Prädikatsweine mit österreichischen Weinen verschnitten zu haben. Daß er sich ausgerechnet die Renommiermarken mit den drei »K« (Kaiser, Könige, Kellermeister) dazu ausgesucht hat, die Pieroth beim Besuch prominenter Gäste kredenzt, nimmt man dem altgedienten Mitarbeiter besonders übel. Doch jeder fragt sich, ob er diese schwerwiegende Entscheidung wirklich nur allein getroffen haben kann?
Weil die Unglücksnachrichten nicht abreißen wollen und weitere Glykolfunde nicht auszuschließen sind, ordnet die Unternehmensleitung an, mehrere tausend Marken rückwirkend bis 1980 zu überprüfen. Mit der totalen Offenlegung der Ergebnisse und – dick unterstrichen – ehrlicher Informationspolitik wolle man versuchen, das Vertrauen der Kunden wiederzugewinnen.
Währenddessen gehen die Aufträge radikal zurück, und die Vertreter im Außendienst sind fast nur noch mit dem Einsammeln und Abtransport beanstandeter Partien beschäftigt. Eine Million nach der anderen wird in den Wind gestrichen, das Traditionsunternehmen, das bis zum Ende dieses Jahrzehnts die Schallgrenze von 800 Millionen DM Umsatz anpeilte, zittert in den Fugen. Das Management beschwichtigt: Eine Existenzgefährdung bedeute dies alles nicht, man schnüre ein »Maßnahmenpaket zur Schadensbegrenzung«. Was das bedeutet, kann sich jeder denken: Kurzarbeit, Entlassungen, entscheidende Änderungen in der Spitze.
In Pressekommentaren spiegelt sich die allgemeine Stimmung: Niemand wolle mehr einen Wein, an dem der Glykol-Ruch haftet. Genau dies sei nun auf absehbare Zeit das

Problem der Pieroths und der von ihnen abhängigen über tausend Winzer, von denen das Unternehmen einen großen Teil seines Rebensaftes bezieht. Die mit ihnen abgeschlossenen Verbundverträge sollen, wie auf Burg Layen verlautet, fristgerecht gekündigt werden. Häufige Schlagzeile: »Der Weinskandal bringt neben der Großkellerei auch viele bundesdeutsche Winzerfamilien in Not.«
Mitten in der allgemeinen Aufregung erklärt der geschäftsführende Gesellschafter der Pieroth-Gruppe, Dr. Adolf Huber, seinen Rücktritt. Von ihm stammt der in Kuno Pieroths Buch über »Wahre Weinkultur« verewigte Satz: »Weingeist kann auch vernebeln.« Blickte Huber, der als einer der fähigsten Köpfe im deutschen Weingeschäft gilt, bei Pieroth nicht mehr durch?
Nach einer Erhebung der Industrie- und Handelskammer Trier ist die Hälfte der Weinhändler aufgrund der Glykolaffäre jetzt nur noch zu 50 bis 60 Prozent ausgelastet, einige rechnen zumindest mit vorübergehender Betriebsstilllegung. Jedes dritte Unternehmen will Mitarbeiter entlassen, wenn sich die Lage nicht bald bessert.
Erste Pleiten kündigen sich an. Die Kellerei Walter Seidel im rheinland-pfälzischen Alsheim beantragt beim Amtsgericht Worms das Vergleichsverfahren. Seidel, einer der wichtigsten deutschen Importeure, hat eine Tageskapazität von 100000 Flaschen. Österreichische Importe wurden bisher ebenso abgefüllt wie rheinhessische und rheinpfälzische Marken. Die Firma gibt an, es könnten glykolverseuchte österreichische Reste in die deutschen Lagen gelangt sein. Jetzt seien an die 1,6 Millionen Flaschen aus Österreich bei Seidel unverkäuflich geworden, mindestens viereinhalb Millionen Mark Verlust für das Unternehmen. Wieviel Firmenzusammenbrüche werden noch folgen?
Nach einer Umfrage des Sample-Instituts ist das Vertrauen jedes dritten Bundesbürgers in die Qualität des deutschen Weins erschüttert, jeder fünfte trinkt weniger davon. Vom österreichischen will jeder zweite nichts mehr wissen. Der Mainzer Stabilisierungsfonds registriert weitverbreitetes

Mißtrauen, das allerdings nicht in vollem Umfang auf die Kaufentscheidung niederschlage.
»Wir verurteilen die kriminellen Machenschaften der Mafia«, schimpfen heimische Winzer Mitte Oktober 1985 in Köln auf dem »Weltmarkt für Ernährung« (Anuga), wo sie um neues Vertrauen für ihre Lagen werben.

# Kuno Pieroth

Herausgeber

# Wein

## Genuß ohne Risiko

## Der Weinpapst schimpft auf die Sünder und predigt »Genuß ohne Risiko«

In dem von ihm herausgegebenen Buch »Wein – Genuß ohne Risiko« (1982) schreibt Kuno Pieroth unter anderem:

*»Die Weinwirtschaft befindet sich auf keiner weinbautreibenden heilen Insel... Die Sensibilität der Öffentlichkeit, insbesondere in den Bereichen Umwelt und Gesundheit, fordert auch die Unternehmen der Weinwirtschaft. Die seriöse und glaubwürdige Diskussion von Themen, die die Öffentlichkeit interessieren, bedeutet auch ein Stück Wiedergewinnung von Glaubwürdigkeit für eine Branche, die in den letzten Jahren gravierende Vertrauensverluste zu verzeichnen hat aufgrund von skandalösen Vorfällen und Gesetzesverstößen. Auch wenn nur eine absolute Minderheit der Firmen der Weinwirtschaft dieses Bild zu verantworten hat, ist das gesamte Bild dieses Wirtschaftszweigs von diesen Vorfällen geprägt worden. Dies bedeutet, daß die Mehrheit der Wein erzeugenden, verarbeitenden und vertreibenden Firmen durch kontinuierliche und langfristige Vertrauensarbeit in der Öffentlichkeit wieder Glaubwürdigkeit schaffen muß, die von einer Minderheit verspielt wurde...*
*Während ein großer Teil der Bevölkerung Angst hat, Schluck um Schluck oder Bissen um Bissen vergiftet zu werden, sagen anerkannte Wissenschaftler, daß Lebensmittel noch nie so gut waren wie heute und die chemische Analytik noch nie so weit wie in der Gegenwart...*
*Auch für das Produkt Wein gilt, daß die gestiegene Sensibilität in den Bereichen Umwelt, Ernährung und Gesundheit natürlich auch Auswirkungen hat auf die Einstellung der Verbraucher zu diesem Produkt. Die öffentliche Meinung läßt es nicht zu, daß wir so tun, als ob Weinbau kein landwirtschaftliches Verfahren sei, sondern ein göttlicher Segen. Der Verbraucher wird langfristig nicht akzeptieren,*

*daß der Eindruck vermittelt wird, Weinverarbeitung sei identisch mit der Verbindung von Eichenfaß, Kerzenlicht und Kellergewölbe unter Beifügung der Schweißtropfen des Kellermeisters ...«*

Seinen zweiten Bestseller, »Wahre Weinkultur« (erschienen 1984, ein Jahr vor der Glykolaffäre), widmet Pieroth »den Weinfreunden und Verbrauchern, die es in der Hand haben, wie gut die Weine jetzt und in Zukunft sein werden«. Er widmet es auch »den seriösen Winzern, Weingütern und Weinhändlern, die Qualität erzeugen und vermarkten und damit Schaden vom Wein (und besonders vom deutschen Wein) abwenden, den andere verursacht haben und noch verursachen ...« In weiser Voraussicht fragt Pieroth seine Leser:

*»Bleibt Wein Bestandteil der Lebenskultur, oder entwickelt sich dieses Getränk zum Massenprodukt mit der Tendenz: Masse statt Qualität, billig statt gut, skandalträchtig statt vertrauenswürdig?«*

Und dann rät er: *»Hände weg von billigsten Weinen, von Verpackungen, die keine Qualität ermöglichen, und von unseriösen Weinanbietern, die mit allen Mitteln der schnellen Mark nachjagen. Augen auf ...«*

Auch von Panschereien, dem merkwürdigen Wachstum von Billig-Spätlesen, von »deutschen« Weinen aus südlichen Tanks und von den Praktiken windiger Importeure weiß der Layener Burgherr schlimme Dinge zu berichten:

*Man habe in den vergangenen Jahren »häufig Geschichten von gerissenen Einkäufern gehört, die nach einer Spätlese von einer bekannten Lage fragten und Winzer gegen Winzer ausspielten. Etwa nach dem Schema: ›Ihr Nachbar hat mir eine Spätlese für 2 Mark angeboten, Sie nicht. Also kann ich Ihnen nichts abkaufen. Aber überlegen Sie sich alles noch mal. Ich komme übermorgen wieder.‹ Der Winzer hat – aus purer Existenznot – übermorgen eine Spätlese parat. Denn vom Tafel- oder Qualitätswein, der im Keller liegenbleibt, kann seine Familie nicht leben . . .«*

So ähnlich sollen sich, wie wir heute wissen, ja die Besuche bestimmter Vermarkter bei österreichischen Winzern hin und wieder abgespielt haben. Pieroths damaliges Wort in der Kontrolleure Ohr:

*»Die Weinprüfstellen haben in den letzten Jahren, teilweise nach speziellen Schulungen für ihre Prüfer, manchen getürkten deutschen Wein entlarvt. Aber die Weinmengen lassen sich, so man will, an den Prüfstellen vorbeischleusen. Das Papier, auf dem Etiketten mit scheinbar so amtlichen Prüfnummern gedruckt werden, ist gelegentlich sehr geduldig.«*

Was sich später auf fatale Weise sogar bei Pieroths geprüftem Edeltropfen bestätigt: Die glykolversetzten Lagen rauschen an den braven Kontrolleuren nur so vorbei . . . Doch er, der Deutschlands Panschern so gern die Leviten liest und dennoch bei all seinem Sachverstand den Durchblick durch eigene Tankwagen vermissen läßt – er sieht voraus, wie so ein Übel in den Griff zu kriegen wäre. Denn Herr Kuno P. hat wieder mal so einen Animus:

*»Hoffnung für die Zukunft kommt aus der Kernforschungsanlage (!) Jülich, wo Wissenschaftler des Instituts für Radioagronomie an einer Methode arbeiten, mit der sich die Herkunft von Weinen lokalisieren läßt. Freilich stehen diese Versuche noch am Anfang. Und anwendbar ist die Methode (bei der Sauerstoff-Isotope in einer Flüssigkeit gemessen werden) wohl nicht in Serie, sondern nur bei einem konkreten Verdacht . . .«*

Nur bei Verdacht? Nach Pieroths eigenen Worten kämen sie dann mit ihrer Methode wohl nicht nach. Zitat aus Seite 157:

*»Außerdem muß man sich darüber im klaren sein, daß Weine immer schon von unsauberen Geschäftemachern gefälscht wurden und wohl weiter gefälscht werden. Der deutsche Weinbau hat hier gewiß keine (zweifelhafte) Monopolstellung! In unseren Nachbarländern werden ebenfalls immer wieder Weinskandale aufgedeckt und kursieren Gerüchte ...«*

Die Weinskandale der letzten Jahre seien sicher kein Beitrag zur wahren Weinkultur. Trotzdem ergäben sich aus diesen Vorfällen auch positive Aspekte:

*»Viele Verbraucher wissen heute, daß die billigsten Weine nicht unbedingt die besten und ehrlichsten sind. Gute Weine, besonders in den Prädikatsstufen, kosten ihren Preis, und für diesen nötigen Preis gibt es heute mehr Verständnis bei den Weinkonsumenten als noch vor einigen Jahren. Außerdem wurden aufgrund der Machenschaften einiger ›Zauberlehrlinge‹ weitergehende Kontrollmöglichkeiten eingeführt, zusätzliche diskutiert.*
*Wenn diese Diskussionen auch noch zu weiteren handfesten Ergebnissen führen, wie zu einem Kontrollzeichen, das Art und Herkunft des Weins sicher bestätigt, dann bekäme der Verbraucher nachträglichen Nutzen aus dem Schaden, der ihm in der Vergangenheit zugefügt wurde.*
*Schließlich haben die geschilderten Vorfälle noch dazu beigetragen, daß alle an der Weinerzeugung und Weinvermarktung beteiligten Gruppen in letzter Zeit energisch die Frage diskutieren, wie man von einer oftmals mengenorientierten zu einer qualitätsorientierten Weinpolitik kommen kann. Hier erwarte ich in der nächsten Zeit Ergebnisse, die dem deutschen Wein Qualität und damit Ansehen zurückgeben, das teilweise verspielt worden ist.«*

Ergebnisse liegen inzwischen vor. Nur anders, als von Pieroth erwartet. Frage: Wer hat denn Qualität und Ansehen verspielt? Und wer gibt sie dem Wein zurück?

# Die freundliche Seite harter Paragraphen
# Oder:
# Wie das deutsche Weinrecht Ihnen nutzt

Bitte wehren Sie nicht gleich ab, nur weil wir von Paragraphen und Recht sprechen. Zugegeben ist das, was von den Gesetzgebern so ausgeknobelt wird, ziemlich trocken und für den Normalverbraucher meist unverständlich. Zweifellos aber werden die Gesetze zu unserem Nutzen gemacht. Und ausnutzen können wir sie nur, wenn wir sie kennen. Nebenbei brauchen Sie nicht zu befürchten, daß wir Ihnen hier die Paragraphen der Gesetzestexte präsentieren. Wir wollen nur versuchen, Ihnen das deutsche Weinrecht von seiner verbraucherfreundlichen Seite zu zeigen. Denn in der Tat rückt es die Information und den Schutz des Konsumenten in den Vordergrund. Darüber hinaus schreibt es für jeden deutschen Wein ganz exakte Qualitätsbedingungen vor, und damit ist es einmalig in der Welt.

## »Hier hilft nur die Wahrheit«: Präsidenten-Süßling für hohe Tiere

Die Mainzer Staatskanzlei empfängt im September 85 ungewöhnliche Post: Zwei Bundesverdienstkreuze, ein großes und ein gewöhnliches, kommen zurück. Absender: Werner Tyrell (69), ehemaliger Präsident des Deutschen Weinbauverbandes. Einst erhielt er die Orden wegen besonderer Verdienste um Wein. Jetzt muß er sich von ihnen wieder trennen. Wegen besonderer Verdienste mit Wein. Die waren verboten.

Tyrell ist soeben von der Großen Wirtschaftsstrafkammer des Landgerichts Mainz wegen fortgesetzten Betrugs und Vergehens gegen das Weingesetz zu einem Jahr Haft auf Bewährung und zu einer Geldbuße von 160000 DM verurteilt worden. Sein mitangeklagter Kellermeister Helmut Burscheid zu einer Strafe von 9000 DM. In dem aufsehenerregenden Prozeß (eine Gutachterin erhielt nachts von einem anonymen Anrufer eine Morddrohung), hat der Expräsident nach anfänglichem Zögern schließlich doch noch ein volles Geständnis abgelegt:

Er und Meister B. hätten von 1971 bis 1983 über 106000 Liter Wein der Prädikatsstufen Kabinett bis Beerenauslese mit Kristallzucker verfälscht und davon den größten Teil mit einem Erlös von fast einer Million Mark verkauft. Zu seiner Kundschaft gehörte viel politische und wirtschaftliche Hautevolee, darunter der ehemalige Bundeswirtschaftsminister Otto Graf Lambsdorff, der frühere Justizminister und jetzige SPD-Fraktionschef im Bundestag, Hans-Jochen Vogel, die Chemiekonzerne BASF und Bayer. Für alle gab's reichlich Präsidenten-Süßling mit Prädikat.

Tyrells Schicksal: die beiden Seelen in seiner Brust. Die eine

*Einmalig in der Welt: Deutsches Weinrecht in einer Werbebroschüre des Stabilisierungsfonds.*

vom bösen Kellergeist, der selber vom Panschen nicht lassen kann. Die andere vom zornigen Wirtschaftsfunktionär (bis vor kurzem noch Ehrenpräsident des Weinbauverbandes), der andere Panscher von hoher Warte zur Ordnung ruft. »Hier hilft nur die Wahrheit, die letztlich zur Wiedergewinnung des guten Rufs des Moselweins unerläßlich ist«, mahnt er 1983 die Winzer in seiner Heimat, als diese nach zwei mengenmäßig guten, aber qualitativ schlechten Ernten nach Notlösungen suchen, um ihre Säuerlinge doch noch an den Mann zu bringen. Während Tyrell selbst auf seinem Karthäuserhof im Trierer Stadtteil Ruwer-Eitelsbach heimlich Zuckersäcke in Tanks kippen läßt, fordert er öffentlich schärfere Bestimmungen gegen illegalen Verschnitt. Es gibt ein interessantes Buch über die Riesling-Könige von Mosel, Ruwer und Saar. Einer von ihnen wird besonders hochgelobt: Werner Tyrell, der nicht nur Wein-, sondern auch Pferdeverstand habe. Er züchtet nebenbei Trakehner.

Was der Herr Präsident kann, das können die Mitglieder schon lange. Die Mainzer Schwerpunktstaatsanwaltschaft muß sich in den letzten Jahren mit über zweitausendfünfhundert Fällen von Weinbetrug herumschlagen. Zahlreiche Verfahren laufen noch.

Die Lobby macht sich ernste Sorgen, weil Panscher gelegentlich ins Kittchen müssen. Mit Haftstrafen sei doch niemandem gedient, beklagt sie sich in der Weinfachpresse. »Anständige Geldstrafen wären sinnvoller.« Warum? Antwort: »Weil man das Geld verwenden könnte, um die Konsumenten über guten und schlechten Wein, schwarze und weiße Schafe aufzuklären . . .« Deutlicher ausgedrückt, soll das heißen: Wer sich beim Panschen erwischen läßt, muß zur Strafe ein paar Werbeprospekte drucken lassen. Schlägt er die Unkosten bei der nächsten Panscherei wieder drauf?

Der Trierer Landtagsabgeordnete Christoph Grimm (SPD) äußert im August 85 in einer Anfrage an das Mainzer Justizministerium den Verdacht, daß inhaftierte Weinbetrüger bevorzugte Behandlung genießen. Allem Anschein nach

übernachteten sie nur hinter Gittern und gingen tagsüber ihren bürgerlichen Berufen nach. Grimm will erfahren haben, daß ein erst vor wenigen Monaten zu mehrjährigem Knast verurteilter Großhändler wiederholt in seinem Geschäftsbetrieb gesehen wurde. Ob man vergessen habe, daß dieser Freigänger eigentlich sitzen müsse, weil er gemeinsam mit anderen Tätern Millionen Liter Wein verfälschte?
Grimm, selbst Rechtsanwalt, macht der Mainzer Landesregierung schwere Vorhaltungen: Die Panscher gefährdeten durch ihr kriminelles Verhalten die wirtschaftliche Existenz von vielen tausend Winzerfamilien, und es gehe nicht an, wenn der »soziale Unwert« ihrer Taten bei der Strafverbüßung unberücksichtigt bleibe. Sie seien ganz »gewöhnliche Kriminelle« und müßten auch als solche behandelt werden.
Der Abgeordnete will weiter wissen, ob es zutrifft, daß ein Verurteilter während seiner Inhaftierung seinen Hauptberuf in einer staatlichen Vermessungsdienststelle ausüben durfte? Ein anderer habe sich neben der Haft sogar in einer Raiffeisenkasse betätigt.
Diese Vorwürfe werden erfahrungsgemäß vom rheinland-pfälzischen Justizministerium zurückgewiesen: Man nehme lediglich die Möglichkeit des »offenen Vollzugs« wahr, die das Gesetz für Freigänger nach Ablauf eines Teils ihrer Gefängnisstrafe vorsehe. Vor diesem Gesetz seien auch die Panscher gleich. Sind manche von ihnen doch ein bißchen gleicher?
Weil andererseits die Zellen kaum ausreichen, dürfte die Justiz ihre liebe Last haben, alle Sünder der Zunft auf Staatskosten unterzubringen. Ihr Wahlspruch ist so alt wie die Panscherei: »Verdünnste, verdienste.« Am besten verdünnt und verdient wird mit Wasser und Zucker, wie die Mehrzahl der Urteile beweist.
Im September 1985 verhängt das Mainzer Landgericht eine fünfjährige Gefängnisstrafe über einen 49jährigen Kaufmann aus dem Raum Bingen, der darüber hinaus noch 60000 DM Geldstrafe und wegen unkorrekter Buchhaltung 45000 DM Buße zahlen muß. Er hat zwölf Millionen Liter

Wein mit Zuckerwasser vermischt, ferner 400000 Liter mit Importware auf das Zweieinhalbfache gestreckt und wegen reger Nachfrage noch eine Million Liter Liebfrauenmilch (in den USA als »Blue Nun«, Blaue Nonne, ein Hit) stark versüßt. Sein 33jähriger Helfershelfer kommt mit 21 Monaten auf Bewährung davon.
Mitte Oktober 1985 wird vom Amtsgericht Kitzingen ein 38jähriger aus dem Fränkischen zu 18000 DM Geldstrafe verdonnert: Ihm lastet man an, einige tausend Liter Wein aus vier Sorten eines Jahrgangs bis zu 30 Prozent aus seinem Hausbrunnen verdünnt zu haben. Alter Winzerspruch aus dem Frankenland: »Fausthoch Wein, kniehoch Wasser und reichlich Zucker.«
Die Wassersucht steckt an: Sie bringt einem Nordheimer Winzer beim Würzburger Landgericht drei Jahre Freiheitsstrafe ohne Bewährung ein. Sein Rezept: Pro zehn Liter Wein ein Liter aus dem Hofbrunnen, macht zusammen 90000 Liter Hausmarke. Was er zunächst nicht für möglich hält: Für die Dünnbrühe wird er auch noch mit Goldmedaillen und dem bayerischen Staatspreis belohnt. Pech im Glück: Wegen der hohen Nitratverseuchung des Grundwassers kommt der Schwindel schließlich doch heraus, obwohl er den Richtern weismachen will, das schädliche Salpetersalz sei durch übertriebene Düngung erst in die Reben und Trauben und dann in die Auslesen gelangt. Mehrere Gutachter müssen kommen, um den Panscher zu überführen.
Auch mit dem Weichmacher und Frostschutz Glycerin (dem Diethylenglykol verwandt) haben deutsche Weinbauern ihre Gewächse schon »gepfropft«. Eine Winzergenossenschaft an der Saar frischte mit dem Gift vor einiger Zeit ihren saueren »Ockfener Bockstein« auf. Quittung: Gefängnis und Geldbußen für die Hauptschuldigen. Sie hätten wissen müssen, welche Folgen Glycerin haben kann; Benommenheit, Kopfschmerz, Zyanose, Nierenschäden und blutigen Durchfall. Glycerin wurde auch schon bei illegalen Abtreibungen benutzt.
Der Mainzer Leitende Oberstaatsanwalt Werner Hempler

*2500 Verfahren gegen Weinpanscher eingeleitet: Der Mainzer Leitende Oberstaatsanwalt Werner Hempler.*

(bekannt durch die Aufdeckung des Skandals mit Känguruhfleisch) jagt Panscher erbarmungslos, seit er vor Jahren einer der größten Betrügereien mit Flüssigzucker in der deutschen Weingeschichte auf die Schliche kam: 5,7 Millionen Kilo wurden in zwei Jahren in der Weinwirtschaft heimlich verarbeitet. 214 Hausdurchsuchungen, an die 2000 Verdächtige gab es. Ermittelt wurde in den Anbaugebieten Rheinpfalz, Rheinhessen, Nahe, Mosel-Saar-Ruwer und Mittelrhein. Hempler zitiert seitdem immer wieder die Vorschriften:

»Die Verwendung von Flüssigzucker in der Weinherstellung erfüllt sowohl bei der Anreicherung als auch bei der Süßung den Strafbestand des § 67, Absatz 1, Nr. 1, Buchstabe c des Weingesetzes. Die auf diese Weise hergestellten Weine sind nach § 52 des Weingesetzes verkehrsunfähig.« Weit über tausend Winzer und Händler hätten aber solche Weine in Verkehr gebracht und müßten unter Umständen mit Freiheitsstrafen bis zu drei Jahren und hohen Geldstrafen rechnen.

Der Deutsche Weinbauverband versucht, dem Verbraucher klarzumachen, »daß diese Zuckerung keineswegs gesundheitsschädlich ist und natürlich nicht mit dem Östrogen-Skandal verglichen werden kann«. (Woher dann bloß der Brummschädel kommt?) Auch das Deutsche Weininstitut bemüht sich, das Bild vom Winzer mit dem Zuckersack zu korrigieren.

Es erinnerte daran, daß Flüssigzucker (oder Invertzucker bei gleichen Anteilen von Glucose und Fructose) bis 1971 zur Anreicherung von Traubenmost vor der Gärung erlaubt gewesen sei. Weil Flüssigzucker mit analytischen Methoden aber nur sehr schwer nachzuweisen sei, habe man ihn mit Inkrafttreten des neuen Weingesetzes 1971 verboten. Dem Stabilisierungsfonds für Wein (Mainz) tut es richtig leid:

»Der Verbesserung oder Anreicherung des Weins mit Zukker hängt immer noch etwas Anrüchiges an. Der Grund ist hier ebenso wie beim Verschnitt Unkenntnis. Erst einmal sei gesagt, daß die Zuckeranreicherung ohnedies nur in Ausnahmefällen vorkommt und erlaubt ist. Manchmal allerdings sind Jahrgänge oder einzelne Lagen von der Witterung benachteiligt, so daß Trauben heranreifen, die zwar

fein und aromatisch sind, aber nur einen relativ niedrigen Traubenzuckergehalt aufweisen. Die Fruchtzuckermenge reicht also der Weinhefe nicht aus, um den erforderlichen Alkoholgehalt zu produzieren. Und der ist ja nun einmal für die Konservierung und zum anderen für die volle Entfaltung des Buketts notwendig. In solchen Fällen ist es dem Winzer erlaubt, der Natur nachzuhelfen.
Die Zuckeranreicherung darf er aber nur beim Most vornehmen, also vor der Gärung, damit Fruchtzucker und zugesetzter Zucker gemeinsam zu Alkohol und Kohlensäure gespalten werden. Es geht darum, den Alkoholgehalt zu erhöhen, nicht etwa um das Versüßen des Weins... Übrigens ist die zulässige Zuckermenge gesetzlich festgelegt und wird überwacht. Sie richtet sich nach dem Öchslegehalt des Mostes, der anzeigt, wie hoch der Anteil des natürlichen Traubenzuckers ist.« Wenige Öchsle bringt man mit Zucker auf Trab.
Die Panscher gönnen dem Mainzer Oberstaatsanwalt Hempler keine Verschnaufpause. Der Zuckerskandal ist noch nicht verdaut, da gibt ihm der Zufall eines Tages Hinweise auf ein internationales Milliardending mit Wein. Stichwort: Germanisierung:
Vor einer badischen Weinhandlung stoppt unerwartet ein Tanklastzug mit unbestellter Lieferung. Der Hausherr stutzt und ruft die Zollfahndung herbei. Dann läuft alles ganz schnell. Der fremde Brummi ist für eine ganz andere Adresse bestimmt und wurde nur umgeleitet, um die Behörden irrezuführen. So wird einer der umfangreichsten Fälle von »Germanisierung« bekannt: die wundersame Verwandlung von Billigwein aus Italien in gefragte deutsche Marken. Hempler rechnet damals vor:
»Nach dem gegenwärtigen Erkenntnisstand ist davon auszugehen, daß insgesamt etwa 6,8 Millionen Liter importierter Auslandswein, vornehmlich italienischer Tafelwein, als deutscher Wein und hier unter anderem als Liebfrauenmilch verkauft oder mit deutschen Weinen verschnitten wurden. Unter Zugrundelegung eines Einkaufspreises von 0,60 oder

0,80 DM pro Liter und eines Verkaufspreises von 2,30 DM dürfte in Einzelfällen ein Gewinn von 1,60 bis 1,70 DM pro Liter abzüglich der Fracht- und Verzollungskosten erzielt worden sein.«

Man geht davon aus, daß der Staatsanwalt eher tiefstapelt und der tatsächliche Umfang des Importschwindels (über Jahre zurückgehend) bei einer Milliarde (!) Liter liegen kann. Ein Sprecher des Deutschen Weinbauverbandes hält das für »gar nicht so abwegig, wie es im ersten Augenblick aussieht«, weil das böse Spiel ja schon sehr lange läuft. Alle wußten es, aber keiner sagte es. Daß die Billig-Liebfrauenmilch made in Italy hauptsächlich wieder in den Export geht (Amerikaner haben scheinbar einen Riesendurst darauf), das ist nur ein schwacher Trost für skeptische deutsche Verbraucher, die sich immer wieder fragen, was wirklich hinter den Etiketten steckt. Die Lobby tröstet: »Wir sollten nicht vergessen, daß der überwiegende Teil der Branche sauber geblieben ist.« Wenn man nur immer gleich wüßte, wer sauber ist.

Einen ganz anderen Typ von Reben-Saubermann stellt die Rhein-Zeitung (Koblenz) im August 1985 ihren Lesern vor: »Ein Händler an der Mosel schmückt die aus EG-Weinen abgefüllten Flaschen mit einer Phantasiebezeichnung, sagen wir: ›Sonnenschoppen‹. Abfüllfirma und Moselort plus kleingedrucktem Vermerk ›Verschnitt‹ untermalen auf dem Etikett eine Flußlandschaft, die verblüffende Ähnlichkeit mit dem Moseltal hat. Solche Flaschen, in Mengen nach Holland verkauft, finden guten Absatz. Denn unsere Nachbarn sind durch das Etikettenbild und den Abfüllort des Glaubens, einen richtigen Mosel erworben zu haben.«

Was macht die Landesregierung in Mainz? Sie will den Etikettenmalern das Handwerk legen. Fehlanzeige, wie eine Gerichtsentscheidung bestätigt: Nach dem deutschen Weingesetz ist eine solche Werbung erlaubt. Kein Landschaftsschutz bei Wein.

Noch ärgerlicher findet die Rhein-Zeitung dies: Das rheinland-pfälzische Wirtschaftsministerium habe im Lauf von 15

Jahren über 80 Weinbaubetrieben sogenannte Investitionszulagen in Höhe von 224 Millionen Mark gewährt. Bisher seien 15 dieser Firmen in Zusammenhang mit jüngsten Weinskandalen aufgefallen. Hat man den Falschen die Millionensubventionen zugeschanzt? Da machen die vielen kleinen Winzer, die leer ausgehen, große Augen...
Doch die Mainzer Landesfürsten haben ein dickes Fell und nehmen deshalb auch die Ergebnisse ihrer staatlichen Chemieuntersuchungsämter nicht so tragisch. Wenngleich die Statistik 1984 alles andere als eine Empfehlung für die Weinwirtschaft ist:
Von deutschen Weinen mußten die vier Ämter bei insgesamt 5330 gezogenen Proben 37 Prozent beanstanden. Mindestens jede dritte hatte es also in sich; von rund zwölf Millionen Liter, die bei den Kontrollen auffielen, waren über 4,6 Millionen verbotswidrig hergestellt. Das Verhältnis bei ausländischen Weinen: 18 Prozent Beanstandungen bei 760 Proben und gut ein Drittel illegal produziert.
Erinnern wir uns: Mainz verhält sich bei der österreichischen Glykolaffäre (von der es ja bundesweit am stärksten betroffen ist) zunächst mucksmäuschenstill. Oppositionelle Landespolitiker wußten beizeiten warum: »Wir haben genug Dreck vor der eigenen Tür zu fegen...«

# Das Wert-Zeichen
## für halbtrockenen Geschmack

Wer es nicht zu herb und nicht zu trocken mag, der wählt halbtrockenen Wein zum Essen. Und auch sonst. Doch »Halbtrocken« allein sagt noch nichts über die Güte eines Weines.
Anders, wenn das grüne Siegel auf der Flasche ist. Da erkennt man: Der Wein schmeckt durch etwas Restsüße fein-harmonisch, ist fruchtig-rund, hat Kraft und Fülle. Deshalb hat er auch 2 Bewertungspunkte mehr erzielt, als zur amtlichen Zulassung (A.P.-Nummer) nötig sind.

**Deutsches Weinsiegel**
**Schon vorher seh'n,**
**was nachher besser schmeckt.**

## Was im Rebensaft alles untertaucht: Schwefel, Tannin und Blutlaugensalz

Wen das Glykol nicht schafft, dem kann spätestens der Appetit vergehen, wenn er sich die sogenannten »Kellerhilfsstoffe« näher betrachtet. Europaweit amtlich zugelassen, sollen sie den Wein in Aussehen, Haltbarkeit, Geschmack und Geruch beeinflussen, respektive »schönen«. Sonstige, meist chemische Zutaten hinzugerechnet, die – absichtlich oder rein zufällig – auch noch im Rebengold untertauchen können, da müßten sogar die Alchimisten des Mittelalters vor Neid erblassen. Ihre Hexenküchen von Anno dazumal waren – was trickreiche Vielfalt betrifft – im Vergleich mit den heutigen Weinfabriken nur harmlose Anfängerklitschen.

Noch im 18. Jahrhundert mixten ehrgeizige Kellermeister ihren Traubensäften unter anderem grobgestoßenen Marmor, Rosenwasser, gebrannte Kreide, Rote Bete, Rübenhäcksel und winzige Hobelspäne (Spezialität: Zypressen) bei. Auch eine Prise Bleiweiß und Arsenicum flog schon mal hinterher, um den Weingeist in Stimmung zu bringen.

Heute dürfen sich Winzer und Großerzeuger am »Anhang III der EWG-Verordnung Nr. 3577/81 des Rates der Europäischen Gemeinschaften zur Änderung der EWG-Verordnung 337/79« schadlos halten. Das Papier mit dem Bandwurmtitel ist nichts anderes als eine offizielle Checkliste für die rund 30 wichtigsten Zusatzstoffe im Wein. Kein einziger steht freilich normalerweise auf dem Etikett. Wer sich für die offene Deklaration ausspricht, weil im Wein doch Wahrheit liegen soll, stößt in der Branche auf taube Ohren. Der weinselige Kunde soll nicht auf dumme Gedanken kommen, wenn er seine Schoppen schlotzt. Er könnte das kalte Grausen kriegen. Was eigentlich eine Selbstverständ-

*Deutsches Weinsiegel: ... und Muster ohne Wert?*

lichkeit sein müßte, die deutliche Angabe sämtlicher Inhaltsstoffe (jeder Pharmazeut muß das in seinem Medikamenten-Beipack machen), ist bei der Arznei aus dem Wingert tabu.

So nennt der durch Steuergelder mitfinanzierte Stabilisierungsfonds für Wein (der als mächtige Lobby gilt) in seiner Werbebroschüre »Der Weg zum Wein« auf die Frage, was sich denn hinter dem Begriff »Schönen« verbirgt, nur ganze zwei der vielen Ingredienzen: »Gelatine und sehr quellfähige Tone. Sie binden die letzten Trubstoffe und setzen sich am Faßboden ab ... Jetzt ist der Wein vollkommen klar und rein, vor allem jedoch, soweit überhaupt möglich, frei von allen verderblichen Stoffen und damit enorm haltbar.«

Hier machen es sich die Stabilisierungsexperten doch etwas zu leicht, indem sie einen Teil der komplizierten und äußerst umstrittenen Kellerchemie auf einen ziemlich primitiven Nenner bringen, vielleicht um den Eindruck zu erwecken, daß sie im großen und ganzen doch recht harmlos sei. Eines ihrer Argumente: Die meisten Stoffe blieben nicht im Wein, sondern verschwänden wieder nach Erfüllung ihrer Aufgabe. Das ist leichter gesagt als getan. Denn wer garantiert, daß es keine Rückstände gibt?

Es lohnt sich deshalb, jene Zusatzstoffe einmal anzuschauen, die bei der Kellerbehandlung dem Wein zugesetzt werden dürfen, um ihn bei seinem Werdegang in irgendeiner Weise zu manipulieren. Hier eine kleine Auswahl:

□ *Reinzucht- und Trockenhefe* (Saccharomycetaceae) sind in ihrer Wirkungsweise relativ gut überschaubar und für den Gärungsprozeß von enormer Bedeutung. Sie sollen die Hefepilze, die als winzige Organismen bereits auf natürliche Weise im Most vorhanden sind, ergänzen und besonders bei stark zuckerhaltigem, schwer vergärendem Most die Spaltung von Zucker in Alkohol und Kohlensäure fördern. Andererseits sollen sie aber auch (was wissenschaftlich nicht eindeutig bewiesen ist) die Bildung unerwünschter Substanzen bremsen, diese sogar abbauen oder durch Adsorption binden und entfernen. Hefepilze vermehren sich sehr

## Chemie unter der Tarnkappe: Schwefeldioxid

Schwefeldioxid ist als Waldvernichter bekannt und gefährdet auch den Menschen, sagen Verbraucherschützer. Als Zell- und Atemgift könne es zu Entzündung der Atemwege, Bronchitis, Asthma und Erstickung führen. In Form von Schwefliger Säure und Sulfid erzeuge es, je nach Empfindlichkeit vielfache Erkrankungen und Beschwerden, zum Beispiel Magenschleimhautentzündungen und Gleichgewichtsstörungen. Vor allem wird kritisiert, daß diese Substanzen trotz teilweise beachtlicher Mengen im Wein, Schaumwein und Sekt bisher nicht auf dem Etikett angegeben werden müssen. Schwefeldioxid im Wein unter der Tarnkappe versteckt? Ein der Glaubwürdigkeit wohl kaum dienlicher Zustand.

In Lebensmitteln soll Schwefeldioxid in erster Linie unerwünschte Bräunungseffekte (durch Sauerstoff) verhindern und Konservierungsaufgaben übernehmen. Zu den Lebensmitteln, denen nach der Zusatzstoff-Zulassungsverordnung mit der auf den Packungen angegebenen EWG-Nummer »E 220« Schweflige Säure zugesetzt werden darf, gehören (Milligramm pro Liter):

Trockenfrüchte (1000 - 2000); kandierte Früchte (100); zerkleinerter Meerrettich (1000); Obstgeliersaft, flüssiges Pektin (800); zerkleinerte Zwiebeln, Zwiebeln in Essig und zerkleinerter Knoblauch (300); Gemüse in Essig (20); Kartoffelerzeugnisse (50 - 100); Gerstengraupen, Gerstengrütze (150); lufttrockene Speisegelatine (100); verschiedene Zuckerarten (15 - 400); Hart- und Weichkaramellen, Fondanterzeugnisse (50); Konfitüren einfach, Gelee einfach, Marmelade (50); Zitrussäfte und konzentrierte Zitrussäfte zur gewerbsmäßigen Weiterverarbeitung, ausgenommen solche zur Herstellung von Fruchtsäften für Verbraucher (300).

schnell und »ernähren« sich von Zucker. Bei einem Alkoholgehalt von 15 bis 16 Prozent (Obergrenze, die ungefähr 130 Grad Öchsle entspricht), wenn eine bestimmte Menge von Zucker vergoren oder kein Zucker mehr vorhanden ist, sterben die Hefen ab.

Die Gärung selbst, bei der Kohlensäure mit giftigem Kohlendioxid durch einen Spund oder eine Gärröhre geräuschvoll entweicht, dauert normalerweise acht Tage bis drei Wochen, bei hohem Zuckergehalt Monate oder unter Umständen Jahre. Durch giftige Gärgase ereigneten sich zahlreiche, auch tödliche Unfälle.

□ *Stickstoffgärsalze* (Ammoniumverbindungen) werden genommen, um während der Gärung die Hefeentwicklung anzuregen, zum Beispiel Ammoniumsulfat und Diammoniumphosphat.

□ *Synthetische Enzyme* (künstliche Fermente), für die es keine präzisen Reinheitsanforderungen gibt, tragen zur Mostklärung bei.

□ *Schweflige Säure* (Schwefeldioxid, Kaliumbisulfit) ist auch unter Wissenschaftlern am meisten umstritten. Sie unterbindet mit 1500 bis 2000 Milligramm pro Liter die Bildung von Mikroorganismen im Most und konserviert bis maximal 400 Milligramm pro Liter später den Wein (Erhöhung der Lagerfähigkeit und damit bessere Vermarktung). Zulässige, aber häufig überschrittene Höchstmengen pro Liter Wein: Bei Diabetikerwein 200, Weißwein und Rosé (mit weniger als 5 Gramm Restsüße im Liter) 225 beziehungsweise (mit mehr als 5 Gramm Restsüße im Liter) 275, Spätlese 300, Auslese 350, Beeren- und Trockenbeerenauslese 400 Milligramm.

Teure Prädikatsweine können demnach richtige »Schwefelbomben« sein, mit Nebenwirkungen wie Kopfschmerzen, Schwindelgefühl und Kreislaufbeschwerden. Die auffälligen Schwefelwerte bei Spitzenweinen begründet das Bundesgesundheitsamt in Berlin mit »höherem Bedarf« und weil sie ja nur in geringen Mengen genossen würden. (Interessant: Fast wortgleich erklärt das Bundesgesund-

heitsministerium in Bonn in seinem Fernschreiben vom 13. Mai 1985 die angebliche gesundheitliche Unbedenklichkeit von Diethylenglykol im österreichischen Eiswein!)
Nationale und internationale Expertengruppen, denen man nicht immer wirtschaftliche Unabhängigkeit bescheinigen kann, haben sich wiederholt mit der Schädlichkeit von Schwefliger Säure (Sulfit) für den menschlichen Organismus befaßt, kamen aber zu erschreckend widersprüchlichen Ergebnissen. Ihre Angaben, wieviel von diesen chemischen Substanzen ein gesunder Mensch mit Normalgewicht angeblich täglich ohne nennenswerte Gefahr verkraften kann, schwanken zwischen 0,35 und 147 (!) Milligramm pro Kilo Körpergewicht. Ein heilloses Durcheinander, das sich durchaus mit bestehenden Interessenkonflikten erklären läßt und sich auch in der hohen Zahl (1400) der weltweit publizierten Sachverständigengutachten zu diesem Thema niederschlägt.
Bundesgesundheitsministerium und Bundesgesundheitsamt kommen leider ebenfalls zu keinem klaren Ergebnis. Unbestritten ist hingegen, daß mit Wein oder Nahrungsmitteln aufgenommene Schweflige Säure in den menschlichen Organismus eingreift, die verschiedensten Reaktionen auslöst und dabei verändert wird. Schon deshalb ist es nicht zu verantworten, wenn Teile der Getränke- und Nahrungsindustrie mit diesem Risikostoff allzu großzügig umgehen. Vor allem aber ist nicht einzusehen, warum Schweflige Säure beim Wein nicht klar und unmißverständlich etikettiert wird. Eine Sonderstellung, die Verbraucherorganisationen mit Recht seit langem kritisieren.

Bei der »Schönung« (Klärung) des Weins sollen diese Zusatzstoffe unter anderem trübende Bestandteile absetzen:
□ *Kaolin-Erde* (Bolus alba) ist ein weißes, knetbares Aluminiumsilikat, das man in der Medizin auch als Wund- und Hautpuder, als Badezusatz bei Ekzemen und Mittel (Adsorbens) bei Darmerkrankungen kennt.

□ *Bentonit* (Aluminiumsilikathydrat) ist ein in Wein praktisch unlösliches Tonmineral, das in Fundstätten abgebaut wird und als Ionenaustauscher bei der Weinherstellung dient. Es soll (bei Zusätzen bis zu etwa 5 Gramm pro Liter) Nachtrübungen verhindern und angeblich Rückstände von Rebenspritzungen binden. In der Medizin wird Bentonit unter anderem zum Nachweis des Rheumafaktors verwendet, in der Industrie als Mittel zum Filtrieren und Chromatographieren.

□ *Aktivkohle* kann Spuren von Arsen, Zink und Blei enthalten.

□ *Schwimmblasen von Fischen* (Wels, Stör, Hausen) werden wegen ihres Eiweißes vor allem in Frankreich und Italien zur Weinschönung benutzt. In der Bundesrepublik greift man häufiger auf Hühnereiweiß (aus Eiproduktenfabriken), Kasein oder Blutalbuminpulver zurück.

□ *Gelatine* (aus tierischem Eiweißgewebe, Kollagen von Knochen und Bindegewebe) soll – in einer Größenordnung von zirka 0,1 Gramm pro Liter zugesetzt – Gerbstoffe ausfällen, die Filtrierfähigkeit verstärken und Rotweine milder machen. (In mehreren EG-Ländern wird statt dessen getrocknetes Ochsenblut benutzt.)

□ *Tannin* (Acidum tannicum, Gerbsäure) unterstützt physikalisch durch negativ geladene Teilchen die Funktion der Gelatine. Gesundheitsexperten sind der Ansicht, daß der Stoff unter gewissen Voraussetzungen Leberschäden hervorrufen kann. In der Medizin wurden Tanninzusätze früher häufiger als Antiseptikum (gegen Bakterien) und Röntgenkontrastmittel bei Darmeinläufen verwendet. Auch dabei wurden schädliche Wirkungen beobachtet.

□ *Kieselsol* (Kieselsäure) hat bei der Weinschönung eine ähnliche Aufgabe wie Tannin: Beide sollen die Ausflockung kleinster Teilchen bewirken. Ärzte halten die Anwendung von Monokieselsäure, die sich beim Ansäuern von wasserlöslichen Silikaten (Salzen der Kieselsäure) sofort bildet, für bedenklich.

□ *Kaliumhexacyanoferrat II* (»Gelbes Blutlaugensalz«) ist

SCHUTZ DEM VERBRAUCHER

**DVS DEUTSCHER VERBRAUCHER SCHUTZVERBAND e. V.**

**VERBRAUCHERSCHUTZ – SCHUTZ DEM VERBRAUCHER**

INFORMATION: 29

# GIFTIGES SCHWEFELDIOXID IN LEBENSMITTELN

Schwefeldioxid ($SO_2$) ist als Waldvernichter bekannt. Es tötet nicht nur unsere Wälder, sondern auch den Menschen. Als gefährliches Zell- und Atemgift erzeugt es Entzündungen der Atemwege (Bronchitis, Asthma, Atemnot, Erstickung). Die bisher größte Katastrophe ereignete sich 1954 in London: über 3000 Menschen starben an Smog, einem Gemisch aus Schwefeldioxid und Nebel. Auch bei uns ist Smog keine Seltenheit. Wenn bei uns weniger Smogalarm gegeben wird oder die Umweltverschmutzer ihre Giftproduktion drosseln müssen, hat das nichts damit zu tun, daß die Verhältnisse innerhalb der Bundesrepublik günstiger wären als in London. Immerhin blasen Industrie und Kohlekraftwerke in der Bundesrepublik jährlich 3,5 Millionen Tonnen $SO_2$ in die Luft – in Ihre Atemluft! Durch Abgasentschwefelung und durch den Bau umweltfreundlicher Wirbelschicht-Verbrennungsanlagen könnte man den $SO_2$-Ausstoß stark vermindern. Doch unsere Politiker weigern sich hartnäckig, umfassende Sofortmaßnahmen durchzusetzen! Man scheut die Kosten für die Rettung unserer Wälder und für die Erhaltung unserer Gesundheit.

Schwefeldioxid, das in Verbindung mit Wasser auch als „schweflige Säure" und als „Sulfit" vorliegt, erzeugt beim Menschen vielfache Erkrankungen und Beschwerden (je nach Empfindlichkeit): Magenschleimhaut- und Darmentzündungen Leibschmerzen, Durchfall, Erbrechen, Übelkeit, Gleichgewichtsstörungen, Kopfschmerzen, Migräne, Hustenanfälle. Seit einiger Zeit steht $SO_2$ auch in dem Verdacht, Diabetes, Erbschäden und Krebserkrankungen auszulösen.

*Waldvernichter flaschenweise: Verbraucherschützer warnen vor Schwefel in Lebensmitteln.*

ein äußerst gefährlicher Stoff. Nach der Weinverordnung muß die »erforderliche Menge von einem Sachverständigen ermittelt« werden, der in der Praxis jedoch nicht immer anwesend ist. Bei unsachgemäßer Anwendung können giftige Cyanverbindungen im Wein zurückbleiben. »KHCF II« spaltet bei gleichzeitiger Säureeinnahme im Magen Blausäure ab. Es wird bei der Weinherstellung zur sogenannten »Blauschönung« benutzt, soll Schwermetallspuren (Eisen- und Kupferionen) entfernen und ist wegen des Anwendungsrisikos mit strengen Auflagen verbunden. (Industriell dient die Substanz unter anderem zur Härtung von Eisen.«

□ *Kieselgur-, Zellulose-* und *Asbestschichten* sind Filterhilfsstoffe, die beim Durchlaufen des Weins trübende Teilchen und Rückstände von anderen Zusatzstoffen zurückhalten sollen. (Gesetzliche Grundlagen sind die Anlage 3 der EWG-Verordnung Nr. 3577/81 und die Weinverordnung.) Das Bundesgesundheitsamt hat vorgeschlagen, Asbest in Weinfiltern durch weniger gefährliche Stoffe zu ersetzen. Filtermaterial für Wein wird unter anderem aus Chrysothilasbest (»Serpentinasbest«) hergestellt, der erhebliche toxikologische Probleme aufgibt. In Japan wurden Krebsfälle im Magen-Darm-Trakt mit Asbest in Zusammenhang gebracht. Die USA lehnen asbestgefilterte Weine ab. Typischer »Asbestgeschmack« kann bei Wein vorkommen, wenn die Asbestfilteranlage nicht ausreichend gewässert wurde. Asbestrückstände können nur schwer aus Wein entfernt werden. Sie müßten normalerweise bei Prüfungen auffallen, lassen sich aber geschmacklich mit anderen Stoffen übertönen.

In der Bundesrepublik verzichtet ein Teil der Kellereien von sich aus auf Asbest zu Filtrationszwecken und benutzt statt dessen Zellulose-, Kieselgur- oder auch Membranfilter. Doch auch Kieselgur (»Diatomeenerde«), die im wesentlichen aus $SiO_2$, dem Anhydrid der Kieselsäure besteht, wird von Experten für problematisch gehalten und kann – vom Verarbeiter als Staub eingeatmet – der Quarzlunge ähnliche Krankheitserscheinungen verursachen.

□ *Sorbinsäure* (Kaliumsorbat; 2,4-Hexadiensäure) ist als

Konservierungsmittel (Stabilisierungsmittel) zum Schutz gegen mikrobiologische Veränderungen bis zu 200 Milligramm pro Liter erlaubt und gilt in den üblichen Mengen laut Bundesgesundheitsamt als toxikologisch unbedenklich. Sorbinsäure ist geruchs- und geschmacksfrei, wird vorwiegend in saueren Lebensmitteln gegen Hefe- und Pilzbildung angewendet. Sie bleibt im Wein (wie auch I-Ascorbinsäure und Metaweinsäure).

Mit Sorbinsäure behandelte Weine erhalten vielfach den unangenehmen und deshalb unerwünschten »Geranienton«, der dann auch wieder extra behandelt werden kann, damit der Wein nicht ungenießbar wird. Die Ursache für diesen als »Geranienunfall« bezeichneten Vorgang: Stoffe, die Milchsäure bilden, können Sorbinsäure abbauen, wobei Sorbinöl mit dem charakteristischen, an Geranien erinnernden Ton entsteht.

□ *Metaweinsäure* wird aus Weinsäure hergestellt und kann die Auskristallisation von Weinstein (sauerem Kalisalz) eine Zeitlang verhindern. Wird sie dem Wein zugesetzt, geht sie schließlich wieder in Weinsäure über.

□ *Polyvinylpyrrolidon* (PVP), ein Schönungsmittel für Wein, mit nicht präzis geklärter Funktion. In der Medizin wurde es lange als Plasmaersatz und zur Entgiftung benutzt. Als Jodkomplex wirkt es antiseptisch und desinfizierend. Bedeutung hat es heute noch als Zusatzstoff in der galenischen Zubereitung von Arzneimitteln, als Salbengrundlage und in der Kosmetik (Schminke, Haarfestiger usw.)

□ *Kalziumkarbonat* (Kohlensaurer Kalk) kann in Mengen von 0,5 bis 5 Gramm pro Liter zur Weinentsäuerung beitragen. Bei der Weinproduktion kann es auch alternativ die »Naßverbesserung« mit Zucker ersetzen, durch die der Wein gestreckt wird.

Diese Auslese europaweit zugelassener Weinzusätze gewährt nur einen kleinen Einblick in die übervolle Hausapotheke der Kellermeister und beschreibt nur einen Teil der biochemischen Anwendungs- und Wirkungsweisen. Warum

will man diese Informationen dem Publikum vorenthalten? Daß daran überhaupt ein nennenswertes Konsumenteninteresse bestehe, bestreitet die Lobby.
Zitat aus einem Branchenjournal für Feinschmecker und Genießer: »Wollen die Verbraucher das eigentlich alles wissen? – Wir glauben das nicht so recht. Damit man uns nicht falsch versteht: Klarheit und Wahrheit auf dem Etikett muß sein. Aber ob sie so weit gehen soll...« Also nur ein kleines bißchen von der Klarheit und Wahrheit. Mehr verträgt der naive Weintrinker wohl nicht.
Um dies zu belegen, werden sogar Demoskopen bemüht. So sollen nach einer Umfrage (vor der Glykolaffäre) nur zwölf Prozent der Bundesbürger den Vorwurf für berechtigt halten, im Wein sei zuviel Chemie. Daraus ergibt sich logisch die auf einem bracheninternen Weinforum gezogene Schlußfolgerung: Der insgesamt »nur schwach ausgeprägte Wunsch nach Angaben der Zusatzstoffe auf dem Etikett« spreche für die These, »daß es die meisten Konsumenten gar nicht so genau wissen wollen.« Dagegen wünschten sie sich offensichtlich »die Zusicherung von kompetenter und neutraler Stelle, daß die Natürlichkeit des Weins auch bei der heute üblichen modernen Herstellung – vielleicht sogar noch stärker als früher – erhalten bleibt.«
Prominente Politiker, vom Minister bis zum Bundeskanzler, sollen öffentlich Rebensaft schlürfen und ihn artig loben. Das ist dann neutrale Kompetenz, und das wird auch allen Ernstes vorgeschlagen. Regierungsvertreter als Vorschmecker der Nation...
Doch wo ist sie nur, die Natürlichkeit eines Produkts, das draußen im Wingert in einem Dauernebel von Pestiziden fast erstickt! Das der Hubschrauber ein dutzendmal und mehr mit all den Reblaus- und Pilzkillern besprüht? Wo die letzte Ameise um ihr Leben rennen, der Käfer sich tief im Boden verkriechen muß?

*Nebelwerfer über dem Wein: Schädlingsbekämpfung per Hubschrauber.*

Dazu der Sprecher eines in der Schädlingsbekämpfung führenden Konzerns im Gespräch mit Weinspezialisten: Nur Laien dächten, »daß alles, was mit Pflanzenschutzmitteln zusammenhängt, rundweg giftig ist. Ich betrachte die Pflanzenschutzmittel als Medikamente und die Winzer als Pflanzenärzte . . .« Vorsorglich fügt er hinzu: »Wenn es die Medizin vom Himmel regnet, soll man sich nicht im Weinberg aufhalten . . .«

Welche Arznei die Pflanzenärzte ihren Reben verabreichen dürfen, lesen sie in Katalogen nach. Dort preist ein Hersteller zum Beispiel ein Spritzpulver in 20-Kilo-Säcken gegen diverse Pilzkrankheiten an. Mit 70 Prozent des Wirkstoffs Propineb. Verdünnung 200 Gramm auf 100 Liter Wasser, »auch im Sprühverfahren beim Einsatz vom Luftfahrzeug«. Laut Anwendungsanleitung können es Weinbauern je zweimal gegen Schwarzflecken und Roten Brenner, je achtmal gegen Perenospora (Falscher Mehltau, Blattfallkrankheit) und Trauben-Botrytis (Grauschimmel) sowie zehnmal gegen Odium (Echter Mehltau) einsetzen. »Bei durchgehender Spritzfolge ist auch eine Verminderung der Spinnmilben-Population möglich.« Bleibt denn da überhaupt noch eine Spinnmilbe übrig?

Eine andere Keule der gleichen Firma will das Krabbelzeug mit dem vollsystemischen Wirkstoff Oxydemeton-methyl erschlagen: Keine Chance für Spinn- und Blattgallmilben. Bei einer Konzentration von 100 Milliliter auf 100 Liter Wasser, zweimal als Sommeranwendung, dringt die Medizin laut Beipack »in das Pflanzengewebe ein und verteilt sich über Leitbahnen in der ganzen Rebe. Auch versteckt lebende Schädlinge werden so erfaßt.« Das leuchtet ein. Fliegerdeckung nützt ihnen nichts.

Schließlich aus derselben Quelle noch das todsichere »Austriebsmittel gegen Überwinterungsformen schädlicher Insekten einschließlich vorhandener Vollinsekten«. Gebrauchsfertige Mixtur aus Parathionethyl und Mineralöl für den Pflanzenarzt.

Auf daß er mit der Zweimal-Zehnliter-Kanne auch die letzte

Kräusel- und Blattgallmilbe, Springwurmraupe, Schild- und Schmierlaus schafft.
Und wieviel Arznei aus dem Chemiebottich schluckt er selbst? Auch hier ist der Industrieberater um eine Antwort nicht verlegen: »Natürlich muß man immer daran denken, daß jede Medizin in der Hand eines Stümpers oder Unwissenden Schaden anrichten kann.« Deshalb müsse man Dosierung und Anwendung der Mittel in der Reblausjagd tüchtig üben. Kritik von Umwelt- und Verbraucherschützern hält er für einen »Hygienefimmel, der Kleinigkeiten oft nur der Sensation wegen hochspielt«. Es habe sich »noch niemand beim Weintrinken vergiftet, nur weil die Reben gegen Krankheiten gespritzt worden sind«. Bei der Weinlese würden im übrigen ungewaschene Trauben massenhaft gegessen, »ohne daß jemand Schaden nimmt«. Ob der Herr vom Konzern selbst scharf auf chemisierte Vitaminspender ist? Das könnte doch umsatzsteigernd wirken . . .

*Warnung vor dem »Pflanzenarzt«: Medizin von oben.*

Im August 1985 leuchtet ein Hoffnungsschimmer über Deutschlands vernebelten Weinbergen auf: Politiker aller Parteien überbieten sich gegenseitig mit Vorschlägen, wie man das »Labor in der Flasche« in Zukunft auf den Aufklebern ehrlicher ausweisen kann. Wie beim Bier fordern sie jetzt ein »Reinheitsgebot für Wein«. Das hört sich gut an! Der Vorsitzende des Bundestagsausschusses für Gesundheit, Paul Hoffacker (CDU), will erreichen, daß deutscher Wein fortan nur noch aus Trauben ohne Zucker und belastende Chemikalien hergestellt wird. So melden es die Presseagenturen rund um die Welt: Nach einer kurzen Übergangsfrist könne man nicht nur Hersteller, Herkunft, Abfüllbetrieb und Verschnittsorten, sondern auch die wichtigsten chemischen Bestandteile zur Konservierung auf Etiketten drucken.
Die Bundesregierung verspricht, in der Europäischen Gemeinschaft darauf zu dringen, alle für den Verbraucher wichtigen Informationen auf dem Etikett zu veröffentlichen. Über das, was »wichtig« oder »am wichtigsten« ist, gibt es sofort Streit.
Darauf das SPD-Ausschußmitglied Horst Jaunich ungeduldig: Es müsse nun endlich »gepfiffen und nicht nur das Maul gespitzt« werden. Den schönen Worten sollten Taten folgen, Chemie gehöre ebensowenig in den Wein wie ins Bier. Der Vorsitzende der SPD-Fraktion, Wolfgang Roth, hält eine Verschärfung des Weingesetzes für unumgänglich.
Den Grünen-Abgeordneten Tatge, Werner und Gräfe zu Baringdorf (Europaparlament) ist das alles zuwenig. Sie möchten die Kennzeichnung sämtlicher Inhaltsstoffe erreichen und den Öko-Winzern die Möglichkeit bieten, ihre Weine aus biologischem Anbau auch als solche auf den Aufklebern zu empfehlen (was sie bisher aus unerfindlichen Gründen nicht dürfen).
Wieder mal diplomatische Zurückhaltung bei den Regierungen der Weinbundesländer: Das baden-württembergische Gesundheitsministerium will sich »möglicherweise zu einem Schritt zur Einführung einer Kennzeichnungspflicht

*Neue Werbung: Nur noch unverfälscht und sauber?*

entschließen, wenn die Prüfung der Zuständigkeiten abgeschlossen ist«. Man denke dabei sowohl an bestimmte Inhaltsstoffe (Glycerin, freie Schwefelsäure, Vitamin C) als auch an Behandlungsmethoden (Erhitzung des Weins, Schönung durch Kalk). Also nichts Sensationelles am Neckar; so weit sind andere schon längst.

Ganz am Rand wenigstens eine Initiative mit möglicher Signalwirkung: Eine kleine württembergische Kellerei will nicht länger auf grünes Licht von oben warten, sondern fängt von sich aus mit der Deklaration einiger Zusätze an. Leider vorläufig nur ein Einzelfall.

Die Lobby zieht da so ohne weiteres nicht mit. In Hessen verdeutlicht sie dem Landwirtschaftsministerium in Wiesbaden bei einer Anhörung, wie sie sich eine Kennzeichnung vorstellt: »Den Verbraucher aufklären und bloß nicht zusätzlich irritieren.« Im Klartext heißt dies: Allzuviel darf nicht auf den Etiketten stehen.

Noch ein Pferdefuß trotz »grundsätzlicher Übereinstimmung« im ministeriellen Kommuniqué: Die hessische Weinwirtschaft will die geforderten Maßnahmen nur dann mittragen, »wenn sie für das gesamte Bundesgebiet und den EG-Bereich gültig sind«. Einig waren sich die Anrainer des EG-Weinsees aber noch nie, wenn's um die Visitenkarte auf ihren Abfüllungen ging. Da hat eben jeder etwas anderes zu verbergen ...

## Wird Bonn durchgreifen?

Hessens Landwirtschaftsminister Willi Görlach (SPD) fordert im Spätherbst 1985 von der Bundesregierung »energische Konsequenzen aus dem Weinskandal, um kriminelle Taten von Erzeugern und Abfüllern für die Zukunft nach menschlichem Ermessen auszuschließen«. Görlachs Programm im Auszug:

Für die Verwendung von sogenannten Behandlungsstoffen nach Anhang III der EWG-Verordnung Nr. 337/79 bei den önologischen (weinkundlichen) Verfahren sollen nur noch die unbedingt erforderlichen und gesundheitlich unbedenklichen Mittel weiter zugelassen werden. Dadurch könnte sich die Zahl der Behandlungsstoffe insgesamt um über sechzig Prozent (!) verringern. (Ob die hessische Landesregierung gleich bei ihren eigenen Staatsweingütern anfängt, in denen sich ihre Beamten mit preiswerten Lagen eindecken?)

Bislang besteht bei Wein keine Verpflichtung zur Deklaration der wertbestimmenden Inhaltsstoffe. Dies muß zur objektiven Verbraucherinformation und zur Charakterisierung des Weins aber verlangt werden.

Wie bei Lebensmitteln allgemein üblich, sind Grenzwerte für unerwünschte Stoffe und Rückstände im Wein festzulegen. Die für Schwermetalle bereits bestehenden nationalen Höchstmengenregelungen müssen überprüft und gesenkt werden.

Verschnittmöglichkeiten müssen eingeschränkt und eine Irreführung des Verbrauchers verhindert werden. Bei Verwendung bestimmter Kennzeichnungen (Herkunft, Rebsorte, Jahrgang) darf der Wein keine anderen Weine enthalten, als aus dem Etikett hervorgeht. Das soll auch für Sekt gelten.

Künftig dürfen nur noch Flaschenweine importiert werden, um die Kontrolle zu erleichtern und der Germanisierung ausländischer Rebensäfte wirkungsvoll vorzubeugen. Doch gerade bei der Germanisierung haben Panscher noch immer irgendwo ein offenes Hintertürchen entdeckt.

## Schwefelfreier stinkt den Großen

Warum macht man es Zeitgenossen, die mit alternativen Ideen aus dem Teufelskreis Kellerchemie ausbrechen wollen, so schrecklich schwer? Meint es die Lobby mit der »Natürlichkeit« ihrer Produkte doch nicht ganz so ernst? Als der Winzer Werner Walter aus dem pfälzischen Edenkoben sich seine von ihm entdeckte Methode patentieren lassen will, mit der er Wein ohne Schweflige Säure herstellen kann, prozessiert die Interessenvertretung der »konventionellen« Konkurrenz gegen ihn. Treibt Futterneid oder Furcht vor neuen Ideen die Lobby dazu? Könnten gar die Umsätze der Konzerne im Kellerlabor sinken, wenn das Beispiel Walter Schule macht?

Inzwischen darf er nach einer Entscheidung des Bundesgerichtshofs in Karlsruhe seine Idee zumindest bei Weißwein verwirklichen. Und siehe da: Auf einmal machen es ihm andere nach. Deutsche und ausländische Winzer würden Walters Verfahren gern in Lizenz übernehmen.

(Es ist nach seinen Angaben darauf zurückzuführen, daß verschiedene bei der Weingärung anfallende, unangenehme Nebenprodukte wie Acetaldehyd mit Hilfe bestimmter Heferassen und einer besonderen Temperatursteuerung ausgeschaltet werden. Es sind Stoffe, die der Schwefel bei der herkömmlichen Gärung zum Teil bindet. Außerdem sorgt eine Spezialvorrichtung bei der Abfüllung der Flaschen dafür, daß der Wein keinen Sauerstoffkontakt bekommt. Er würde sonst ohne den Schwefel verderben.)

Organisierte Bio-Weinbauern stehen dem Verfahren noch skeptisch gegenüber, weil es aus ihrer Sicht zu kapitalaufwendig ist. Was aber, wenn der Kunde bereit ist, den Mehrpreis zu bezahlen? Der Edenkobener Erfinder (der keinem Öko-Winzerverein angeschlossen ist) sagt von sich, daß er im Weinberg ohne chemische Keule auskommt. Ferner behauptet er, daß seine Produkte aus natürlichem

Anbau sich in Geschmack und Haltbarkeit nicht von üblichen Weinen unterscheiden. Seine Umsätze scheinen dies eindrucksvoll zu belegen. So schlecht kann schwefelfreier Rebensaft also nicht sein.
Obwohl überzeugte Vertreter der deutschen Weinwirtschaft nach der Probe eines ausländischen (also nicht von Walter stammenden) Welschrieslings ohne Sulfitverschnitt meinten: Das Zeug liege einem auf der Zunge wie ein leicht alkoholisierter Apfelwein, der zwei Wochen in der Sonne stand. Ob da nicht das Sprichwort zutrifft: Was der Bauer nicht kennt oder besser: nicht kennen will...?
Seit dem Herbst 1985 kann erstmals auch die Bayerische Landesanstalt für Weinbau in Veitshöchheim bei Würzburg einen fränkischen Tropfen kredenzen, der keine Schweflige Säure enthält und das Resultat langwieriger Forschungen ist. Das Institut will die Verbraucher entscheiden lassen, ob der Schwefelfreie Zukunft hat.
Doch Bio-Wein (und so könnte es auch dem Ungeschwefelten ergehen) kommt nicht überall an: Als die Grünen im Stuttgarter Landtag im Oktober 85 als Auftakt ihres Diskussionsbeitrags zum Glykolskandal den Abgeordneten ein Glas aus biologischem Anbau servieren wollen, ergreift die CDU-Mehrheitsfraktion tumultartig die Flucht aus dem Saal. Nur ihr Parteifreund und Landesvater Späth probiert einen alternativen Schluck.

## Spumanti mit Tränengaseffekt: Auch Italiener sind keine Musterknaben

Die Italiener sind als bedeutendste Weinvermarkter in Europa keineswegs Musterknaben. Auch sie fallen 1985 mit ihren Einfuhren in die Bundesrepublik unangenehm auf: Die Mainzer Zentralstelle für Wein- und Lebensmittelstrafsachen läßt etwa eine Million Liter Tafelwein beschlagnahmen, der im Frühsommer in den Tanklastzügen eines deutschen Importeurs über die Grenzen kommt. Das Chemische Untersuchungsamt in Speyer kommt nach eingehenden Laboranalysen zu dem Schluß, daß der Wein »unzulässig behandelt« und mit Wasser gestreckt worden sei. Eine Chlorverbindung, Salz der Salzsäure, soll er ebenfalls enthalten. Eine einleuchtende Erklärung für das Vorhandensein der Chemikalie gibt es nicht; es sei denn, es hätte sich um »Wechseltransporte« gehandelt: In den Weincontainern könnten vorher chemische Flüssigkeiten transportiert und die zwingend vorgeschriebene Zwischenwäsche vergessen worden sein. So genau aber wollen es die Behörden nicht wissen. Sie sind mit Glykol voll beschäftigt.
Es passiert noch mehr: Vorübergehend werden für italienische Schaum- und Perlweine die Grenzen geschlossen, weil amtlichen Angaben zufolge in mehreren Sorten dieser vor allem bei jüngeren Bundesbürgern beliebten »Prickel-Drinks« die Chemikalien Jod- oder Bromessigsäure-Ethylester gefunden worden sind. Die Konzentrationen seien aber »gesundheitlich unbedenklich«, heißt es beim Bundesgesundheitsministerium. Dieser beschwichtigende Hinweis stößt bei Medizinern und Verbraucherschützern auf Skepsis, weil sich das Ministerium anfänglich auch beim österreichischen Diethylenglykol zu keiner klaren Warnung an die Bevölkerung entschließen konnte, sich später aber unter peinlichen Umständen korrigieren mußte.
Bei der nordrhein-westfälischen Verbraucherzentrale, die

selten ein Blatt vor den Mund nimmt, hat man kein Verständnis für die Bonner Zurückhaltung. Die VZ rät bis auf weiteres vom Genuß der verdächtigen »Spumanti«-Sorten dringend ab. Die festgestellten Chemikalien würden normalerweise zur Desinfektion von Abfüllmaschinen verwendet, hört man. Vielleicht wurde beim Reinigen der Behälter geschlampt?
Essigsäureester sind haut- und schleimhautreizende Flüssigkeiten mit narkotischer Wirkung. Von Bromessigester kennt man den »Tränengaseffekt«. Augenreizstoffe wie dieser wurden im Ersten Weltkrieg als chemische Kampfstoffe eingesetzt. Man erinnert sich: Die verwandte Substanz Bromessigsäure wurde nach den Ermittlungen des Landesgesundheitsamtes Erlangen in etlichen Brauereien dem Bier illegal zugesetzt: Die farblosen, wasseranziehenden Kristalle der Säure schmelzen bei plus 50 Grad Celsius. Bromessigsäure ist in Wasser und Alkohol leicht löslich und tötet Bakterien ab. Sie wird in der Industrie oft als Desinfektionsmittel benutzt. Tierversuche haben gezeigt, daß sie Muskel-, Nieren- und Leberschäden verursachen kann. Vielleicht ist die Bieraffäre der Grund für das offizielle Schweigen: Eine breite Diskussion in den Medien über verseuchten Spumanti könnte die Brauereipanschereien (von denen – wie es der Zufall will – auch Österreich nicht ganz verschont bleibt) wieder hochkommen lassen; das aber möchte man auf jeden Fall vermeiden.

Italien zum dritten: im Herbst 1985 warnt das bayerische Innenministerium vor einem Chianti (Mondial Chianti D.O.C. Confezionato da GFA-SNC-Borgo-San Lorenzo), in dem das Untersuchungsamt Würzburg erhebliche Konzentrationen von Schwefliger Säure festgestellt habe. Die Werte sollen zwischen 4,74 und 6,54 Gramm pro Liter liegen und deshalb gesundheitsschädlich sein. Es ist ein Vielfaches der in deutschen Weinen zwar zulässigen, aber umstrittenen Mengen. Interessanterweise wird diesmal über die Schwefel-Analysen öffentlich stärker diskutiert. Die hiesige Weinwirtschaft, die das Thema ›Schweflige Säure‹ sonst scheut wie der Teufel das Weihwasser, kann nun belegen, daß andere wesentlich großzügiger mit dem vielkritisierten Kellerhilfsstoff umgehen als deutsche Winzer. Es kann ja nichts schaden, wenn die lästige Konkurrenz aus dem Süden auch mal eins draufkriegt.

Die Affäre kommt den Italienern äußerst ungelegen, da sie sich gerade angestrengt um die Überwindung ihrer nationalen Chianti-Krise bemühen. Das überreichliche Chianti-Angebot soll nämlich im Rahmen einer größeren »Flurbereinigung« durch verschärfte Qualitätskontrollen verringert werden. Chianti-Weine, die jetzt noch auf den Markt kommen, müssen mit dem staatlichen »DOCG-Siegel« (Denominazione di origine controllata), einer Herkunfts- und Qualitätsgarantie versehen sein.

Die Änderung der Etikettierung wird zu einer weitgehenden Umstrukturierung der Weinwirtschaft in den fünf Provinzen Siena, Florenz, Arezzo, Pistoia und Pisa führen. Tausende mittlerer und kleinerer Unternehmen haben bisher vom Chianti-Verkauf mehr schlecht als recht gelebt, indem sie Europa mit nicht immer einwandfreien Produkten dieses Namens überschwemmten. Etikettenschwindel und Manipulationen blieben da nicht aus. In Zukunft dürfte nur noch ein kleiner Teil der Anbieter den weit höher geschraubten Qualitätsanforderungen gerecht werden.

Die Markenbezeichnung »Chianti« ist gesetzlich geschützt. Ab Jahrgang 1984 darf sie nur noch für DOCG-Weine verwendet werden. Für viele italienische Weinbauern ist dies ein schwerer Schlag, weil sie nicht mehr unter ihren alten Bezeichnungen verkaufen dürfen. Deshalb soll künftig ein Parallelwein vermarktet werden, voraussichtlich unter der Sammelbezeichnung »Vermiglio« (der Zinnoberrote), ein Name, den der Rotwein in der Mitteltoskana bereits im 15. und 16. Jahrhundert hatte.

Italien ist größter Weinproduzent der Welt und exportierte im Jahr 1984 über 4,2 Millionen Hektoliter nach Deutschland, das ist fast die Hälfte des gesamten Weinimports der

Bundesrepublik überhaupt. Panscherei und Etikettenschwindel kann man sich beim feurigen Südländer und aus der Korbflasche nicht leisten.

*Skandale ohne Unterlaß: Schlagzeilen im November 1985.*

**Arzneimittel-Rückstände in Nudeln**
Behörden beschlagnahmten 110 000 Kilogramm Teigwaren

**Neuer Skandal mit Nudeln**
Hohe Dosen Tierarzneimittel und Pharmaka im Flüssigei festge-

**110 000 Kilogramm Nudeln in Fabrik beschlagnahmt**

**Pharma-Nudeln lagern bei Birkel**
SPD rügt widersprüchliche Angaben der Landesregierung

**Erneut verseuchte Nudeln in Baden-Württemberg entdeckt**

**Lebensmittel waren vergiftet**

**Bonn warnt vor giftigen Sardellen**
Verbraucher sollen Konserven zurückgeben

**Arzneimittel in Nudeln nachgewiesen**

**Achtung, giftige Sardellen-Filets**

**Gesundheitsbehörde warnt vor giftigem Tee**

**Formaldehyd an Wurstoberfläche festgestellt**

**Warnung vor Sardellenfilets**

**Rund 1000 Soldaten in Flensburg an Infektion erkrankt**

**Wildenten von Gift durchsetzt**
Erschreckende Untersuchungsergebnisse – Innereien des Haarwildes verseucht

**Erneut Conservol in Wurst**

**Kühe verendeten nach Behandlung mit Arzneimittel**

**Buttermilch-Panscher**

**Erneute Warnung vor Bohnenkonserven**

**Wieder giftige Beeren in Bohnenkonserven entdeckt**

**Bunte Welt**

**Hormone bei Kälbern gefunden**
Verbotener Stoff nachgewiesen – Gefahr für Schwangere

Salmonellen in Schweizer Käsesorte

**SPD rügt Mängel im Verbraucherschutz**

## Panschereien und kein Ende

Die Lebensmittelskandale gehen weiter. Im November 1985 erscheinen immer neue Schlagzeilen: Bonn warnt vor Sardellen aus Spanien. Sie enthalten Histamin, einen Stoff, der zu schweren allergischen Anfällen führen kann. In Flensburg holen sich rund 1000 Soldaten eine Magen-Darm-Infektion. Das paßt nicht ins Konzept, denn in den Kasernen laufen gerade die Vorbereitungen zum 30jährigen Bundeswehrjubiläum auf Hochtouren. Salmonellen in einem Schweizer Käse verursachen viele Krankheitsfälle. Und in Niedersachsen werden in Tausenden von Kälbern verbotene Hormone nachgewiesen. Peinlichkeiten passieren in Baden-Württemberg:

Bei der Aufklärung über berechtigte Verbraucheranliegen lassen sich dortige Regierungsstellen verdächtig viel Zeit, obwohl ihnen – wie aus mehreren Beiträgen dieses Buches ersichtlich ist – im Wirtschaftskontrolldienst ihrer Polizei ein ungewöhnlich erfolgreicher Apparat zur Verfügung steht. Bereits am 11. September 1985 werden Stuttgarter Behörden von einem Journalisten nach Rückständen gefährlicher Tierarznei (wie Nicarbazin) in Nahrung befragt. Eine einfache Frage, auf die man eine einfache Antwort erwartet. Das Sozialministerium aber, letzte Instanz am Ende einer komplizierten bürokratischen Zwei-Tage-Zensur für das Interview, bleibt diese Antwort schuldig.

Dann, eine Woche darauf, enthüllt die Hamburger Wochenzeitung »Die Zeit« erstmals, daß »in belgischer Eierbrühe bedenkliche Spuren des krebsverdächtigen Tiermedikaments Nicarbazin gefunden wurden, das kränklichem Federvieh gegen allerlei Darmbeschwerden verabreicht wird«. Stuttgarter Echo: Nach außen Windstille, innen fieberhafte Suche nach der undichten Stelle. Statt vorbehaltlos zu informieren, wird weiter vertuscht.

Wieder müssen erst anderthalb Monate verstreichen, ehe

das Ministerium auf eine Anfrage der oppositionellen SPD-Landtagsfraktion endlich zugibt, man habe »in einigen Fällen Rückstände von pharmakologisch wirksamen Stoffen (Nicarbazin, Chloramphenikol, Meticlorpindol)« in Lebensmitteln festgestellt. Seit August 1985 seien immerhin 110 151 Kilo Teigwaren beim Hersteller wegen eines die gesetzlich Höchstmenge übersteigenden Chloramphenicolgehaltes beschlagnahmt worden.
Bedenkliche Schwachstellen bei Routinekontrollen lassen sich nicht länger verheimlichen: An der Entwicklung zuverlässiger Analyseverfahren werde derzeit noch gearbeitet, räumen Regierungssprecher ein. Vor kurzem hatte man von ihnen noch ganz andere Töne gehört. Da wurde angeblich lückenlos und fehlerfrei untersucht.
Für die SPD steht nun fest: »Dieser jüngste Fall von Lebensmittelverseuchung in Baden-Württemberg stellt die Glaubwürdigkeit der Landesregierung auf dem Gebiet des vorbeugenden Verbraucherschutzes erneut in Frage.« Und: Es sei geradezu ein Witz, daß sich Ministerpräsident Lothar Späth »zur gleichen Zeit, in der die Behörden des Landes klammheimlich Abertausende von Nudelpackungen bei den Herstellern beschlagnahmen, mit denselben öffentlich in gemeinsamen Werbekampagnen abfotografieren läßt«. (Gemeint ist das große Spätzle-Essen, über das von Seite 125 bis 129 in diesem Buch in Wort und Bild berichtet wird.)
Das Sozialministerium versucht krampfhaft, sich herauszureden: Das Bundesgesundheitsamt in Berlin habe beim Darmseuchenmittel Nicarbazin noch keine krebserzeugende Wirkung beobachtet. Drückt man deshalb bei den Pharmanudeln ein Auge zu? Dem hält die SPD entgegen: Solange hierüber keine abschließenden wissenschaftlichen Erkenntnisse vorlägen, müsse man eben härter auf das Verbot solcher Mittel bei der Massentierhaltung drängen. Die Landesregierung mache es sich politisch zu einfach, wenn sie auf die wissenschaftliche Problemlage verweise, nach der für jede Tierart und für jedes Arzneimittel erst noch Höchstmengen festgelegt werden müßten. Es sei höch-

ste Zeit, »über die Verbindungen eines Teils der betroffenen Industrie mit dem Staatsministerium nachzudenken, denn anders sei die Gefälligkeitspolitik der Landesregierung nicht zu erklären«.
Schwere Vorwürfe im politischen Streit um einen neuen blamablen Schwabenstreich. Was Otto Normalverbraucher wohl davon hält? Wird er jemals erfahren, wieviel »Arzneispätzle« bundesweit in den Kochtöpfen ahnungsloser Bürger verschwunden sind?

## Kann Knochenmark schädigen: Chloramphenicol

Dieser Stoff ist ein Breitspektrum-Antibiotikum mit erheblichen Risiken für den Menschen: Chloramphenicol, mit dem chemischen Namen 1-(p-Nitrophenyl)-2-dichloracetamido-1,3-propandiol. Von der Struktur her ist es verwandt mit Ephedrin, farblos kristallisierend, mit bitterem Geschmack und in Wasser schwer löslich.

Rückstände dieser häufig gebrauchten Tierarzne werden zwar immer wieder in Fleisch, Hühnereiern und Eiprodukten festgestellt, aber auch leichtfertig verharmlost. Da es sich hierbei in der Regel um zufällige Ergebnisse der Lebensmittelkontrollen handelt, kann man davon ausgehen, daß Chloramphenicol in menschlicher Nahrung weit stärker verbreitet ist, als allgemein angenommen wird. Umfassende Verbraucheraufklärung fehlt.

Unbestritten sind mögliche Nebenwirkungen dieses Antibiotikums auf Knochenmark: Schwere Störungen der Erythropoese (Bildung der roten Blutkörperchen) und überhaupt der blutbildenden Knochenmarkfunktion (Panmyelopathie) werden in der medizinischen Literatur beschrieben und haben Chloramphenicol erheblich in Verruf gebracht.

Bei Früh- und Neugeborenen kann nach gewissen Dosen von Chloramphenicol das »Grey-Syndrom« (physiologische Enzym-Insuffizienz) sichtbar werden: aschgraue Hautfarbe, Temperatursturz, Erbrechen, Atemnot, Nahrungsverweigerung, mit eventuell tödlichem Verlauf durch Kreislaufkollaps.

Komplikationen können sich ferner bei Patienten mit allergischen Leiden, Leberkrankheiten, Hämopathien (Blutstörungen) und in Verbindung mit der Einnahme anderer Medikamente ergeben.

# Eine stattliche Herde schwarzer Schafe

Wer dieses Buch liest, vielleicht mit einem flauen Gefühl im Magen, wer dabei nachdenklich, ärgerlich, zornig über solche Zustände in einem Teil unserer Nahrungswirtschaft wird – er fragt sich, was man überhaupt noch mit Appetit essen und trinken kann? Was soll er davon halten, daß kriminelle Panscher und Etikettenschwindler relativ leichtes Spiel mit unseren Lebensmitteln haben?

Es gibt Politiker, denen auf solche Fragen nichts Besseres einfällt als dies: Man möge sich doch um Himmels willen nicht das tägliche Brot vermiesen lassen; womit sie vor allem die kritische Berichterstattung der Medien meinen. Andere – wie zur Anuga-Messe 85 in Köln ein Sprecher des Bundeslandwirtschaftsministeriums – würden am liebsten alles auf die bösen EG-Nachbarn schieben: Angeblich seien die dabei, die strengen Lebensmittelgesetze der Bundesrepublik durch weniger konsequentes Verhalten in ihren Ländern auszuhöhlen. Spitzenfunktionäre der Nahrungsindustrie rufen nach der Bonner Feuerwehr: Die Regierung müsse endlich der öffentlichen Verunsicherung (durch die Presse) entgegentreten und klarmachen, daß sich die Branche nicht durch die Machenschaften einzelner Gesetzesbrecher diffamieren lasse. Mit solchen Aussagen macht man es sich zu leicht.

Es sind ja nicht nur einige wenige, die sich am Verbraucher schadlos halten. Die schwarzen Schafe eines einzigen Jahres (die Beispiele Flüssigei, Fleisch und Wein belegen es) geben eine stattliche Herde ab, und ihre Methode hat System. Denn sie wissen, daß sie kein allzu großes Risiko eingehen, weil Lebensmittelverbrechen in Deutschland häufig wie Kavaliersdelikte geahndet werden.

Es ist richtig, daß die Bundesrepublik verhältnismäßig strenge (wenn auch teilweise verbesserungsfähige) Lebensmittelgesetze hat, die zu den besten in Europa gehören.

Aber ihre Anwendung in der Praxis, die Auslegung vor Gericht, steht häufig in krassem Widerspruch dazu. Die für schwere Fälle vorgesehene Haftstrafe von zehn Jahren zum Beispiel hat mehr theoretisches Gewicht und wird eigentlich nie verhängt. Selbst Wiederholungstäter kommen mit Bußgeldern oder Gefängnis auf Bewährung davon. Es läßt sich nicht leugnen: Beim Vollzug liegt einiges im argen.
Ebenso bei der Überwachung vor Ort. In Baden-Württemberg raten Behörden den Hausfrauen: »Wenn Ihre eingekauften Lebensmittel verdorben oder falsch etikettiert sind, dann geben Sie bitte alles so schnell wie möglich bei der nächsten Dienststelle des Wirtschaftskontrolldienstes (WKD) ab.« Und alle Verbraucher können sich fest darauf verlassen: In jeder Stadt, in jedem größeren Polizeikommissariat stehen ihnen WKD-Mitarbeiter mit Spezialausbildung zur Seite. Und zwar in dringenden Fällen rund um die Uhr. Im Saarland wenden Bürger sich an den ähnlich organisierten Lebensmittel- und Gewerbedienst, in Berlin an den Gewerbeaußendienst der Polizei.
In den übrigen Bundesländern gibt es für Konsumentenprobleme recht unterschiedliche Anlaufstellen. Mal sind es Gesundheitsämter, mal die Veterinärbehörden, die man lediglich zu den festen Bürozeiten erreicht: Bis ein verseuchtes Schnitzel endlich im Labor liegt, vergeht kostbare Zeit. Teils ist in den Ländern bei der Überwachung des Lebensmittelrechts der Innenminister federführend, teils der Sozialminister, das Wirtschafts- oder Landwirtschaftsressort. Welcher Verbraucher blickt da noch durch?
Die jährlichen Erfolgsbilanzen täuschen: Der Alltag der Kontrolleure sieht weniger erfolgreich aus. Zufallsabhängige Stichprobenkontrollen im Handel, wie sie die meisten Bundesländer bisher durchführen, reichen nicht aus, wenn man das Übel an der Wurzel packen will. Die Untersuchungen müßten allgemein auf die Schwachstellen im Vorfeld der Herstellung und Verarbeitung von Nahrungsmitteln verlagert werden. Verdorbene Rohstoffe dürfen gar nicht erst in die Produktionsmaschinerie gelangen. Wer es den-

noch wagt, muß im Wiederholungsfall mit Berufsverbot vom Markt gescheucht werden. Schwarzmalerei? Nun, es gibt in Deutschland mehrfach rückfällig gewordene Profis, die munter weiterschwindeln und sich der Freundschaft hoher Politiker rühmen dürfen ...

Ein großer Teil der Überwachungsorgane auf Kommunal- und Landesebene ist nur mangelhaft ausgerüstet und personell unterbesetzt: Die Mitarbeiter sind deshalb gar nicht in der Lage, ihre Aufgabe voll zu erfüllen. Die niedersächsische Initiative, studienhalber ein »Monitoren-System« zur Rückstandskontrolle von Lebensmitteln einzurichten, ist sicher begrüßenswert. Andererseits: Dieses Bundesland, in dem Gülle reichlicher als frisches Quellwasser fließt, läßt es zu, daß sich in seinen staatlichen Untersuchungsämters nur 47 Chemiker und knapp 150 Chemotechniker abrackern müssen. »Mit ihrer Tätigkeit schützen sie den Verbraucher vor gesundheitlich nachteiligen Einflüssen, vor Täuschung und Verfälschung«, verkündet das Sozialministerium in Hannover zufrieden und erwartet dafür auch noch öffentlichen Applaus.

Dabei ist Niedersachsen gar nicht mal das Schlußlicht unter den Ländern. Solche Äußerungen zeigen jedoch, welchen Stellenwert der Verbraucherschutz von Staats wegen hat. Hier wird an der falschen Stelle gespart. Ob die Konsumenten dies gelegentlich mit ihren Wählerstimmen honorieren?

Schließlich die Lebensmittelkontrolleure selbst: Auch da bleibt viel zu wünschen übrig. Abgesehen davon, daß jedes Bundesland ihre Aufgaben auf seine Weise auslegt, fehlt bis heute eine allgemein anerkannte Ausbildungs- und Prüfungsordnung für diesen lebenswichtigen Beruf. Es kommt vor, daß Handwerksmeister im einjährigen Schnellkurs zu dem begehrten Posten im öffentlichen Dienst avancieren. Kann man von solchen »Fachkräften« erwarten, daß sie Hygienebestimmungen, Untersuchungsmethoden, die wichtigsten Paragraphen aus mehreren hundert Gesetzen, Erlassen und Verordnungen beherrschen?

Mancherorts haben sie sich nebenher noch um den Abtransport von Tierkadavern und Abfällen zu kümmern. Und es kann vorkommen, daß zu ihrem Auftrag sogar der Leichendienst gehört, die fürsorgliche Aufsicht darüber, daß beim letzten Gang verblichener Mitbürger alles mit rechten Dingen zugeht. Verbraucherschützer haben dies jedenfalls wiederholt moniert. Wie man sieht, haben Lebensmittelkontrolleure einen eminent wichtigen, brisanten Job. Er kann zuweilen makaber sein.

## Mit den besten Empfehlungen

Diese Stellen stehen Verbrauchern mit Rat und Tat zur Verfügung:

Arbeitsgemeinschaft der Verbraucher (AGV) e. V., Heilsbachstraße 20, 5300 Bonn-Duisdorf;
Deutscher Verbraucherschutzverband (DVS), Leberberg 4, 6200 Wiesbaden;
Verbraucherzentrale Baden-Württemberg, Augustenstraße 6, 7000 Stuttgart;
Verbraucherzentrale Bayern, Haydnstraße 7, 8000 München 2;
Verbraucherzentrale Berlin, Bayreuther Straße 40, 1000 Berlin 30;
Verbraucherzentrale Bremen, Ansgaritorstraße 3, 2800 Bremen;
Verbraucherzentrale Hamburg, Große Bleichen 23, 2000 Hamburg 36;
Verbraucherzentrale Hessen, Berliner Straße 27, 6000 Frankfurt;
Verbraucherzentrale Niedersachsen, Georgswall 7, 3000 Hannover;
Verbraucherzentrale Nordrhein-Westfalen, Mintropstraße 27, 4000 Düsseldorf;
Verbraucherzentrale Rheinland-Pfalz, Große Langgasse 16, 6500 Mainz;
Verbraucherzentrale Saarland, Hohenzollernstraße 11, 6600 Saarbrücken;
Verbraucherzentrale Schleswig-Holstein, Bergstraße 24, 2300 Kiel.

(Bei Anfragen frankierten Rückumschlag nicht vergessen.)

# Bildnachweis

Kurt Eppler, Stuttgart: S. 127, 128, 129, 293, 295
Peter Meyer, Bremen: Titelbild, S. 30
Kontar-Pressebilderdienst, Offenbach: S. 61, 137, 138, 139, 147, 148, 149, 231
Günther Peter, Korntal-Münchingen: S. 211
World Wildlife Fund, Frankfurt: S. 219, 224
Archiv: S. 57, 183, 187
Alle übrigen Fotos und Abbildungen von Charlotte und Herbert Schäfer

**Sachbuch**

**Knaur**

**Taschenbücher**

Band 3764
128 Seiten
ISBN 3-426-03764-5

Noch haben wir die Wahl: Entweder die radikale Ausrottung unseres ganzen Planeten auf unabsehbare Zeit oder »nur« Tod und Zerstörung unter Sicherung des Fortbestandes der Menschheit. Denn nur durch rigorose Reduzierung aller atomaren Waffenarsenale kann beim Einsatz von Atomwaffen zumindest eine Klimakatastrophe ausgeschlossen werden. Carl Sagan berichtet in diesem Buch über die Arbeit eines Expertenteams, das sich mit den ökologischen und klimatischen Folgen eines Atomkrieges befaßt hat.

**Ökologie** **Knaur®** **Taschenbücher**

Band 3723
240 Seiten
mit zahlreichen
Abbildungen
ISBN 3-426-03723-8

Zwei Dinge sind es, die Südoldenburg, im Norden unseres Landes gelegen, auszeichnen: Nirgendwo in Deutschland sind so viele Mercedes-Benz-Limousinen zugelassen wie hier, was zumindest verrät, daß man sich in diesem Landstrich aufs Geldverdienen versteht, und nirgendwo sonst auf der Welt wird die Tierproduktion so intensiv betrieben wie hier, was verrät, womit das Geld verdient wird. Doch die alte Weisheit, daß Geld nicht stinkt, stimmt in Südoldenburg schon lange nicht mehr, denn hier stinkt es fürchterlich, tagaus, tagein.
Südoldenburg als Zukunftsmodell unserer Landwirtschaft – ein Beispiel, das jeden das Fürchten lehren kann.

Knaur

Taschenbücher

# Sachbuch aktuell

**Bahr, Hans-Eckehard (Hrsg.): Wissen, wofür man lebt**
Jugendprotest – Aufbruch in eine veränderte Zukunft.
240 S. Band 4005

**Dahrendorf, Ralf: Die Chancen der Krise**
Über die Zukunft des Liberalismus.
240 S. Band 3773

**Duhm, Dieter: Aufbruch zur neuen Kultur**
Von der Verweigerung zur Neugestaltung. Umrisse einer ökologischen und menschlichen Alternative.
128 S. Band 3741

**Eimler, Wolf-Michael/ Kleinschmidt, Nina: Wer hat das Schwein zur Sau gemacht?**
Mafia-Methoden in der deutschen Landwirtschaft.
240 S. Band 3723

**Fraser, John: Die neuen Chinesen**
Der erste authentische und umfassende Bericht aus dem China nach Mao.
320 S. Band 3726

**Gatter, Peter: Der weiß-rote Traum**
Polens Weg zwischen Freiheit und Fremdherrschaft.
208 S. Band 3724

**Haffner, Sebastian: Zur Zeitgeschichte**
36 Essays.
224 S. Band 3785

**Hoving, Thomas: Das Millionen-Dollar-Kreuz**
Enthüllungen eines Museumsdirektors.
288 S. Band 3754

**Huxley, Aldous: Plädoyer für den Weltfrieden und Enzyklopädie des Pazifismus**
Huxleys Appelle an die internationale Friedensbewegung. Beide Schriften hier zum ersten Mal auf deutsch.
176 S. Band 3756

**Jens, Walter (Hrsg.): In letzter Stunde**
Aufruf zum Frieden.
176 S. Band 3749

**Jens, Walter: Ort der Handlung ist Deutschland**
Reden in erinnerungsfeindlicher Zeit.
240 S. Band 3731

**Klump, Brigitte: Freiheit hat keinen Preis**
Ein deutsch-deutscher Report.
288 S. Band 3717

**Leier, Anne: Holt die Schmetterlinge zurück!**
Umweltschutz beginnt im Alltag.
272 S. Band 3740

**mercator: Das Wunder läßt sich wiederholen**
Argumente zu aktuellen Fragen der Wirtschaftspolitik.
112 S. Band 3751

**Mihr, Ulrich: Das Recht zum Krieg**
Von der Rechtfertigung der Gewalt zwischen Völkern und Nationen.
144 S. Band 3746

**Sagan, Carl: Atomkrieg und Klimakatastrophe**
128 S. Band 3764

**Uthmann, Jörg von: Doppelgänger, du bleicher Geselle**
208 S. Band 3777

Gütersloher Taschenbücher / Siebenstern 359

D1857094

## *Herr, mach mich zu einem Werkzeug deines Friedens*

*daß ich liebe, wo man haßt;*
*daß ich verzeihe, wo man beleidigt;*
*daß ich verbinde, wo Streit ist;*
*daß ich die Wahrheit sage, wo Irrtum ist;*
*daß ich Glauben bringe, wo Zweifel droht;*
*daß ich Hoffnung wecke, wo Verzweiflung quält;*
*daß ich Licht entzünde, wo Finsternis regiert;*
*daß ich Freude bringe, wo der Kummer wohnt.*

## *Herr, laß mich trachten,*

*nicht, daß ich getröstet werde, sondern daß ich tröste;*
*nicht, daß ich verstanden werde, sondern daß ich verstehe;*
*nicht, daß ich geliebt werde, sondern daß ich liebe.*
*Denn wer sich hingibt, der empfängt;*
*wer sich selbst vergißt, der findet;*
*wer verzeiht, dem wird verziehen;*
*und wer stirbt, der erwacht zum ewigen Leben.*

*Franz von Assisi*

# Freuen dürfen sich alle

*Die Seligpreisungen der Bergpredigt*

*Herausgegeben von Peter Helbich*

*Gütersloher Verlagshaus*
*Gerd Mohn*

Als Jesus die Menschenmenge sah, stieg er auf einen Berg und setzte sich. Seine Jünger traten zu ihm. Dann verkündete er ihnen, was Gott von seinem Volk erwartet. Er begann:

Freuen dürfen sich alle,
die nur noch von Gott etwas erwarten
und nicht von sich selbst;
denn sie werden mit ihm
in der neuen Welt leben.

Freuen dürfen sich alle,
die unter der Not der Welt leiden;
denn Gott wird ihnen
ihre Last abnehmen.

Freuen dürfen sich alle,
die keine Gewalt anwenden;
denn Gott wird ihnen
die Erde zum Besitz geben.

Freuen dürfen sich alle,
die brennend darauf warten,
daß Gottes Wille geschieht;
denn Gott wird
ihre Sehnsucht stillen.

Freuen dürfen sich alle,
die barmherzig sind;
denn Gott wird auch mit ihnen
barmherzig sein.

Als er aber das Volk sah, ging er auf einen Berg und setzte sich; und seine Jünger traten zu ihm. Und er tat seinen Mund auf, lehrte sie und sprach:

Selig sind,
die da geistlich arm sind;
denn ihrer ist
das Himmelreich.

Selig sind,
die da Leid tragen;
denn sie sollen
getröstet werden.

Selig sind
die Sanftmütigen;
denn sie werden
das Erdreich besitzen.

Selig sind,
die da hungert und dürstet
nach der Gerechtigkeit;
denn sie sollen
satt werden.

Selig sind
die Barmherzigen;
denn sie werden
Barmherzigkeit erlangen.

Freuen dürfen sich alle,
die ein reines Herz haben;
denn sie werden Gott sehen.

Freuen dürfen sich alle,
die Frieden schaffen;
denn sie werden
Gottes Kinder sein.

Freuen dürfen sich alle,
die verfolgt werden,
weil sie tun, was Gott verlangt;
denn sie werden mit ihm
in der neuen Welt leben.

*Matthäus 5,1–10*
*(Gute Nachricht)*

Selig sind,
die reinen Herzens sind;
denn sie werden
Gott schauen.

Selig sind
die Friedfertigen;
denn sie werden
Gottes Kinder heißen.

Selig sind,
die um der Gerechtigkeit willen
verfolgt werden;
denn ihrer ist
das Himmelreich.

*Matthäus* 5,1–10
*(Luther)*

# Friedenstag

## Der neue Anfang

Nun soll in unseren Kirchen ein neuer Anfang gemacht werden. Gegründet auf die Heilige Schrift, mit ganzem Ernst ausgerichtet auf den alleinigen Herrn der Kirche, gehen sie daran, sich von glaubensfremden Einflüssen zu reinigen und sich selbst zu ordnen. Wir hoffen zu dem Gott der Gnade und Barmherzigkeit, daß er unsere Kirchen als sein Werkzeug brauchen und ihnen Vollmacht geben wird, sein Wort zu verkünden und seinem Willen Gehorsam zu schaffen bei uns selbst und bei unserem ganzen Volk.
Daß wir uns bei diesem neuen Anfang mit den anderen Kirchen der ökumenischen Gemeinschaft herzlich verbunden wissen dürfen, erfüllt uns mit tiefer Freude.
Wir hoffen zu Gott, daß durch den gemeinsamen Dienst der Kirchen dem Geist der Gewalt und der Vergeltung, der heute von neuem mächtig werden will, in aller Welt gesteuert werde und der Geist des Friedens und der Liebe zur Herrschaft komme, in dem allein die gequälte Menschheit Genesung finden kann.
So bitten wir in einer Stunde, in der die ganze Welt einen neuen Anfang braucht: »Veni, creator spiritus!« (Komm, Schöpfer Geist).

*Aus dem Stuttgarter Schuldbekenntnis, 1945*

## *Friede muß gewagt werden*

Wie, wäre es nicht einfach eine gotteslästerliche Leichtfertigkeit, zu meinen, mit dem Ruf: Nie wieder Krieg, und mit einer neuen Organisation – und sei es eine christliche Organisation – den Teufel zu beschwören? Was ist aller sogenannter internationaler Versöhnungsversuch, aller Versuch des Sichverstehens, alle sogenannte internationale Freundschaft – so nötig sie an sich ist – angesichts dieser Wirklichkeit?
Nichts, gar nichts sind solche Organisationen, wie ein Kartenhaus dahingeblasen ... nichts, gar nichts ist unser gutgemeinter Wille, unser Reden über Frieden und Good will, wenn nicht der Herr selbst kommt und die Dämonen austreibt.
Christus muß gegenwärtig werden unter uns in der Predigt und im Sakrament, wie er als der Gekreuzigte Frieden gemacht hat mit Gott und mit den Menschen. Der gekreuzigte Christus ist unser Friede. Er allein beschwört die Götzen und die Dämonen. Vor dem Kreuz allein zittert die Welt, nicht vor uns.

*Dietrich Bonhoeffer*

## *Mit Frieden Brücken schlagen*

Frieden stiften – das ist der Auftrag, Brücken zu schlagen. Der Auftrag, Möglichkeiten zur Verständigung aufzuspüren. Ja, Brücken schlagen. Das ist ein schönes Bild. Da ist eine Kluft, ein Abstand, und jetzt wird er überwunden. Da wird nichts zugeschüttet, nichts vernichtet, es ist ein ganz positives Werk. Mut gehört dazu, Phantasie. Aber ist keine Brücke da, so gibt es zwischen hüben und drüben keine Verbindung. Ist niemand da, der die Brücke schlägt, dann entwikkeln sich Vorstellungen von dem anderen, die unzulänglich oder übertrieben sind. Es werden Verhältnisse betoniert, man geht in Stellung gegeneinander. Aber Brücken bauen! Eine Brücke, was tut sie alles? Sie überspannt Entfernungen, sie schafft Verbindung, sie läßt über ihren Rücken viele gehen, sie ist auf beiden Ufern verwurzelt, sie bringt zusammen, was weit voneinander entfernt ist, sie hält Belastungen aus.

*Johannes Kuhn*

*Freuen dürfen sich alle,*
*die nur noch von Gott etwas erwarten*
*und nichts von sich selbst;*
*denn sie werden mit ihm*
*in der neuen Welt leben.*

***Selig sind, die da geistlich arm sind; denn ihrer ist das Himmelreich.***

## *Mein Gott, mein Gott ...*

Mein Gott, mein Gott –
warum hast du mich verlassen?
Ich bin zur Karikatur geworden,
das Volk verachtet mich.
Man spottet über mich in allen Zeitungen.

Aber ich werde meinen Brüdern
von dir erzählen.
Auf unseren Versammlungen
werde ich dich rühmen.
Inmitten eines großen Volkes
werden meine Hymnen angestimmt.

Die Armen werden ein Festmahl halten.
Das Volk, das noch geboren wird,
unser Volk,
wird ein großes Fest feiern.

*Ernesto Cardenal*

## *Selig, die denken*

Selig,
die denken, bevor sie handeln,
und beten, bevor sie denken;
sie vermeiden viele Dummheiten.

Selig,
wenn ihr versteht zu schweigen
und das Lächeln zu behalten,
selbst wenn man euch ins Wort fällt,
wenn man euch widerspricht,
wenn man euch mit Füßen tritt;
dann hat das Evangelium angefangen,
in euer Herz einzudringen.

Selig,
vor allem ihr, die ihr den Herrn zu erkennen
wißt in allen, denen ihr begegnet;
dann habt ihr das wahrhaftige Licht
und die wirkliche Weisheit.

*Seligpreisungen aus der Kirche der DDR*

## *Er gab mir das Leben*

Ich bat um Stärke,
aber er machte mich schwach,
damit ich Bescheidenheit und Demut lernte.
Ich erbat seine Hilfe,
um große Taten zu vollbringen,
aber er machte mich kleinmütig,
damit ich gute Taten vollbrächte.
Ich bat um Reichtum, um glücklich zu werden.
Er machte mich arm, damit ich weise würde.
Ich bat um alle Dinge,
damit ich das Leben genießen könne.
Er gab mir das Leben,
damit ich alle Dinge genießen könne.
Ich erhielt nichts von dem, was ich erbat –
aber alles, was gut für mich war.

Gegen mich selbst wurden meine Gebete erhört.
Ich bin unter allen Menschen
ein gesegneter Mensch.

*Ein unbekannter Soldat vor hundert Jahren
im amerikanischen Bürgerkrieg*

## *Christus ist Gottes Friede*

Friede ist für mich eins sein mit Gott. Christus ist Gottes Friede. Mein Herz ist offen für ihn. Ich habe ihm mein Leben gegeben und gesehen: Je mehr ich an ihn glaube, desto mehr verstehe ich – er ist der Friede.
Sehen Sie, die Armen unserer Welt hungern nicht nach Besitz – in erster Linie wollen sie Menschenrecht! Sie wollen als Menschen akzeptiert werden, nicht als Abfall. Sie brauchen keine Almosen. Die Armen unserer Welt brauchen die Anerkennung, Menschen zu sein. Für Christus waren alle Brüder und Schwestern. Wenn wir seiner Liebe nachfolgen, dann wird der Krieg verschwinden.
Wenn jeder da, wo er lebt, Jesus Christus ernst nimmt, dann wird der Friede Realität. Lassen Sie uns selbst doch weniger wichtig erscheinen und mehr der göttlichen Liebe Raum geben, dann wird die Egozentrik verschwinden, und die Welt wird Frieden erleben.

*Mutter Teresa*

## *Unser tägliches Brot*

Es ist früh, wie jeden Morgen,
Kinder streiten sich mit Hunden um Mülltonnen.
Alles wird durchgewühlt,
rein und raus, Speisereste aus dem Müll,
sie teilen sich mit Hunden
das verfaulte Brot aus dem Müll.
Eine Hundewelt ohne Herz.
Das ist die Art und Weise, die Gott gefunden hat,
das Gebet dieser armen hungrigen Kinder:
»Unser tägliches Brot gib uns heute«
aufzunehmen. An diesem Tag,
nein, in dieser Woche
war das Brot auf unserem Tisch
nicht mehr das alte. Bitter war das Brot,
voller Lästerungen der Armen,
die für Gott Bitten sind.
Und erst dann wurde es süß und gut,
als es geteilt wurde mit den hungernden
Kindern und Hunden.

*Leonardo Boff*

## *Armut*

Adam im Paradies war nackt. Also ist die Armut der eigentliche paradiesische Zustand. Adam war arm wie die Tiere, wie der heilige Franz von Assisi und wie Christus. Nach dem Sündenfall konnte der Mensch nicht mehr nackt sein, die Kutte der Mönche jedoch ist der paradiesischen Nacktheit am ähnlichsten.

Armut ist auch Wahrheit, während Reichtum alle Arten von Verkleidung sein kann. Wir kleiden uns mit Äußerlichkeiten, um die Nacktheit unserer Seele zu vertuschen. Falschheit und Reichtum sind Synonyme.

Reichtum ist Verfälschung der Dinge. Ein reichgeschmücktes Kleid, ein teures Haus sind eine Verfälschung der ursprünglichen Echtheit der Materialien, eine Auskleidung der natürlichen Einfachheit der Dinge, ein Betrug.

In der Armut liegt ein Glanz verborgen, der Glanz des Authentischen. Ein reicher Gegenstand ist immer unrealer als ein armer. Darum sagte Henry David Thoreau, daß es wichtig für einen Menschen sei, mit einer geflickten Hose auf die Straße gehen zu können. Dieser Glanz der armen Dinge – aus Ton, aus Stroh, aus grobem Leinen, aus ungemaltem Holz, das Grobe, das Rauhe, das Ungehobelte, das Rustikale – ist der Glanz der nackten Materie, ist wie das Leuchten eines nackten Körpers. Es ist das gleiche Leuchten wie in einem wirklichen Kunstwerk, seiner Struktur und seiner Farben.

Wenn der Mensch seine Unschuld nicht verloren hätte, würde er weiterhin nackt herumlaufen. Darum waren der einzige Besitz des heiligen Franz eine Unterhose, ein Sack und ein Strick (und selbst von diesen trennte er sich zuweilen).

Die Falschheit des Reichtums besteht darin, daß wir das, was wir haben, mit dem verwechseln, was wir sind. Wir denken, wir wären mehr, wenn wir mehr haben. Wir kaufen einen schicken Wagen und denken, dieser Wagen wäre nun ein Teil unserer selbst, wie ein weiteres Glied unseres Körpers. Darum sagte der heilige Augustinus, sich vom Reichtum zu trennen sei so schwer, wie sich von einem Glied seines Körpers zu trennen. Wenn die anderen unseren Wagen bewundern, fühlen wir uns, als ob sie uns selbst bewunderten. Wir betrachten die Dinge, die uns gehören, als ob sie ein Teil unserer selbst wären, wie eine Schnecke, die ein Haus mit sich herumschleppt, das nicht ihr eigenes ist. Und darum ist Besitz eine Verfälschung unserer selbst.

Der Reiche denkt, das, was er besitzt, ist er selbst. Er prahlt damit, um bewundert zu werden, als ob der Besitz er selbst wäre. Und so schätzt man ihn um dessentwillen, was er hat, und nicht um dessentwillen, was er ist.

Der römische Dichter Properz erkannte den realen Wert der Armut, als er sich rühmte, ein Mädchen nicht durch sein Geld, sondern durch seine Gedichte erobert zu haben.

Reichtum ist auch Täuschung. Die Leute, die sich einbilden, ein Stückchen Erde dieses Planeten durch irgendeine Urkunde besitzen zu können, sind genauso verrückt wie eine gewisse Sorte Amerikaner, die schon heute Grundstücke auf dem Mond erwerben, die ihnen irgendeine extravagante und geschäftstüchtige Agentur verkauft. Einen Wald oder eine Wiese besitzen die Vögel und die Tiere, die sich daran erfreuen, oder auch das Liebespaar, das darin spazierengeht, oder der Einsiedler, der da lebt, aber auf keinen Fall der, der nur eine Besitzurkunde darüber hat. Damit hat er nämlich nichts anderes als einige Seiten Papier mit ein paar bürokratischen Spitzfindigkeiten.

Wir alle besitzen die ganze Natur, den Sternenhimmel und die Erde mitsamt allen ihren Landschaften. Sobald wir aber unser Besitzergefühl auf ein paar Hektar Land beschränken, gehört uns von alledem nichts mehr. Nur wenn wir arm sind, können wir die Welt unser eigen nennen, wie die Vögel den Himmel ihr eigen nennen und die Fische das Wasser und der heilige Franz alle irdischen Dinge. Darum nannte der heilige Franz die Armut einen großen Schatz (»wir sind nicht würdig eines so großen Schatzes«), und er nannte es einen großen Luxus, an einem großen schönen Stein zu essen, neben einer frischen Quelle unter dem blauen Himmel, während die armen Reichen nur einen Speisesaal mit sehr reduzierten Ausmaßen hätten.

Gott ist der Herr der ganzen Welt, und wir als Seine Kinder sind auch Eigentümer des Reichtums der ganzen Welt. Wir sind von unermeßlichem Reichtum umgeben und brauchen nur die Hand auszustrecken, um von allem zu nehmen. Eine Handvoll Wasser, das mir zwischen den Fingern zerrinnt, ist nicht weniger wertvoll als eine Handvoll Diamanten, und wenn wir das Wasser weniger schätzen, so nur darum, weil es reichlicher vorhanden ist. Ein goldener Fisch in der Lagune, ein Fröschlein, grün wie Jade, ein Kieselstein oder ein trockenes Stück Holz, das auf dem Wasser schwimmt, alles das sind Schätze, auch wenn sie keinen festen Preis an der Börse haben.

Wer aber ein Stück Land kauft und es einzäunt, nimmt sich selbst die ganze übrige Natur, besitzt nichts mehr von allem anderen. Christliche Armut heißt also nicht, wenig besitzen, sondern überhaupt nichts besitzen, um alles sein eigen nennen zu können. Der Mönch beschränkt sich nicht auf den legalen Besitz einiger weniger Dinge; ihm gehören Luft und Sonne, Erde, Himmel und Meer. Die Armut ist auch die Tugend der Heiligen Dreifaltigkeit, denn das Leben in Gott ist Mitteilung, und jede einzelne der drei göttlichen Personen gibt sich ganz den beiden anderen; es gibt kein »mein« und »dein« zwischen ihnen, wohl aber ein »ich« und ein »du«.

Die Täuschung, die im Reichtum liegt, besteht darin, zu glauben, materielle Dinge könnten von etwas Geistigem, wie es die Seele ist, besessen werden. Es gab hier in Nicaragua einen Diktator, der nicht müde wurde, immer mehr und mehr Land zu erwerben, und der doch nie genug hatte, weil ihm das Land trotz aller Überschreibungsurkunden so fremd blieb wie zuvor. Soviel er auch an sich brachte, blieb er doch arm. Die grünen Felder mit ihren Kühen und Bäumen und Bächen, die sie durchflossen, blieben genauso unberührt von ihm wie zuvor. Er besaß die Urkunden über das Land, aber das Land gehörte ihm nicht. Es gehörte dem, der sich im Vorübergehen an der Landschaft erfreute oder in den Flüssen fischte. Wer sich daran erfreute, ohne mehr zu wollen, der hatte das Land im tieferen Sinn besessen als der, dem die Urkunden gehörten.

Nur unbegierig, nur losgelöst von allem, können wir alles besitzen. Darum sagt Paulus: »Wer hat, sei wie der, der nicht hat, und wer kauft wie der, der nicht kauft, und wer heiratet wie der, der nicht heiratet.«

*Ernesto Cardenal*

***Freuen dürfen sich alle,***
***die unter der Not der Welt leiden;***
***denn Gott wird ihnen***
***ihre Last abnehmen.***

## *Selig sind, die da Leid tragen; denn sie sollen getröstet werden*

Nicht alle Tränen werden aus Freude geweint,
aber ich freue mich, daß ich weinen kann.
Nicht alle Grenzen werden aus Blumen bestehen,
aber ich freue mich über jedes kleine Loch im Zaun.
Nicht alle Menschen haben genug zu essen,
aber ich freue mich, wenn Menschen teilen.

## *Niedergedrückt und aufgerichtet*

Selig sind die Traurigen, höre ich
und fange an zu erfassen:
Ich bin ja auch gemeint.
Denn fremd ist mir mein Leben geworden.
Mich durchziehen Schwaden
niederdrückender Traurigkeit,
schmerzhafter Gefühle,
abgeschnitten zu sein.
Ich kann sie nicht vertreiben.

Mir ist, als sei ich längst gestorben
all meinen Wünschen und Ideen.
Weit hinter dem bin ich geblieben,
was ich mir zugedacht.
Meine Jahre sind mir davongelaufen,
enteilt und verloren.
Abhanden gekommen sind mir
Kühnheit und Schwung.
Müde geworden, lasse ich
alles davonziehen.

Die Schatten meiner Mißerfolge
halten mich gefangen.
Ich weiß, es gibt kein Entrinnen
vor Krankheit und Abschied.
Schon fürchte ich mich vor der Kälte des Sterbens,
die in meine Seele dringt
und meine Regungen einfriert,
auch die leisen des Gemüts.
Bald wird meine Trauer erstarren in Erinnerung
und meine Sprache
in kümmerliche Reste der Gewohnheit.

Nur ein einziger preist mich glücklich,
nur er – niemand vermag es sonst.
Mein Schicksal ruft er in seine Gegenwart,
in seine tröstliche Nähe.
Er richtet mich auf und führt mich zurück
zu Menschen, die mich brauchen und lieben.
Geborgen in Zuneigung und Zärtlichkeit,
werde ich stark und frei,
kann ich den Weg zu Ende gehen,
der mir noch bleibt.

*Manfred Fischer*

Vergessen wir auch nicht, daß Gott bei denen ist, die unter dem Bösen leiden. Er gab uns die inneren Kraftquellen, um die Bürden des Lebens zu tragen. Wenn wir in der Dunkelheit irgendeines Ägyptens stehen, ist Gott ein Licht auf unserem Wege. Er schenkt uns die Kraft, die Prüfungen Ägyptens zu bestehen. Er gibt uns den Mut, trotz allem vorwärts zu gehen. Wenn das Licht der Hoffnung flackert und die Lampe des Glaubens verlöschen will, gibt er uns neuen Mut zum Aushalten. Er ist bei uns nicht nur im Licht der

Erfüllung, sondern auch in der Finsternis der Verzweiflung.
Die Welt wäre unerträglich, wenn Gott nur ein Licht hätte. Aber wir können uns trösten: Er hat zwei Lichter. Eines, das uns in der Helligkeit des Tages den Weg weist, wenn Hoffnungen erfüllt werden und alles uns wohlgesinnt ist, und ein anderes, das uns durch die Dunkelheit der Nacht leitet, wenn wir niedergeschlagen sind und Schwermut und Hoffnungslosigkeit in uns erwachen.
Dieser Glaube soll uns in unserem Kampf um die Flucht aus jedem bösen Ägypten stärken. Dieser Glaube wird unseren müden Füßen eine Leuchte sein und ein Licht auf unserem beschwerlichen Weg. Und ohne diesen Glauben werden die kühnsten Träume der Menschheit allmählich in Staub zerfallen.

*Martin Luther King*

## *Gebet einer Bäuerin aus San Juanito*

Herr im Himmel,
sie haben meinen Mann umgebracht.
Wie eine wehrlose Taube
fiel er unter der Mörderhand,
als er zur Arbeit auf das Maisfeld ging.
Mein Gott, warum haben sie ihn mir entrissen?
Er hat doch für unser tägliches Brot gesorgt.
Ich bin allein mit drei Kindern zurückgeblieben.
Du hast sie mir geschenkt.
Ich aber habe nichts, um es dir zu geben.
Alles gehört ja dir.
Wer bin ich, um mich zu rächen?
In meiner Ohnmacht fliehe ich zu dir.

Du allein vermagst die Bitterkeit
aus meiner Seele zu verbannen
und die Leere in meinem Herzen auszufüllen.
Die Einsamkeit ist schrecklich.
Meine Aufgabe ist schwer,
als Mutter und Vater zugleich
für die Kinder zu sorgen.
Meine Eltern sind alt und krank.
Du allein kannst mir helfen.
Auf dich vertraue ich.

*N. N.*

***Freuen dürfen sich alle,***
***die keine Gewalt anwenden;***
***denn Gott wird ihnen***
***die Erde zum Besitz geben.***

## *Selig sind die Sanftmütigen; denn sie werden das Erdreich besitzen*

### *Wann ist denn endlich Frieden?*

Wann ist denn endlich Frieden
In dieser wirren Zeit
Das große Waffenschmieden
Bringt nichts als großes Leid
  Es blutet die Erde
  Es weinen die Völker
  Es hungern die Kinder
  Es droht großer Tod
  Es sind nicht die Ketten
  Es sind nicht die Bomben
  Es ist ja der Mensch
  der den Menschen bedroht

Die Welt ist so zerrissen
Und ist im Grund so klein
Wir werden sterben müssen
Dann kann wohl Friede sein
  Es blutet die Erde
  Es weinen die Völker
  Es hungern die Kinder
  Es droht großer Tod
  Es sind nicht die Ketten
  Es sind nicht die Bomben
  Es ist ja der Mensch
  der den Menschen bedroht

*Wolf Biermann*

## *Verschenke den Frieden*

Wer Friede mit sich selbst und Friede mit Gott sucht,
der muß sich selbst
im Spiegel seines Nachbarn sehen.
Unser Nachbar ist der Geringste,
von dem die Menschen meinten,
sie brauchten ihn nicht:
Aber Gott braucht ihn.
Mit dem anderen nur wenig teilen,
das heißt: die flammende Blüte des Lebens
in kalte Blätter zerpflücken.
Und selbst, wo nur wenig zu teilen ist,
muß man teilen, so wie die Feldlilien
ihren Duft verschenken.
Selig sind die Sanften und die Armen, weil sie
einfach in ihrem Suchen sind,
einer einfachen Flamme gleich, sie sehen,
was die anderen nicht sehen.
Vergelte das Böse mit dem Guten, damit das Gute
selbst in der Niederlage noch siegt,
und nicht das Böse.
Richte nicht, sonst wirst du von Menschen gerichtet:
Vergib, damit dir von Gott vergeben werde.

*Gopal Singh*

## *Fürbitte*

Für alle, die hilflos an ihren Gefängnisgittern rütteln,
damit wir frei sein können – einen Gedanken.
Für alle, die im Dunkeln schmachten,
damit wir in der Sonne gehen können – einen Gedanken.

Für alle, deren Rippen gebrochen wurden,
damit wir tief Atem schöpfen können – einen Gedanken.
Für alle, deren Rücken zerschmettert wurden,
damit wir aufrecht gehen können – einen Gedanken.
Für alle, deren Gesichter geschlagen wurden,
damit wir ohne Furcht laufen können – einen Gedanken.
Für alle, deren Münder geknebelt wurden,
damit wir aussagen können – einen Gedanken.
Für alle, deren Stolz zerfetzt auf den Fliesen ihrer Zelle liegt,
damit wir ungebeugt gehen können – einen Gedanken.
Für alle, deren Mütter in Angst leben,
damit unsere Frauen glücklich sein können – einen Gedanken.
Für alle, deren Land in Ketten liegt,
damit unsere Heimat frei ist – einen Gedanken.
Und für ihre Wärter und Folterknechte –
einen Gedanken,
den traurigsten von allen.
Sie sind die am meisten Geschlagenen,
denn die Stunde der Wahrheit wird kommen.

*Salvador de Madariaga*

## Fürbitte 2

Herr, hilf uns, daß wir die Beschwernisse und Qualen des täglichen Lebens ertragen lernen und uns an deinem Tod am Kreuz und deiner Auferstehung aufrichten, so daß wir zu immer größerer und schöpferischer Fülle des Lebens gelangen. Du hast die Tiefen des menschlichen Lebens wie auch die Pein deines Leidens und deiner Kreuzigung geduldig und demütig angenommen. Hilf uns, daß wir die Mühen und Schwierigkeiten, die uns jeder Tag neu bringt, als willkommene Gelegenheit annehmen, als Mensch zu wachsen und dir ähnlicher zu werden. Mach uns fähig, sie geduldig und mutig zu bestehen, und stärke in uns das Vertrauen auf deinen Beistand. Laß uns erkennen, daß wir nur durch ein ständiges Absterben unserer selbst und unserer egoistischen Wünsche zu einem erfüllteren Leben gelangen können. Denn nur indem wir mit dir sterben, können wir mit dir auferstehen.

Von dieser Überzeugung lebe ich:
Alles Leiden hier und jetzt steht in keinem Verhältnis
zum endgültigen Licht,
das uns morgen bekleiden
und durchdringen wird.

Himmel und Erde,
die ganze Schöpfung,
warten sehnsüchtig darauf,
daß offenbar werden wird, wer wir sind:
Töchter, Söhne. Menschen Gottes.

Leer und verloren ist das Geschaffene,
die Zeit schleppt sich hin, jedoch ohne Richtung,
aussichtslos sind Erde und Himmel
mitsamt der Menschheit dem Tode geweiht.

Die Welt – nichts ist ihr geblieben,
nur die Hoffnung:
Auch sie wird hinweggeführt
aus dem Sklavenhaus der Vergänglichkeit.
Sie erhält die Freiheit,
sie wird mit Licht bekleidet
wie alle Kinder Gottes.

Diese Welt krümmt sich und stöhnt
wie eine Frau in Geburtswehen
bis auf den heutigen Tag.
Aber auch wir,
die wir den Geist Jesu
empfangen haben,
gleichsam als Anzahlung für das,
was wir zu erwarten haben.
Auch wir krümmen uns und stöhnen,
solange der Tag noch nicht gekommen ist,
da wir Gottes Menschen sein werden:
heimgeführt, endlich,
nicht länger uns selbst entfremdet.

Jetzt schon sind wir gerettet
dennoch,
was könnten wir sonst tun als hoffen.
Niemand erhofft noch etwas,
was er bereits besitzt.
Niemand erwartet noch,
was er schon sieht.
Wir hoffen, erwarten,
aber sehen, das können wir nicht
Und kaum können wir es aushalten.
Seufzen und Stöhnen ist unsere ganze Existenz,
Beten und Flehen.
Und dann wissen wir noch nicht, was wir tun,
weil wir nicht wissen, wie leer
und verloren wir sind.
Darum sind wir nicht in der Lage,
in Wahrheit zu beten.
Aber der Geist kommt uns zu Hilfe.
Der betet und fleht in uns,
was wir nicht wissen, weiß er.
Wofür uns die Worte fehlen,
das seufzt und stöhnt er in uns.

Und Gott, der unseren Abgrund durchforscht,
weiß, was der Geist meint.
Allein das Flehen des Geistes
ist dem Willen Gottes gewachsen.

Für alle, die Gott suchen,
wendet sich alles, trotz allem, zum Guten.

Als er sein Herz zu Rate zog,
hat er uns gerufen,
hat er uns im Mutterschoß gekannt –
damals schon hat er uns bestimmt,
Mensch zu werden
und Jesus, seinem Sohn,
zum Verwechseln ähnlich zu sein,
damit dieser als Erstgeborener
sein würde:
die Zukunft von uns allen.
Dazu hat Gott uns berufen,
begnadet und mit Licht bekleidet.

Was sollen wir sonst noch sagen?
Wenn Gott so auf unserer Seite ist,
wer kann uns dann noch etwas anhaben?
Er schonte nicht einmal seinen Sohn,
sondern hat ihn preisgegeben,
um uns zu dienen.
Darum erwarten wir alles von ihm –
oder etwa nicht?
Wenn wir auch beschuldigt und belästigt werden,
wir, die auserwählten Menschen Gottes,
er spricht uns frei.
Wer wird es dann noch wagen, uns zu verurteilen?
Jesus, der Christus, der gestorben ist,
mehr noch: der zum Leben auferweckt ist,

der zu Gottes rechter Hand sitzt,
tritt für uns ein.

Wer ist dann in der Lage,
uns von ihm
zu trennen?

Wir sind zwar in Angst und Verfolgung,
in Nacktheit und Todesgefahr,
wir leiden zwar Hunger und Gewalt,
wie geschrieben steht,
weil wir dich nicht verleugnen,
werden wir zu Tode gebracht,
alle Stunden des Tages,
wie Schafe behandelt, die man zur Schlachtbank treibt.

Dennoch sind wir nicht zu schlagen,
alles überleben wir
aus der Kraft Gottes, der uns geliebt hat.

Aus dieser Sicherheit lebe ich:
kein Tod und kein Leben,
weder Engel noch Mächte,
kein Jetzt, keine Zukunft,
kein Regime,
kein Raum über uns, kein Abgrund,

nichts und niemand ist imstande,
uns von der Liebe zu trennen,
mit der er uns umgibt
in Christus, Jesus, unserem Herrn.

*Huub Oosterhuis*

***Freuen dürfen sich alle,***
***die brennend darauf warten,***
***daß Gottes Wille geschieht;***
***denn Gott wird***
***ihre Sehnsucht stillen.***

***Selig sind, die da hungert und dürstet nach der Gerechtigkeit; denn sie sollen satt werden***

## *Hoffnung*

Wie ein Traum wird es sein,
wenn der Himmel die Erde berührt,
wenn der Hunger gestillt
und der Durst gelöscht ist,
dann breitet sich das Himmelreich aus –
mitten unter uns.
Wenn das Lachen nicht mehr erstickt
und das Weinen nicht mehr verborgen wird,
dann werden wir ein Fest feiern,
ein Fest der Befreiten
von einem Kontinent bis zum anderen –
und wir werden taumeln vor Freude.

## *Von Gottes Atem belebt*

Aus Erde bin ich geschaffen,
und wie Erde werde ich zertreten und zerstampft.
Aus Erde wurde ich geformt,
und wie Erde werde ich aufgerissen und umgebrochen,
zerhauen und zerstoßen, mißhandelt und verplant.

Aus Erde bin ich erschaffen,
aber nicht erkaltet und nicht erstorben,
weil es in mir gärt und lebt.

Denn eingehaucht ist mir der Atem Gottes:
Hunger und Durst nach einer gerechten Welt,
die Kraft, aufzustehen gegen alle Mißachtung
menschlicher Gefühle und Bedürfnisse.

Aus Erde bin ich geschaffen,
und wie Erde bin ich verunstaltet.
Zurückkehren möchte ich in die Hand dessen,
der mich formte und erweckte.

*Manfred Fischer*

## *Der Tag des Friedens*

Ich weigere mich, zu glauben, daß der »Ist-Zustand« der gegenwärtigen Natur des Menschen ihn moralisch unfähig macht, sich nach dem ewigen »Soll-Zustand« auszustrekken, mit dem er immer wieder konfrontiert ist.
Ich weigere mich zu glauben, der Mensch sei lediglich treibendes Wrack- und Strandgut im Strom des Lebens, der ihn umgibt. Ich weigere mich, die Ansicht zu übernehmen, die Menschheit sei so tragisch der sternenlosen Mitternacht des Rassismus und des Krieges verhaftet, daß der helle Tagesanbruch des Friedens und der Brüderlichkeit nie Wirklichkeit werden könne.
Ich weigere mich, die zynische Meinung zu übernehmen, eine Nation nach der andern müsse eine militaristische Stufenleiter hinabsteigen bis in die Hölle thermonuklearer Vernichtung. Ich glaube, daß unbewaffnete Wahrheit und bedingungslose Liebe das letzte Wort in der Wirklichkeit haben werden. Das ist der Grund, warum Recht, auch wenn es vorübergehend unterliegt, stärker ist als triumphierendes Böses.

Ich glaube, daß es inmitten der heulenden Geschosse und Granatenexplosionen unserer Tage Hoffnung gibt für ein helleres Morgen. Ich glaube, daß verwundete Gerechtigkeit, die auf den bluttriefenden Straßen unserer Nation hingestreckt ist, aus dem Staub der Schande emporgehoben werden kann, um über alle Menschenkinder zu herrschen.
Ich besitze die Kühnheit zu glauben, daß Völker allerorten täglich drei Mahlzeiten für ihren Körper, Erziehung und Kultur für ihren Verstand und Würde, Gleichheit und Freiheit für ihren Geist haben können. Ich glaube, daß auf den anderen ausgerichtete Menschen wiederaufbauen können, was auf sich selbst ausgerichtete Menschen zerstört haben. Ich glaube immer noch, daß die Menschheit sich eines Tages Gottes Altären beugen wird und mit dem Triumph über Krieg und Blutvergießen gekrönt werden wird und gewaltloser, erlösender guter Wille seine Herrschaft über das Land ausrufen wird. »Und der Löwe und das Lamm werden einträchtig beieinander lagern. Und ein jeder wird unter seinem Weinstock und Feigenbaum wohnen, und niemand wird sie schrecken.« Ich glaube immer noch, daß wir überwinden werden.
Dieser Glaube kann uns den Mut verleihen, den Unsicherheiten der Zukunft ins Angesicht zu sehen. Er wird unseren müden Füßen neue Kraft geben, wenn wir weiter auf die Stadt der Freiheit zuschreiten. Wenn unsere Tage durch tiefhängende Wolken traurig und unsere Nächte dunkler als tausend Mitternächte werden, dann wissen wir, daß wir in dem schöpferischen Aufruhr leben, in dem eine echte Kultur unter Kämpfen geboren wird.

*Martin Luther King*

## *Postskriptum*

Was ich noch sagen wollte
Wenn ich Dir
einen Tip geben darf
Ich meine
Ich bitte Dich
um alles in der Welt
und wider besseres Wissen:
Halte Dich nicht schadlos
Zieh den kürzeren
Laß Dir etwas
entgehen

*Eva Zeller*

***Freuen dürfen sich alle,***
***die barmherzig sind;***
***denn Gott wird auch mit ihnen***
***barmherzig sein.***

## *Selig sind die Barmherzigen; denn sie werden Barmherzigkeit erlangen*

### *Traum*

Ich träume von Menschen
ohne Falsch und tödlichen Eigennutz,
ohne Habgier und Aggression.
Auf ihren Worten kannst du Häuser bauen
– sie sind zuverlässig;
in ihren Gedanken nisten die Singvögel,
sie strahlen Wärme aus;
in ihren Blicken spiegelt sich der Himmel;
– sie sind klar wie der Quell,
ihre weichen Lippen berühren andere
und hauchen ihnen neues Leben ein.
Ich träume von Menschen,
die allem Terrorismus absagen,
und jedem Töten und dem Krieg,
denn das ist die schlimmste Form des Terrorismus.
Ihr Widerstand setzt die größte
Revolution der Liebe in Bewegung,
die es je gegeben hat.
Die Menschen lernen ein neues Alphabet und verstehen
sich, sie begreifen die Gedanken der anderen.
Sie fühlen seine Seele
und achten sie wie ein Wort Gottes.

## *Der Geist der Barmherzigkeit*

Der Geist der Barmherzigkeit macht ein Herz aus Stein bereit, sich in ein Herz aus Fleisch verwandeln zu lassen. Er weckt eine starke Liebe, er schließt alle Sentimentalität als Zerrbild echter Empfindsamkeit aus. Er weigert sich, Ereignisse einseitig zu dramatisieren. Er macht bereit, Menschen und Ereignissen in ruhigem Vertrauen entgegenzusehen und anzunehmen, was es auch sein mag.
Unsere Hinwendung gilt also allen Menschen, ohne Ausnahme, weil in jedem Menschen Zeichen Christi, unseres Bruders, erkennbar sind. Den Nächsten lieben wie sich selbst: Es bedarf viel Freundlichkeit sich selbst gegenüber, um die Menschenfreundlichkeit Gottes zu erfassen und um unsererseits den anderen überreiche Freundschaft entgegenzubringen.

*Frère Roger*

Die *Nächstenliebe* ist geduldig, wohlwollend, nicht eifersüchtig, ist niemals verkehrt oder stolz oder frech; sie verfolgt keine eigensüchtigen Ziele; sie kann nicht auf Böses sinnen, hat keine Freude daran, das Böse zu tun; sie freut sich vielmehr über den Sieg der Wahrheit; sie glaubt, sie hofft und hält durch bis zum Schluß. *Das Gewand der Liebe hat einen Saum, der sogar den Staub berührt.* Sie fegt den Schmutz der Straßen und kleinen Gassen, und weil sie es tun kann, muß sie es tun. Die Missionarin der Nächstenliebe muß selbst voll Liebe sein und diese Liebe in die Seelen der Christen und Heiden tragen.

*Mutter Teresa*

***Freuen dürfen sich alle,***
***die ein reines Herz haben;***
***denn sie werden Gott sehen.***

## *Selig sind, die reinen Herzens sind; denn sie werden Gott schauen*

Ihr fragt
wie ist die Auferstehung der Toten?
Ich weiß es nicht

Ihr fragt
wann ist die Auferstehung der Toten?
Ich weiß es nicht

Ihr fragt
gibt's eine Auferstehung der Toten?
Ich weiß es nicht

Ihr fragt
gibt's keine Auferstehung der Toten?
Ich weiß es nicht

Ich weiß
nur wonach ihr nicht fragt:
die Auferstehung derer die leben

Ich weiß
nur wozu Er uns ruft:
zur Auferstehung heute und jetzt

# *Gott – unser Vater*

Der Vater –
das schönste Geschenk,
das Jesus uns auf Erden machte.
Er sagte zu Philippus:
»Wer mich gesehen hat,
der hat den Vater gesehen ...
Ich bin im Vater, und der Vater ist in mir ...«

Und als er uns beten lehrte, sagte er:
»Sprecht so, wenn ihr betet:
Unser Vater ...«
Dein Vater und mein Vater ...
»Unser Vater ...«

Und bei anderer Gelegenheit sagte er:
»Liebt einander,
wie ich euch geliebt habe ...
Wie der Vater mich geliebt hat,
so sollt auch ihr einander lieben ...«
Jesus war sich der Liebe
des Vaters zu ihm so sicher
und auch seiner Liebe zum Vater,
daß er sich unablässig darum bemühte,
uns zu verstehen zu geben,
wie sehr der Vater uns liebt.
Gott liebt uns zärtlich,
mit einer Liebe,
die er unter Beweis gestellt hat ...
So fein ist seine Liebe,
daß er sie uns niemals aufzwingt.
Gott will niemals eine Seele in Verwirrung bringen;
er versucht, sie an sich zu ziehen;
Gott erhebt eine Seele

und erfüllt sie mit seiner Liebe.
Gott kann nicht etwas füllen,
was bereits voll ist.
Deshalb müssen wir leer sein,
damit er uns seine Fülle schenken kann.
Deshalb müssen wir,
wenn wir seine Gegenwart erleben wollen,
ein reines Herz haben –
denn wer ein reines Herz hat, kann Gott schauen –
und wenn wir Gott schauen,
beginnt die Liebe:
unsere Liebe zu Gott,
Gottes Liebe zu uns.
Gott liebt heute die Welt durch uns;
wie er seine Liebe für diese Welt offenbarte,
indem er seinen Sohn gab
Maria, der reinen Jungfrau ...
Und sie ging »eilend«, um ihn anderen zu geben.
Und er liebte uns so sehr –
daß er an einem Kreuz starb.
Er liebte uns so sehr,
daß er selbst zum Brot des Lebens wurde.
Und auch wir müssen lieben,
wir müssen geben, bis es weh tut.

Gott liebt heute die Welt durch uns.
Er hört nicht auf, die Welt zu lieben:
Er sendet uns in die Welt,
um seine Liebe zu sein,
sein Erbarmen.

*Mutter Teresa*

## *Frieden des Herzens*

Friede des Herzens und jenes ruhige Gottvertrauen, in dem jeder verbleibende Tag zu einem unendlich kostbaren Geschenk der Gnade wird, läßt sich nur dann finden, wenn wir mit Gott ins reine kommen und seine Wege zu verstehen beginnen. Dazu gehört der Mut, an vergebende Liebe glauben zu können und echte Schuld zu bereuen. Es ist diese Bereitschaft in unserem Innern, vom Anbeginn unseres Verstehens der Welt und unseres Selbstverständnisses unumkehrbar auf jenen letzten Schritt hin ausgerichtet zu sein, der uns die Kraft zur Selbstbeherrschung und die Fähigkeit zur Liebe gibt, weil wir geborgen sind in der größeren Liebe, die ohne Furcht ist. Es ist die Bereitschaft zur Umkehr auf jedem Wege, wenn unsere Schritte in die falsche Richtung abirren von dem, was wir als recht erkannt haben.

*Tobias Brocher*

***Freuen dürfen sich alle,***
***die Frieden schaffen;***
***denn sie werden***
***Gottes Kinder sein.***

## *Selig sind die Friedfertigen; denn sie werden Gottes Kinder heißen*

Liebe ist nicht nur ein Wort.
Liebe, das sind Worte und Taten.
Als Zeichen der Liebe ist Christus geboren,
als Zeichen der Liebe für diese Welt.

Freiheit ist nicht nur ein Wort.
Freiheit, das sind Worte und Taten.
Als Zeichen der Freiheit ist Christus gestorben,
als Zeichen der Freiheit für diese Welt.

Friede ist nicht nur ein Wort.
Friede, das sind Worte und Taten.
Als Zeichen des Friedens ist Jesus lebendig,
als Zeichen des Friedens für diese Welt.

Friede ist nicht nur ein Wort, Friede, das sind Worte und Taten«, heißt es in einem neuen Lied. Und wir erfahren auch den Grund, warum wir Hoffnung auf Frieden haben und uns konkret engagieren können: »Als Zeichen des Friedens ist Christus gestorben, als Zeichen des Friedens für diese Welt.« Freilich wissen wir – Gott sei Dank – um den Frieden, der »höher ist als alle Vernunft«. Aber wenn Christus die Friedensstifter seligpreist, dann meint er einen Frieden, der auch Hand und Fuß auf dieser Erde hat; einen Frieden, der auf den Gebrauch der Vernunft nicht verzichten kann.

*Johannes Hanselmann*

## *Der Friede im Herzen*

Das Wort »Friede« geht einen leidensvollen Weg durch die Welt. Alle gebrauchen und beschwören es, gehen damit um wie mit einer magischen Zauberformel. Es wird gedreht und gewendet, geschlagen und geschüttelt, bis es leer und tot ist. Es wird geschrieben und gesprochen – aber schon im Ansatz liegt der Keim des Todes. Zuerst klingt es wie ein Fanfarenstoß, der Großes ankündigt, Einzug von Güte und Gerechtigkeit, aber danach bleibt es oft nur ein Sterbenswort, ein Begriff der vergeblichen Hoffnung.

Wir zwingen es in Formeln und Fesseln, beuten es aus und interpretieren es nach allen Seiten. Wir gehen mit ihm um wie mit einem der vielen Gegenstände, die wir zum Gebrauch bereitet haben. Und doch bleibt es unbegreiflich, das Wort »Friede«. Immer wieder steht es auf aus den dunklen Gräbern, die wir ihm geschaffen haben. Auch der Mensch reißt es nicht aus dem Grund seines Herzens. Die Sehnsucht nach Frieden ist in ihn eingepflanzt, wie ein keimender Same in den Boden seiner Seele gesenkt. Zu seinem Glück gehört die Entfaltung des Friedens in seinem Herzen. Darum sollen wir zuerst den Frieden des eigenen Herzens und die Ordnung in uns bewahren. Wer selbst im Frieden lebt, dessen Gedanken sind auf das Gute gerichtet. Wer aber mit sich selbst in Unfrieden lebt, der ersinnt Böses und dessen Blick ist unstet, rastlos die Unruhe seiner Pläne. Er wird hin und her gerissen. Seine eigene Unruhe überträgt er auf andere, die unter seiner steten Bedrängnis leiden. Er setzt Maßstäbe und fordert Entscheidungen, die heute aus der Laune des Augenblicks entsprungen, morgen aber schon vergessen sind. Wohl dem, der einem Menschen begegnet, mit dem er in Frieden leben kann; dessen Herz sanft und dessen Gedanken friedfertig sind!

Wohl dem Menschen, der selbst so viel Sanftmut und Frieden in sich trägt, daß er andere zum Frieden anstiftet.

Wohl dem Menschen, der die Güte und Ausdauer der echten Liebe im Herzen trägt, die ihn auch mit Friedlosen unter einem Dach leben läßt. Wohl dem Menschen, der sich nicht selbst im Wege steht, der sich nicht selbst lästig und anderen beschwerlich ist.
Wohl dem Menschen, der zum Leiden fähig ist; er wird Frieden haben mit sich und den anderen. Er ist ein Freund Jesu und wird mit ihm die Welt überwinden.

Die Herrscher der Welt
drohen mit ihrer Macht.
Gewalt ist ihre Krone
und Blut ihre Sprache.
Sie pfeifen
auf den Gebeinen der Toten.
Freiheit ist
zum Schimpfwort geworden.
Liebe leidet in der Finsternis.
Das Wort Friede
darf nur geflüstert werden.
Die Seufzer der Unterdrückten
sind verstummt.
Aber Christus,
mit Licht umgeben,
trägt die Krone des Lebens.
Er hat sein Blut vergossen,
um die Welt zu retten.

Ich träume davon, daß eines Tages der Krieg ein Ende nehmen wird, daß die Männer ihre Schwerter zu Pflugscharen und ihre Spieße zu Sicheln machen, daß kein Volk wider das andere ein Schwert aufheben und nicht mehr kriegen lernen wird. Ich träume auch heute noch davon, daß eines Tages das Lamm und der Löwe sich miteinander niederlegen werden und ein jeglicher unter seinem Weinstock und Feigenbaum wohnen wird ohne Scheu. Ich träume auch heute noch davon, daß eines Tages alle Täler erhöht und alle Berge und Hügel erniedrigt werden, und was ungleich ist, eben, und was höckerig ist, schlicht, und daß die Herrlichkeit des Herrn offenbart werden und alles Fleisch miteinander es sehen wird. Ich träume noch immer davon, daß wir mit diesem Glauben imstande sein werden, den Rat der Hoffnungslosigkeit zu vertagen und neues Licht in die Dunkelkammern des Pessimismus zu bringen. Mit diesem Glauben wird es uns gelingen, den Tag schneller herbeizuführen, an dem Frieden auf Erden ist. Es wird ein ruhmvoller Tag sein, die Morgensterne werden miteinander singen und alle Kinder Gottes vor Freude jauchzen.

*Martin Luther King*

*Freuen dürfen sich alle,*
*die verfolgt werden,*
*weil sie tun, was Gott verlangt;*
*denn sie werden mit ihm*
*in der neuen Welt leben.*

## *Selig sind, die um der Gerechtigkeit willen verfolgt werden; denn ihrer ist das Himmelreich*

## *Du bist meine Hoffnung*

Sind es die Strahlen der aufgehenden Sonne,
die ich jetzt sehe, oder ist es ein Traum?

Jesus, wir hoffen auf dich, du unser Befreier.

Bist du dabei, die Ungerechtigkeit zu vernichten,
so daß die Gerechtigkeit triumphieren kann?

Herr, wir hoffen auf dich, du unser Befreier.

Willst du mich aus meinem Eckchen,
in das ich mich geflüchtet habe,
herausrufen zu aufopfernder Tat?

Jesus, wir hoffen auf dich, du unser Befreier.

Wirst du mich von Furcht und Unglauben befreien
zu Mannhaftigkeit und Glauben?

Herr, wir hoffen auf dich, du unser Befreier.

Wenn du es bist, der jetzt in mir und in meinem Land wirkt,
so geschehe dein Wille.

Viele werden in diesem Augenblick in ihrem eigenen Land
in Angst versetzt,

verhaftet,
verhört,
bestraft,
in ihrer Freiheit beschränkt,
gebannt,
eingekerkert
oder getötet,
weil sie die »Gesetze« und »Regulierungen« übertreten haben,
mit denen sie täglich gebunden und erniedrigt werden.

Jesus, wir hoffen auf dich, du unser Befreier.

Ich bitte dich, Herr, für die Brüder und Schwestern,
die durch die Sicherheitspolizei
auf schändliche Weise mißbraucht werden,
um die Wahrheit des Sohnes und die Gerechtigkeit
an die Ungerechtigkeit zu verkaufen.

Herr, wir hoffen auf dich, du unser Befreier.

Dies ist nicht nur ein Kampf gegen unser Land,
sondern auch ein Kampf gegen die Menschheit,
die ganze Schöpfung.
Dies ist ein dunkler Kampf gegen dich,
den allmächtigen Schöpfer
Himmels und der Erde.

Jesus, wir hoffen auf dich, du unser Befreier.

Das Gehalt ist so klein;
es ist unmöglich, genug Speise, Kleidung und Decken
zu kaufen. Besser ist es,
ein wenig satt zu sein, als Kleidung und Decken,
aber einen leeren Magen zu haben.

Herr, wir hoffen auf dich, du unser Befreier.

Erbarm dich über die, Herr, die durch Presse,
Rundfunk und Film
manipuliert werden,
und über die, die ihre Zuflucht in den Bierhallen suchen.

Jesus, wir hoffen auf dich, du unser Befreier.

Erbarm dich über die Kinder, die in den Schulen
indoktriniert werden,
und über die Lehrer und Lehrerinnen,
die bewußt oder unbewußt
sich zu dieser Aufgabe hergeben.

Herr, wir hoffen auf dich, du unser Befreier.

Erbarm dich, Herr, über die, die mit Blutgeld
und leeren Versprechungen irregeleitet werden.
Sprich mit ihnen, so wie du mit Bartimäus gesprochen
hast,
so daß sie beizeiten sehend werden.

Jesus, wir hoffen auf dich, du unser Befreier.

Vereinige alle in Namibia unter dem Banner der Freiheit,
hindere alle, die die Botschaft von Trennung und
Scheidung
mit Wort und Tat verkündigen.

Herr, wir hoffen auf dich, du unser Befreier.

Öffne beizeiten die Augen derer,
die diese Struktur der Trennung und Unterdrückung
aufgerichtet haben,
und derer, die sie unterstützen.

Jesus, wir hoffen auf dich, du unser Befreier.

Und wenn die Stunde der Freiheit kommt,
bevor sie es begriffen haben,
laß dann die endlose, befreiende Liebe
allen in Vergebung geoffenbart werden.

Jesus, wir hoffen auf dich, du unser Befreier.

Laß den Tag anbrechen, an dem alle,
ungeachtet ihrer Rasse, Sprache und Farbe,
Hand in Hand das Lied der Befreiung, Liebe und
Gerechtigkeit
in Harmonie singen.

Herr Jesus, wir hoffen auf dich – erhöre unser Gebet.

*Zephanja Kameeta*
*(Gebet für das Südliche Afrika)*

Ein Christ ist immer ein Pilger«, sagt Clemens von Alexandrien. Wir sind Touristen, die ein Land ohne allzu großen Schmerz verlassen, weil wir in die Heimat zurückkehren. Wir gehen nicht traurig aus dieser Welt wie Menschen, die ins Exil gehen, sondern fröhlich, wie Vertriebene, die wieder nach Hause können, wie Emigranten, die zurückkehren.
Für alle, die nicht an das ewige Leben glauben, sind die Freuden und Vergnügungen traurig, weil sie einmal ein Ende haben. Nur wer seine Hoffnung auf die Ewigkeit setzt, kann die irdischen Freuden von Herzen genießen, weil er in ihnen eine Ankündigung der Freuden sieht, die auf ihn warten. Er freut sich, daß die irdischen Freuden flüchtig sind und bald aufhören, weil er sich nach denen sehnt, die noch kommen.

»Jetzt sehen wir wie in einem Spiegel«, sagt Paulus, im Himmel aber werden wir von Angesicht zu Angesicht schauen und erkennen, wie wir erkannt worden sind. Jetzt können wir die Wesen im Mysterium ihres Seins nicht erfassen. Wir erfassen nicht, wie sie wirklich sind, wie sie von Gott erkannt und von Gott besessen werden. Unsere Sinne lassen uns nur ein Abbild wahrnehmen, eine Form, eine Farbe, einen Geschmack, ein Gefühl der Dinge, aber nicht die Dinge selbst.
Im Himmel aber sind wir alle zusammen und erfreuen uns an der Gemeinschaft mit der ganzen Menschheit, mit denen, die wir hier undeutlich und unvollkommen lieben, und mit denen, die wir nicht lieben, weil wir sie nicht kennen. Und um wieviel intensiver mögen sich die lieben, die sich auf Erden schon liebten, gefangen zwischen den Zufälligkeiten von Zeit und Raum! Alle Toten werden wir wiedersehen, und keine Menschenschönheit kann sich mit der Schönheit ihrer verklärten Leiber messen. Die Schönheit des menschlichen Körpers kann uns eine Ahnung vom Glanz der Auferstehung vermitteln, von dem, was der Himmel bedeutet. Novalis hat einmal gesagt, in gewissem Sinn sei einen menschlichen Körper berühren soviel wie den Himmel berühren. Aber die Schönheit altert. Die irdische Schönheit verhält sich zur Schönheit eines auferstandenen Leibes wie das Samenkorn zur Pflanze, wie Paulus sagt. Was kann uns also Geld, Erfolg oder Vergnügen bedeuten, wenn wir an den Himmel denken! Dann fürchten wir nicht den Tod, sondern wünschen ihn herbei. Dann beklagen wir nicht das Sterben unserer Lieben, sondern beneiden sie, weil wir auch dort sein möchten, wo sie jetzt sind. Wir wollen schnell alt werden und wünschen, das Leben möge bald vergehen. Zeit und Raum sollen ein Ende haben, die Enttäuschungen, die Ängste, die Mißerfolge, die Krankheiten, die Angst vor dem Tod, und sogar die Freuden sollen bald vorüber sein.

*Ernesto Cardenal*

Warten! Warten auf den Tagesanbruch eines Lebens, an dem Gott uns für immer in seinen Schoß aufnimmt. Warten auf den Frühling der Kirche. Warten, allen Widerständen zum Trotz, daß Christus unsere Niederlagen, unsere Bitterkeit in den Geist der Barmherzigkeit verklärt, denn eine Liebe, die nicht verzehrt, ist keine Liebe.
Gott bereitet uns ein neues Pfingsten, das in allen Menschen das Feuer seiner Liebe entzünden wird.
Der Heilige Geist, der ständig wachrüttelt, formt sein Volk. Er macht es bereit, allen Menschen zu begegnen, damit wir gemeinsam dem Ereignis entgegeneilen, das alle menschlichen Vorhersagen durchkreuzt und unserem dürren Gebein neues Leben einhauchen wird.
Entgegeneilen, nicht fliehen! Der Zukunft der Menschheit entgegeneilen, einer Zivilisation der Technik, die voller Möglichkeiten menschlichen Aufstiegs für die Ärmsten ist.
Entgegeneilen, um von innen her neues Leben zu wecken, um zu möglichen und unmöglichen Zeiten zur Einheit zu rufen, zu flehen, zu mahnen und unter den Menschen das untrügliche Zeichen unserer brüderlichen Liebe aufzurichten.

*Frère Roger*

Weil Gott mich liebt, dauert es sehr lange, bis er mit mir die Geduld verliert.

Weil Gott mich liebt, nimmt er die Umstände meines Lebens und gebraucht sie konstruktiv, damit ich wachse.

Weil Gott mich liebt, gebraucht er mich nicht wie einen Gegenstand, den man besitzt und mit dem man macht, was man will.

Weil Gott mich liebt, hat er es nicht nötig, mich damit zu beeindrucken, wie groß und machtvoll er ist, weil er Gott ist, und er nennt mich auch nicht darum sein Kind, um mich klein und sich wichtig zu machen.

Weil Gott mich liebt, hält er zu mir. Er möchte sehen, wie ich in seiner Liebe reife und mich entfalte.

Weil Gott mich liebt, stürzt er sich nicht auf jeden kleinen Fehler, den ich mache, auch wenn es viele Fehler sind.

Weil Gott mich liebt, führt er nicht eine Liste über all meine Sünden, um sie mir bei jeder Gelegenheit vorzuhalten.

Weil Gott mich liebt, ist er tieftraurig, wenn ich nicht auf den Wegen gehe, die ihm gefallen, denn darin sieht er ein Zeichen dafür, daß ich ihn nicht so liebe und ihm so vertraue, wie er sich das wünscht.

Weil Gott mich liebt, ist er glücklich, wenn ich seine Macht und seine Kraft erlebe und mich unter den Belastungen des Lebens um seines Namens willen behaupte.

Weil Gott mich liebt, arbeitet er immer weiter geduldig mit mir zusammen, auch wenn ich aufgeben will und nicht mehr verstehe, warum er mich nicht aufgibt.

Weil Gott mich liebt, vertraut er mir immer, selbst dann, wenn ich mir manchmal selbst nicht mehr traue.

Weil Gott mich liebt, sagt er nie: »Du bist ein hoffnungsloser Fall«, sondern er arbeitet geduldig weiter mit mir, liebt mich und erzieht mich so, daß ich nur schwer verstehen kann, wie sehr ich ihm am Herzen liege.

Weil Gott mich liebt, läßt er mich niemals im Stich, auch dann nicht, wenn viele Freunde mich einmal verlassen sollten.

Weil Gott mich liebt, steht er auch dann noch zu mir, wenn ich bis zum Grunde meiner Verzweiflung gesunken bin, wenn ich mich sehe, wie ich wirklich bin, und mich mit seiner Gerechtigkeit, Heiligkeit, Schönheit und Liebe vergleiche. In solchen Augenblicken geschieht es, daß ich wirklich glauben kann, daß Gott mich liebt.
Ja, die größte aller Gaben ist Gottes vollkommene Liebe!

*1. Korinther 13,4–8, nach: Dick Dickinson, Inter Community Counseling Center USA*

## *Die Liebe aller Lieben*

Für die heilige Therese von Avila ist das Leben nur wie eine in einem schlechten Wirtshaus verbrachte Nacht – wie für Cervantes alle menschlichen Luftschlösser nichts anderes als Spelunken sind. Die menschliche Seele aber ist für die heilige Therese wie eine Burg auf der kastilischen Hochebene. Und unser Innerstes, der Mittelpunkt unseres Wesens, der Ort, da Gott wohnt, ist das Prunkgemach dieser Burg. Für die meisten Menschen dagegen ist es wie eine Rumpelkammer, die sie so gut wie nie betreten.
Ganz innen in uns wohnt die Liebe. Gott ist verrückt vor Liebe, und daher ist Sein Benehmen nicht vorausschaubar. In irgendeinem Augenblick begeht der Liebhaber eine Verrücktheit, weil er, wie alle Liebenden, Vernunftgründen nicht zugänglich ist. Er ist betrunken vor Liebe. Unsere Seele ist das Prunkgemach, zu dem nur Gott einen Schlüssel hat. Und wenn Er nicht eintritt, bleibt es eben leer. Unsere Sinne können wir sättigen bis zum Überdruß, bis in die Seele dringt das alles gar nicht vor. Ich habe Venedig und Capri gesehen, die mich mit ihrer Schönheit faszinierten, und doch war ich nicht befriedigt. Irgend etwas fehlte. Auf

dem Grund jeder Freude fand ich Trauer und Beklemmung. Und heute sind alle meine Erinnerungen unwirklicher als Ansichtspostkarten. Alles war nichts anderes als eine leere Vision.
Alle Schönheit ist traurig. Auf dem Grund aller Dinge ist Bitterkeit und Weinen. Das ist die kosmische Trauer aller Kreatur, von der Paulus spricht. Aber die Kreatur kann sich im Menschen von dieser metaphysischen Agonie ausruhen, wenn das Herz des Menschen in Gott ausruht.
Man kann der Reisen, der Feiern und der Ausflüge auf Luxusjachten müde werden, aber man kann nicht Gottes müde werden. Die Trappistenmönche brauchen keine Ferien, weil ihr ganzes Leben Erholung ist, wie das Leben der Vögel und Eichhörnchen. Auch wenn sie arbeiten, indem sie ihre Nahrung suchen und Nester bauen, ist ihr ganzes Leben doch Erholung und unaufhörliches Spiel.
Wieviel würde ein Stahl- oder Petroleumkönig bezahlen, um sich den Frieden eines Eichhörnchens zu erkaufen? Er gäbe sein ganzes Stahl- oder Petroleumreich auf. Alle, die diesen Frieden einmal geschmeckt haben, gaben alles hin, was sie besaßen – wie die Mönche, die alle möglichen Entwicklungen ihres Lebens geopfert haben, um sich dieses Glück zu erkaufen.
Zu diesem Frieden sind wir alle berufen. Wie viele Mädchen und Männer flirten wohl in diesem Augenblick in Bars oder Klubs herum und sind doch eigentlich von Gott zum mystischen Leben berufen. Vielleicht hat Er gerade für sie die höchsten Gaben der Kontemplation ausersehen, und sie haben keine Ahnung und werden es auch nie erfahren.
Es gibt Menschen, die sich mit einer fast mystischen Hingabe an die Freuden der Sinne klammern. Sie alle suchen Gott dort, wo Er nicht ist, und dieses Suchen und Nichtfinden führt sie zu Verzweiflung, Laster, Verbrechen, Wahnsinn oder Selbstmord. Sie suchen ihr Glück in so lächerlichen Dingen wie im Geld, im Alkohol oder im Vergnügen

mit all der Kraft ihrer Sinne, die doch zum Schauen der Seligkeit bestimmt ist.
Dabei sind gerade die Menschen, die sich am heftigsten der Liebe, der Romantik oder dem Genuß der Sinne hingeben, auch am meisten befähigt, Gott zu lieben. Denn Ihn suchen sie ja gerade in all ihren Abenteuern, ohne Ihn je zu finden.
Wir wurden geschaffen für die Liebe von einem Gott, der die Liebe ist. Selbst das schwerste Leid und der heftigste Schmerz des Menschen haben ihren Ursprung in der Liebe.
Es gibt viele Arten unbefriedigter Liebe. Da sind die, die auf eine Liebe warten, die nie eintrifft. Da gibt es andere, die an der Bitterkeit einer verschmähten Liebe leiden. Es gibt verbotene Liebe oder unmögliche Liebe oder verlorene Liebe. Es gibt auch die fade Traurigkeit einer befriedigten Liebe, die doch nicht ausfüllt. Und alle diese Leben könnten bis zum Rand angefüllt sein mit Liebe, alle könnten ihre fast unbegrenzten Möglichkeiten der Zärtlichkeit und Hingabe voll ausleben, wenn sie sich ihrem eigenen Inneren zuwenden würden, zur Großen, Einzigen Liebe, die in ihnen pulsiert und atmet. Man kann sich kaum vorstellen, wie alle diese Leben verändert würden, wenn sie nur einmal den Versuch machten, diese Liebe aller Lieben zu finden.

*Ernesto Cardenal*

# *Nachweise*

S. 4/6: Aus: Die Bibel im heutigen Deutsch. Die Gute Nachricht des Alten und Neuen Testaments, Stuttgart 1982. – S. 5/7: Aus: Die Bibel. Nach der Übersetzung Martin Luthers, Stuttgart 1985. – S. 9: Dietrich Bonhoeffer: Friede muß gewagt werden (Überschrift vom Hg.), © Chr. Kaiser Verlag, München. – S. 9: Johannes Kuhn: Mit Frieden Brücken schlagen (Überschrift vom Hg.), Abdruck mit freundl. Genehmigung des Autors. – S. 12: Ernesto Cardenal: Mein Gott, mein Gott ..., aus: ders.: Psalmen, Jugenddienst-Verlag, Wuppertal. – S. 15: Leonardo Boff: Unser tägliches Brot, aus: ders.: Vater unser. Das Gebet umfassender Befreiung, 4. Aufl., Patmos Verlag, Düsseldorf 1986. – S. 15, 55 und 59: Ernesto Cardenal: Armut; Ein Christ ist immer ein Pilger (Überschrift vom Hg., Originaltitel »Sein wie Gott«); Die Liebe aller Lieben, aus: ders.: Das Buch von der Liebe, Peter Hammer Verlag, Wuppertal. – S. 21 und 34: Manfred Fischer: Niedergedrückt und aufgerichtet; Von Gottes Atem belebt (Überschrift vom Hg.), aus: ders.: Einmischung in innere Angelegenheiten, 2. Aufl., Quell Verlag, Stuttgart 1981. – S. 26: Wolf Biermann: Wann ist denn endlich Frieden?, aus: ders.: Nachlaß 1, © 1977 by Kiepenheuer & Witsch, Köln. – S. 29: Huub Oosterhuis: Von dieser Überzeugung lebe ich, aus: ders.: Menschen wie Tag und Tau, Herder Verlag und Buchhandlung, Wien 1978. – S. 35: Martin Luther King: Der Tag des Friedens (Überschrift vom Hg.), aus: ders.: Schöpferischer Widerstand, herausgegeben von Heinrich W. Grosse, © Gütersloher Verlagshaus Gerd Mohn, Gütersloh 1980. – S. 37: Eva Zeller: Postskriptum, aus: dies.: Sage und schreibe, © Deutsche Verlags-Anstalt, Stuttgart 1971. – S. 40: Mutter Teresa von Kalkutta: Die Nächstenliebe ist geduldig, aus: dies.: Geistliche Texte, hg. von Georges Gorrée und Jean Barbier, 5. Aufl., © Matthias-Grünewald-Verlag, Mainz 1985. – S. 43: Mutter Teresa von Kalkutta: Gott – unser Vater, aus: dies.: Mein Weg zum Lieben. Meditationen, Verlag Neue Stadt, München 1982, S. 29–31. – S. 45: Tobias Brocher: Friede des Herzens, aus: ders.: Zwischen Angst und Übermut. Vom Umgang mit sich selbst, Kreuz Verlag, Stuttgart 1985. – S. 47: Johannes Hanselmann: Friede ist nicht nur ein Wort, Abdruck mit freundl. Genehmigung des Autors. – S. 49: Martin Luther King: Ich träume davon, daß ..., aus: ders.: Testament der Hoffnung. Eingeleitet und übersetzt von Heinrich W.

Grosse (GTB Siebenstern 79), © Gütersloher Verlagshaus Gerd Mohn, Gütersloh 1974. – S. 52: Zephanja Kameeta: Du bist meine Hoffnung, aus: ders.: Gott in schwarzen Ghettos, Verlag der Ev.-Luth. Mission, Erlangen 1983.

Originalausgabe

CIP-Titelaufnahme der Deutschen Bibliothek

*Freuen dürfen sich alle:* die Seligpreisungen der Bergpredigt / hrsg. von Peter Helbich. – Gütersloh: Gütersloher Verl.-Haus Mohn, 1991
(Gütersloher Taschenbücher Siebenstern; 359)
ISBN 3-579-00359-3
NE: Helbich, Peter [Hrsg.]; GT

ISBN 3-579-00359-3
© Gütersloher Verlagshaus Gerd Mohn, Gütersloh 1991

Das Werk einschließlich aller seiner Teile ist urheberrechtlich geschützt. Jede Verwertung außerhalb der engen Grenzen des Urheberrechtsgesetzes ist ohne Zustimmung des Verlages unzulässig und strafbar. Das gilt insbesondere für Vervielfältigungen, Übersetzungen, Mikroverfilmungen und die Einspeicherung und Verarbeitung in elektronischen Systemen.

Umschlagentwurf: Dieter Rehder, Kelmis/Belgien, unter Verwendung des Farbholzschnitts »Lebensbaum« 1975, © Benedikt Werner Traut, 8677 Selbitz, Farbholzschnitt 87 × 60 cm, Entwurf für Altarwand in Culmitz b. Naila
Gesamtherstellung: Clausen & Bosse, Leck
Printed in Germany